新发展格局与都市圈战略

NEW
DEVELOPMENT
PATTERN
AND
METROPOLITAN
AREA
STRATEGY

冯奎　顾强 / 等著

经济管理出版社
ECONOMY & MANAGEMENT PUBLISHING HOUSE

图书在版编目（CIP）数据

新发展格局与都市圈战略 / 冯奎等著 . —北京：经济管理出版社，2021.5

ISBN 978-7-5096-7983-8

Ⅰ . ①新… Ⅱ . ①冯… Ⅲ . ①城市群—发展—研究—中国 Ⅳ . ① F299.21

中国版本图书馆 CIP 数据核字（2021）第 094061 号

组稿编辑：杨　雪
责任编辑：杨　雪　詹　静
责任印制：黄章平
责任校对：王淑卿

出版发行：经济管理出版社
　　　　　（北京市海淀区北蜂窝 8 号中雅大厦 A 座 11 层　　100038）
网　　　址：www.E-mp.com.cn
电　　　话：（010）51915602
印　　　刷：唐山玺诚印务有限公司
经　　　销：新华书店
开　　　本：787mm×1092mm/16
印　　　张：14.75
字　　　数：314 千字
版　　　次：2021 年 6 月第 1 版　　2021 年 6 月第 1 次印刷
书　　　号：ISBN 978-7-5096-7983-8
定　　　价：139.00 元

前言
Foreword

　　2010~2011 年，我组织了一些老师和同学，集中研究了"大纽约""大伦敦""大东京""大首尔"等几个国际上的都市圈，也初步研究了"大北京""大成都"等几个在国内有影响的都市圈。当时的主要目的是想借鉴国际已有经验，进一步了解超大特大城市能对周边哪些城市产生影响，具体影响什么，如何更好地促进中小城市合理定位、充分发展，等等。此项研究成果后来被编撰成《中外都市圈与中小城市》一书，由中国发展出版社于 2012 年正式出版，中国城市和小城镇改革发展中心等单位还在河北省崇礼举办了系列的中国城市发展论坛，连续举办了七届。当时设计并举办这个论坛，核心主题就是都市圈与中小城市发展。

　　此后十年中，都市圈发展一直是我们关注的重点问题。都市圈的地位不断上升，大大超出了当初我们对其性质与作用的浅显认识。国家在"十二五"（2011~2015）和"十三五"（2016~2020）规划中，对发展城市群作出部署。在"十四五"规划和 2035 年远景目标纲要中，明确提出发展壮大城市群和都市圈，且就建设现代化都市圈提出较为系统的任务目标，这是都市圈与城市群首次以并列方式进入到国家的五年发展规划当中。学术界可能还在纠结城市群与都市圈的包容、交叉关系等，但从政策层面来讲，将都市圈单独"拎"出来，专门提出建设现代化都市圈，解决了城市群建设缺乏抓手的问题，实事求是地提出了中国区域空间和城镇化近中期的发展重点。我们完全可以认为，突出和强调都市圈的地位是在新发展阶段构建新发展格局的一项重要任务。

　　都市圈的地位基本确立之后，面临的长期问题就是如何发挥都市圈的作用，这必然涉及都市圈治理的问题。都市圈是各类要素高度集聚的空间形态，代表着城市演化发展的高阶段与高水平。从治理对象来看，我们对都市圈的边界、内涵、成长阶段的认识，都还不成熟和不系统。从治理架构来看，适应单一城市的行政性管控架构依然发挥着主要作用，与都市圈发展相适应的高效协同的治理架构尚未形成。从治理目标来看，发展与安全、经济与生态构成了现实中的矛盾；各地政府、各类部门原则性的目标共识容易达成，而具体目标的分歧大量存在；大中小城市、小城镇以及乡村公平合理的发展权问题越来越成为焦点、热点和难点问题。从治理主体来看，主体缺位、越位现象并存且非常突出，治理力量既不充分也不平衡。从治理依据来看，存在着法制化程度不高，责任义务的约束力较低，治理的成本较高等问题。

出现以上现象和问题的直接原因是都市圈的复杂程度高，超出了现有的治理经验和能力。为了提高都市圈的治理水平，我们就需要一边实践、一边研究，并且力求实践与研究两者相互促进。这里的实践，主要是推动都市圈高质量发展的真实过程与具体活动；这里的研究，主要是更加全面、更加深入地探索发现都市圈发展的规律，以更好地引领都市圈发展。

2019~2020年这两年，我参与了国家有关部门关于城市群与都市圈发展的重点课题，同时还为成渝都市圈、深圳东莞惠州都市圈、合肥都市圈等提供了战略规划咨询服务。为了完成上述任务，我与顾强教授一起开展了多次专项讨论，并在讨论的基础上组织编写专题性报告。当初的讨论以及成果转化工作并没有很好的规划，所以散点式的色彩较强。现在将这些报告集中起来再看，似乎其中隐含了一条主线。这条主线就是探索新发展格局背景下都市圈发展的路径问题，侧重点在于治理的对象、目标、路径、机制、过程、效果等方面。我们深知其中存在大量的不足，但还是认为将已有报告进行整理集纳，有利于为下一步研究提供基础材料。我与顾强教授参与了所有报告的讨论，共有十五位课题组成员分别起草和撰写了主题报告和十个专题，分工是：蒋凯、聂伟（主题报告：《以中心城市和城市群引领我国城镇化高质量发展》），陈红艳（专题一：《当前我国城市化空间特征及面向2035的空间优化方向与路径研究》），蒲劲秋（专题二：《我国中心城市发展战略研究》），陈雪琴（专题三：《我国城市群发展现状、问题及战略研究》），孙乐（专题四：《发达国家城市化空间规划及实施的经验教训与启示——以日本为例》），谭荔丹（专题五：《发达国家城市群治理经验与启示》），刘梦圆（专题六：《以都市圈为战略平台参与国际高水平竞争的案例研究》），樊威（专题七：《超级大城市跨区域联防联控应急响应机制——以武汉都市圈为例》），李政寰、高建寰（专题八：《都市圈——连接中心城市和城市群的关键环节》），肖海燕（专题九：《改革土地管理制度，提高优势区域承载力》），苏鹏、郭巍、李振（专题十：《我国副省级以上城市航空通达性战略研究》）。

此书正式出版前，我们在合肥工业大学举行了小型的讨论会。近年来，国家政策给力、长三角一体化发力、各方面助力、合肥人自己努力，合肥大都市圈"合力而肥"，获得了发展的加速度。在研讨中，大家对我们的成果给予积极评价，同时也希望未来继续对合肥大都市圈和其他大都市圈开展深入研究，特别是希望针对创新与治理提出思路建议，推动都市圈高质量发展。我个人认为，这些建议给未来的研究指明了方向，同时各方面力量的参与也为我们未来工作的开展增添了动力。

新时代给都市圈提供了巨大的发展空间，也对都市圈提出了新的发展要求。我们希望紧跟都市圈发展与研究的前沿，但由于学力不足，加上时间仓促，所以报告中留下诸多不足或疏漏，诚恳希望读者不吝批评指正，帮助我们提高。

冯 奎

2021 年 6 月于合肥

目录
Contents

主题报告

以中心城市和城市群引领
我国城镇化高质量发展

《中共中央关于制定国民经济和社会发展第十四个五年规划和二〇三五年远景目标的建议》指出，要坚持实施区域重大战略、区域协调发展战略、主体功能区战略，健全区域协调发展体制机制，完善新型城镇化战略，构建高质量发展的国土空间布局和支撑体系。在现代化建设进程中，中心城市和城市群是承载发展要素的主要空间形式，在国家区域发展战略中的作用日益突出。从区域、城市发展规律以及国家政策方向来看，今后相当长的一段时期，我国将以中心城市和城市群作为主要空间载体，促进区域间要素流动，形成优势互补、高质量发展的区域经济布局。

为深入研究中心城市和城市群发展规律，特别是探讨构建高效率治理体系、促进中心城市和城市群健康发展，我们组成联合性的课题组，展开了多学科多领域多视角的研究，形成了目前的研究成果。该研究成果描述了中心城市和城市群治理体系建设的基本情况、国际经验，基于深入讨论提出了我们的观点，对未来方向进行展望，进而提出了政策建议。研究愈益深入，我们的认识与思考愈加清晰。我们的核心建议是：中心城市和城市群发展是国家发展的大趋势、大战略，应在此领域重点发力，以高效率治理体系推动城市群高质量发展。

一、我国中心城市和城市群发展现状及治理体系建设情况

从第十一个五年计划实施以来，特别是党的十八大以来，中央就加快城市群建设做出了重大部署，提出重点发展"19+2"的城市群。有关部门也明确提出发展一批国家中心城市。主要进展包括：

（一）中心城市和城市群发展总体情况

1. 中心城市发展迅速，成为引领区域发展的重要经济增长极

我国经济发展动力极化现象日益突出。北京、上海、广州、深圳等特大城市发展优势不断增强，杭州、南京、武汉、郑州、成都、西安等大城市发展势头较好，形成推动高质量发展的区域增长极。从数据来看，上海、北京等16座城市GDP过万亿元，深圳、无锡、苏州等18座城市人均GDP超过10万元。我国九大国家中心城市的GDP总量从

2011 的 9.12 万亿元增长到 2019 年的 20.23 万亿元，占全国经济比重从 2011 的 18.69% 增长到 2019 年的 20.53%。

2. 以长三角、珠三角为代表的城市群已具备世界级规模；多数城市群仍处于培育发展阶段，部分中心城市辐射带动作用有限

2018 年，我国 19 个城市群土地面积合计约 236 万平方千米，占全国 24.5%；常住人口 10.95 亿，占比达 78.5%；GDP 合计 79.3 万亿元，占全国的 85.3%。其中，七大城市群（京津冀城市群、长三角城市群、粤港澳大湾区、成渝城市群、长江中游城市群、中原城市群、关中平原城市群）以全国 14% 的土地面积和 54% 的人口数量创造了全国 2/3 的经济总量，经济集聚效应明显。以长三角、珠三角为代表的成熟城市群已具备世界级规模。与此同时，我国内陆地区特别是缺乏中心城市辐射带动的城市群发育迟缓，如哈长、辽中南、北部湾、山西中部、黔中、呼包鄂榆、滇中等城市群，近年来在全国经济和人口中的比重呈现下滑趋势。

（二）我国城镇化空间形态呈现新特征

1. 重点城市在空间形态上向大型化、中心化、跨城化演变

随着人口和产业不断向重点城市集中，城市规模不断扩张。从数据来看，我国城区人口超过 100 万的大城市数量从 2006 年的 48 个增长到 2018 年的 91 个；城区人口超过 300 万的城市从 2006 年的 17 个增长到 2018 年的 28 个。特别是近年来户籍制度弱化和以高知、高技术为代表的新生代劳动人口流动，使部分城市的人口规模迅速增长，并陆续成长为人口超过千万以上的重点城市，也使城市走向大型化的趋势更为凸显。在城市大型化的同时，城市的集聚效应和规模效益进一步发挥，吸引了区域内的产业和人口资源进一步集中，重点城市在区域内的首位度迅速提高，日益成长为区域内的经济中心、文化中心、娱乐中心和交通枢纽。

城市的大型化和中心化，又进一步推动了城市的跨城化发展。特别是在经济基础和基础设施相对完善的长三角、珠三角地区，城市的跨城化发展在更大的区域范围内实现了资源的优化配置和生产空间重组，提升了区域整体的发展质量。

2. 都市圈逐步成为联结中心城市和城市群的重要环节

城市群高质量发展需建立在城市群内城市间具备较强的社会经济联系的基础上，通过大城市的辐射作用，带动城市群内中小城市协同发展。然而，从客观条件来看，目前除长三角、珠三角等发育较为成熟的城市群外，其他城市群内城市间的社会经济联系还不够密切。

2019 年 2 月，国家发展改革委发布《关于培育发展现代化都市圈的指导意见》，指出都市圈是城市群内部以超大特大城市或辐射带动功能强的大城市为中心、以 1 小时通勤圈为基本范围的城镇化空间形态。都市圈是介于大城市和城市群之间的空间尺度，其

在当前城市群内部各城市的经济规模、产业能级和发展阶段上存在着明显落差的情况下，以大城市为核心的都市圈是更具科学性和可行性的城镇化空间发展方向。通过以中心城市为重点，带动都市圈范围内中小城市协同发展，将是联结中心城市和城市群、推动城市群走向高质量发展道路的基础性阶段。

3. 长三角、珠三角等成熟城市群在空间形态上形成密不可分、自成一体的都市连绵区

对于城市群发育较为成熟的优势地区，如长三角核心区，已由两个或两个以上的都市圈相互联结交融，形成在城市化空间上连绵成片、难以分割的都市连绵区形态。未来随着"优势互补"区域经济导向的具体政策落实和全国范围内系统性推进生产要素自由流动，兼具比较优势和规模效应的长三角都市连绵区，将进一步实现高素质人口和高技术产业的规模化、高能级集聚，具备更为广阔的"优化发展"前景。截至 2018 年，长三角都市连绵区已达 1.1 亿人口，GDP 为 1.97 万亿美元，美国的波士华都市连绵区共计 4800 万人口，GDP 为 3.4 万亿美元。预计未来以全中国为广域经济腹地的长三角城市群，将进一步成长为全球舞台上比肩波士华都市连绵区的全球超级经济圈。

（三）促进城市群协同发展的治理体系初具雏形

1. 协同治理体系建设已见雏形

城市群在规划、建设的同时，治理方向的短板加速补齐，基本适应中心城市、城市群等新型空间规划、建设的需要。

（1）治理主体多元化进程加快。政府、企业、社会组织、智库研究机构、媒体、公众等各类主体积极参与城市群治理。

（2）治理机制的精准化程度提升。在社会发展等领域，机构协作机制范围扩大，如长三角地区每年召开合作与发展联席会议。在生态保护等领域，生态补偿机制加快实施，如浙江与安徽探讨生态补偿机制。

（3）治理目标协同力度增强。主要针对交通、生态、社会民生领域的重大热点、难点问题，城市群内部加大集体行动的力度与频次，效率明显上升。交通领域重点是打通"断头路"；生态领域主要是共抓大保护；社会民生领域主要是推动生活便利化。

2. 促进中心城市和城市群发展的政策体系正在形成

围绕中心城市和城市群发展，我国陆续构建了一套城镇化空间发展的规划和政策体系。

（1）基本完成全国层面的城市群布局规划。"十三五"时期，我国规划了 19 个城市群，基本上覆盖我国全部重点区域。在城市群内部，由中心城市推动的城市间协同发展规划也正在陆续推进中。总体来看，我国的城市群布局规划正在从宏观层面的战略规划向地区层面的执行规划下沉。

（2）出台促进中心城市及其周边中小城市协同发展的都市圈指引文件。2019年2月，国家发展改革委出台《关于培育发展现代化都市圈的指导意见》，针对城市群内部的都市圈发展落实了重点任务部门分工，为中心城市及城市群增强承载力指引了重点着力方向。

3. 以都市圈国土空间规划为标志的跨区域协调进入新阶段

目前，部分城市群正在以更具科学性和可操作性的都市圈作为现阶段国家城镇化国土空间规划的基本蓝图，通过以都市圈为抓手，着力推动跨区域政策协同，为城市群高质量发展奠定基础。

（1）都市圈空间形态下的协同发展规划。部分地区正在陆续推行以都市圈为范围的国土空间规划，以北京市为例，在京津冀协同发展的战略框架下，北京市与环京周边县市正在积极试点推进协同发展规划。

（2）都市圈理念下跨城发展政策试点。目前基于都市圈规划理念下的政策试点改革正在陆续展开，当前试点主要集中于跨城交通设施领域，如上海和苏州之间的轨交对接、深圳地铁外沿至东莞、北京地铁外沿至燕郊等。

二、国际城镇化空间演变基本规律及治理体系建设经验

作为城镇化进程中的后来者、追赶者，我国城市群发展尚处于起步阶段，对于各类城镇化地域空间的演化规律和治理逻辑仍缺乏科学研究和系统论证。相较而言，发达国家在城镇化道路上走在世界前列，中心城市和城市群发展也已进入相对成熟阶段，如纽约、伦敦、东京和巴黎等极具代表性的世界级城市群，以其雄厚的经济实力、强大的科技创新能力、人才的高度集聚和无与伦比的全球影响力，成为世界经济发展的重要"引擎"。因此，有必要通过系统梳理国外典型城市群发展经验和共性规律，为准确把握我国城镇化发展趋势，指导我国城镇化建设提供参考。

（一）全球城镇化空间演变的一般共识和基本规律

1. 历经城市—都市圈—城市群—都市连绵区的演化过程实现城镇化空间组织形式的逐步成熟

城市—都市圈—城市群—都市连绵区的演进代表了城市地域空间组织从简单到复杂、从低级到高级的变化过程。以日本东京（东京都，简称东京）为例，发展初期，东京都人口加速增长，城镇化格局呈现"一极集中"的态势。自20世纪70年代以来，东京都人口总量趋于稳定，近邻三县成为新增人口的主体吸纳空间，东京都市圈即一都三县成为城镇化空间的核心载体。自20世纪80年代以来，为了进一步改正东京都中心地区过度集中的态势，在1985年第三次首都圈规划中，提出在一都七县范围内分散中枢管理功能，建立区域多中心城市"分散型网络结构"的设想，这里的首都圈空间尺度与城市群

类似，从都市圈到首都圈也表明城镇地域空间发育趋于成熟。伴随各类资源持续向首都圈（东京大都市圈）、近畿圈（大阪大都市圈）和中京圈（名古屋大都市圈）三大城市群集中，逐步形成日本东海道都市连绵区，这一带状地域是城市群发展的高级形式，也是日本政治、经济、文化的中枢地带。

2. 以 1 小时通勤圈为基本范围的都市圈是中心城市资源配置的主战场

中心城市的核心腹地范围稳定在 1 小时交通通勤范围内，都市圈成为中心城市发展空间拓展的关键载体。研究发现，人们可忍受的最长通勤时间为 45 分钟到 1 小时，这就是所谓的"45 分钟定律"。这意味着该时间范围内所能够到达的最大距离，往往就决定了一个中心城市由中心到边缘的辐射半径。从实际来看，大伦敦地区内绝大多数新城都分布在 50 千米圈层之内；巴黎大区的城镇也主要位于 50 千米圈层以内；东京都市圈半径从 1960 年的 40 千米发展到 1995 年的 80 千米，2015 年拓展至 100 千米，但其 DID（城市人口密集区）地区仍稳定在 50 千米范围内。换而言之，中心城市不会无限制地向外扩张，50 千米圈层内的都市圈区域仍是中心城市资源配置的主战场。

（二）发达国家城市群发展和协同治理体系建设经验

1. 多层级治理结构和多元化治理主体是实现协同治理的重要基础

多层级治理结构是协调区域发展目标和国家整体战略的必然要求。第一层级治理为城市群主体与中央政府之间的关系，以日本为例，以地方政府为主体的区域联合活动受到中央政府的限制，如为统一整理东京都市圈设立首都建设委员会，并将都市圈规划上升为国家政策层面。第二层级治理体现为城市群内部各制度化行为主体之间的关系。第三层级治理体现为区域内部各制度化行为主体与非制度化行为主体之间的互动与协调关系。不同层级的治理主体对城市群的发展共同发挥重要作用。

治理主体的多元化和治理方式的民主化成为重要趋势。尽管日本中央政府主导地位突出，但东京都市圈内各地方自治体之间也探索出一些区域性协作机制，其中跨区域协议会是最具有代表性的形式，如"东京都市圈交通规划协议会""七都县首脑会议""首都圈港湾合作推进协议会"等，这些由地方自发组成的协议会保证了处理具体性区域问题的针对性和灵活性。为了控制郊区无序蔓延，促进城乡协调发展，纽约大都市区涌现了大量非营利性区域协调组织，如区域规划协会、纽约大都市区委员会等，这些组织的成立并未对地方政府权力造成冲击，反而成为传统体制的重要补充，在跨区域问题解决方面发挥了重要作用。

2. 空间规划和交通规划是城市群协同治理实践的重要领域

空间一体化规划一直是城市群协同治理的重要基础。空间一体化规划是从地域空间出发，统筹协调城市群的资源、生产、生活和生态空间，统筹协同人口、资源、环境和经济发展，促进区域可持续发展。以日本国土空间规划为例，为缓解东京都市圈"一极集中"的态势，规划了"多核多圈层"模式。此外，加强基础设施等硬件建设是促进区域国土空间均衡发展的重要手段，德国柏林—勃兰登堡地区规划就是其中的典型代表，依托一体化的综合轨道交通系统建设，加速城市群内部各类生产要素的流动。

与此同时，提升公共服务均衡化等软性空间建设逐步成为近年来关注的焦点。从国际规划经验来看，从基础设施等硬件建设转向以社会公共服务设施等软性空间布局成为突出趋势。以法国的国家综合服务规划为例，国土规划开始重视为国民提供优质公共服务等软件方面的建设，以确保国民就近公共服务和知识机会均等。

3. 与时俱进、动态调整是城市群协同治理体系构建的重要准则

当近社会，人口流动趋于常态，科技变革不断加速，社会变迁日新月异，不断动态修正城市群规划成为增强规划现实性和时效性的重要前提。以日本为例，中央政府根据不同时期的时代背景，以及当时国家发展面临的突出问题和发展矛盾，进行七次全国性国土综合发展规划。经历了从"一极一轴"发展格局，到"多极分散型国土结构"，再到"多轴型""自立的多样性广域地方圈"国土空间结构的变化。此外，伴随国内经济社会环境的不断调整，国土空间规划目标也不断转变，从注重资源规划、产业发展转向促进区域可持续发展和宜居生活建设。从整体来看，动态化调整和渐进式变革是国际城市群治理共同的发展历程，体现了城市群空间治理的时代性和灵活性。

（三）我国城镇化空间治理中存在的主要问题

1. 城镇化空间布局亟待调整优化

（1）中心城市中心城区的"大城市病"突出。近年来，伴随城市化的快速推进，过去以增量为主、粗放扩张的发展方式逐渐显露弊端，国内众多一线城市出于规划不当、城市空间有限、基础设施建设滞后等原因，陷入人口过度膨胀、交通日益拥堵、大气污染严重、房价持续高涨、城市管理运行效率低等问题的怪圈。与此同时，"摊大饼"式的病态发展模式在多个城市复制，使大量居民集中在城市中心城区，"大城市病"愈演愈烈，并引起全社会广泛关注。因此，我们迫切需要直面问题、做好部署，推出重大治理举措，切实推动中心城市经济社会与人口资源环境协调发展。

（2）节点城市和微中心发展严重不足。我国城市群与国际比较的差距并不在中心城市，而主要在微中心和节点城市上，2017年东京都市圈人口规模在2万以上的微中心和节点城市数量达到129个，分别是北京都市圈（37个）和上海都市圈（78个）的3.5倍和1.7倍。节点城市在城市群发展腹地中起到关键支撑作用，是城市群中的重要增长极。依托卫星城的规划建设以及发展的差异化定位，不仅有利于降低"大城市病"带来的中心城市衰落的可能性，同时也有利于形成功能分工合理、城市体系健全，城市间有机协作的城市群落，实现区域竞争力的整体增强。

（3）TOD、SOD、IOD、AOD等先进发展模式尚未真正作为新城发展的基本原则。在饱受了城市无序蔓延带来的交通拥挤、能源危机、环境恶化等恶果后，西方发达国家开始探索城市可持续发展体系，催生了如 TOD、SOD、IOD 和 AOD 等较为先进的城市经营模式。TOD 即公共交通导向的城市开发，强调发挥公共交通效能，驱动新城可持续发展；SOD 即社会服务设施建设引导的开发模式，借助大型社会服务设施以及商业型设施的配套，吸引要素集聚；IOD 即产业引导的城市开发模式，这一理念的关键在于产业的专业化分工与区域协同发展；AOD 即规划理性预期导向的开发模式，是一种城市经营的新手段。伴随我国城镇化进程的持续深入以及大城市规模的不断扩大，新城建设也将进入新一轮高峰期，国外先进的城市开发模式对于我国城镇化空间的优化具有重要的借鉴意义。

2. 传统治理体系面临严峻挑战

（1）基于行政区的治理模式仍占绝对优势，但其缺乏多层级的城市群治理体系。以行政区为基础的传统治理模式已经难以适应跨行政区的社会经济发展需求，城市治理亟待实现从城市层面到区域层面的"尺度跃升"。然而，当前我国城市群治理除了求助于中央政府的协调之外，至今还停留在一味地规划和倡导地方政府间合作的阶段。城市群治理的制度化、体系化安排依然不足，尤其是中间层和治理载体的缺失，导致中心城市与广域的城市群难以有效衔接。与此同时，城市群治理的政策体系也流于形式，政策力度亟待提升。

（2）治理的临时性色彩较强，稳定的治理机制没有形成，协同治理能力仍然薄弱。当前我国城市群内跨行政区的政府部门常态对话机制和工作衔接机制尚未建立；政府与市场之间、政府与社会之间协调困境仍然存在；中心城市与城市群缺乏相应的制度化对接体系，存在协同治理的制度瓶颈。同时，协同治理机制的缺失导致地方政府间实质性、持续性的合作在实际上并未有效达成，许多区域公共问题没有得到有效解决，区域公共物品供给仍然不足，从而使城市群治理能力问题比较突出。

（3）市场力量培育不足，市场主体参与公共资源配置的渠道、途径和机制欠缺。公共资源配置模式的单一与低效造成了公共服务供给的碎片化，尤其是行政边界地区公共资源配置存在明显短板。与此同时，发挥政府的主导作用并不意味着排斥市场机制，应进一步拓展区域内市场主体参与公共服务供给的渠道，充分发挥市场的优势和竞争的力量，克服政府单一治理的不足，实现公共服务供给的多中心制度安排，促进公共服务供给质量、效率的提高。

三、构建高效治理体系、促进中心城市和城市群发展的战略意义和关键认识

（一）中心城市与城市群是实现经济高质量发展的压舱石，在国家发展战略中发挥重要支撑作用

中心城市是中国城镇化的重要主体，是推动城镇化高质量发展的经济支柱、创新引擎和交通枢纽，其已成为支撑区域发展的重要骨架。以中心城市引领都市圈、城市群的

模式将会是中国城镇化的主要模式。

中心城市和城市群发展不仅是地方事务，也是国家重大区域发展战略落实的关键载体。习近平总书记在《求是》发文指出：中心城市和城市群正在成为承载发展要素的主要空间形式。我国区域发展新思路更加注重以中心城市为重点，带动城市群高质量协同发展，最终形成优势互补的区域经济布局。因此，构建高效率治理体系，将是进一步激发中心城市和城市群发展潜能、提升我国城市发展水平和经济发展质量的重要抓手。

（二）中心城市与城市群治理在国家治理体系现代化变革中占有突出地位，但目前仍面临制度性瓶颈和阶段性约束

随着社会经济活动跨越行政边界，当前的行政区治理模式已经难以匹配产业和人口大规模流动时代的治理需要，亟须实现国家治理体系的现代化变革。在国家治理体系中，中心城市和城市群治理将是重要的基础性环节和改革的关键突破口。但是截至目前，中心城市和城市群治理仍然面临制度性瓶颈，我国的城市群治理框架尚未完整构建，缺乏实质性、系统性的协同治理政策落地。同时，城市群内大中小城市发展水平差异明显，中心城市和城市群之间缺乏高效的衔接环节，在当前阶段直接由中心城市治理跨越到城市群协同治理尚缺乏科学合理的社会经济基础和治理能力储备。

（三）现阶段都市圈是中心城市和城市群有序衔接的重要环节，都市圈治理是推动城市群高质量协同发展的关键抓手

随着城市经济发展和城市资源外溢，中心城市的社会经济活动已经跨越了城市行政区边界，基于行政空间的治理模式无法满足跨行政区发展的经济空间治理需求。都市圈是介于中心城市和城市群之间，以社会经济联系为基础构建的空间尺度。在当前发展阶段，基于社会经济真实联系所构建的都市圈区域是更具科学性和可操作性的城镇化空间演进方向。

基于对中国区域经济发展基础、要素条件和经济空间的研判，我们研究认为现阶段都市圈具备真实有效投资需求、潜在人口增长潜力和经济要素集聚效率。建议以都市圈区域为重点，以都市圈治理为抓手，构建高质量的发展动力系统和高效集约的城镇网络体系，这将是推动我国城市群走向高质量协同发展的重要环节。

四、中国城镇化未来发展方向与城镇化空间治理体系构建

伴随我国城镇化进程的不断推进，"城市病"也不断涌现。建立一体高效的城镇化空间治理体系，不断提升城镇化空间治理能力，成为现阶段我国城镇化发展向高质量迈进的现实需求，同时也是推进国家治理体系和治理能力现代化征程中一项重大的时代课题。

（一）空间都市圈化是当前和未来一段时间中国城镇化发展主体空间形态

五大典型特征表明中国已进入都市圈化时代。①都市圈人口加速外溢。以北京都市圈为例，2000~2017年，廊坊人口增长96万，成为北京都市圈人口外迁的主要受益者。②跨城通勤日益频繁。以北京都市圈为例，超过36万人工作在北京、居住在环京；超过11万人居住在北京、工作在环京。③都市圈空间结构网络化趋势逐步显著，都市圈外围节点城市规模和数量不断提高，圈层分布特征日益明显。④产业外溢效应突出。以上海汽车产业为例，汽车下游零部件企业已经呈现大规模向外围布局的趋势。⑤核心城市与周边区域联动发展。以房价为例，北京、上海都市圈外圈层城市房价已高于部分三四线和省会城市。

在"优势互补"的区域经济布局新导向下，预计未来中国将形成以"都市连绵区—都市圈—区域性中心城市—中小城市"为主体形态的多层级、广域化的城镇化空间格局。各等级城市间联系逐步强化，逐步形成各有分工、功能互补、联动发展的城镇化空间体系。通过因地因时制宜、多种形态并举，实现大中小城市协调发展，提高我国城市化发展后劲。

（二）空间都市圈化是推动城市群高质量发展的基础环节

从当前来看，我国大部分城市群发展仍处于初级阶段，以城市群为单元构建城镇化空间治理体系仍为时尚早。当前我国城市群内部一体化仍处于较低水平，城市群发展仍面临若干突出问题。例如：城市群空间尺度过大脱离实际发展阶段；城市群整体基础设施建设缺乏一体化的统筹规划；未形成网络化的多层级城市功能体系；城市间合作深度不够、协同作用较弱；城市间协同发展的体制机制尚未建立；等等。与此同时，都市圈是介于大城市和城市群之间、以社会经济联系为基础构建的空间尺度。因此，必须尊重我国城镇化发展阶段特征，以更小空间尺度的都市圈为抓手。通过中心城市和都市圈内中小城市的有序链接，推动形成发展联系紧密、城际良性互动的城市群和都市连绵区，进而发挥更大的规模经济和网络经济效应，提升我国城镇化的发展质量。

（三）遵循城镇空间发展规律，以都市圈为抓手加快构建区域空间治理体系

从现阶段来看，我国城市群治理仍然停留在规划层面，在规划编制完成后，既缺乏具体的空间协同治理主体机构和实施部门，又缺乏相应的协同治理机制和政策工具方法。与此同时，从实际城镇化发展阶段来看，都市圈已经成为我国城市化空间的重要形态，是更具科学性和可操作性的城镇化空间演进方向。因此，应打破传统上以行政区为

基础的行政区治理模式，以都市圈为抓手，围绕都市圈区域，构建一体高效的城市空间治理体系。通过建立以都市圈为单元的治理体系，落实以都市圈为框架的治理体制机制，从而进一步提升区域的资源配置效率和经济比较优势，为城市群高质量发展奠定良好基础。

五、以高效治理体系推动中心城市和城市群高质量发展

（一）加强顶层设计，现阶段着重完善都市圈治理体系主体架构，以高效治理体系激发中心城市潜在动能和辐射能力

一是中央引领设计，地方探索实践。建立中央部门引领、省级政府监管、市县级政府广泛参与的组织架构，推进构建"中心城市—都市圈—城市群"的三层次区域治理体系的体制。在这一区域治理体系内，积极开展都市圈和城市群内重点发展领域的试点工作。目前，国家新型城镇化试点只有城市和小城镇进行单独试点，这一试点模式未能带动城市协同发展，未来可分阶段开展都市圈和城市群在财税、核算、协调等方面的试点改革。

二是合理开发，有序推进。我国幅员辽阔，各大城市群和城市群内部城市在经济规模、产业能级和发展阶段上客观存在一定落差，如关中平原、北部湾等城市群发展水平整体不高，中心城市带动能力不强，城市数量少且联系不够紧密等，一味扩大规划空间、"拔苗助长""强制入群"不但违背城市群发育阶段性规律，同时也不利于形成科学化、精确化的区域治理体系。因此，需要城市群进行分级分类管理，建议当前阶段，部分城市群以中心城市为重点，先行推动都市圈区域的治理组织框架和政策体系落地，为下一步的城市群治理奠定良好治理基础。

（二）都市圈内以节点城市和微中心为重点，完善区域一体化的规划和政策体系，为城市群内城市间有机链接和协同发展奠定良好基础

构建现代化公共治理体系的关键环节是打破传统上以行政区为基础的治理模式。都市圈内中心城市与周边中小城市共同形成了高度融合的网络状城镇体系，具备真实有效投资需求、潜在人口增长潜力和经济要素集聚效率。都市圈发展有利于突破阻碍生产要素自由流动的行政壁垒和体制机制障碍，推动形成统一的区域市场，落实区域成本分担和利益共享机制。

建议以都市圈内节点城市和微中心的发展为重点，重点推进和落实区域一体化的规划和政策体系，为城市群内城市间有机链接和协同发展奠定良好基础。在当前的都市圈协同治理政策体系中，需要重点推进两大机制协同：

一是都市圈一体化规划协同机制。在财政政策方面以中心城市和城市群为重点，建

立区域联动开发主体机构和部门架构，进行联立式的共同规划编制，统筹设计长期国债、重大基础设施等项目。

二是都市圈产业协作发展机制。促进城市功能互补，鼓励建立联合招商、共同开发、利税共享的产业合作发展机制。围绕都市圈和城市群内以共建产业园为主体的产业协作，落实区域共享式的财税制度改革，探索设立区域联合发展基金（共同基金）。

（三）加强区域战略协同和政策联动，以中心城市为核心、以都市圈为抓手、以城市群为愿景，引领新一轮区域治理体制机制改革创新

以中心城市为核心、以都市圈为抓手、以城市群为愿景，构建系统性的区域协同治理政策体系，将是我国的国家公共治理体系走向现代化的题中之义和关键环节。在新一轮次的区域治理体制机制改革创新中，建议当前阶段以都市圈区域为着力重点，以用地指标、基础设施和常住人口为重点领域，将治理体制机制改革落到实处。

一是加强都市圈公共基础设施及服务协同。未来我国中心城市和城市群建设需统筹交通规划，现阶段着力推动都市圈内基础设施互联互通，鼓励发展以轨道交通为主导的，多层次、多模式、多制式的轨道交通系统，推动多种交通方式零距离换乘。同时，推动在就学、研发、医疗、信息基础设施等公共领域的合作协同，建立重大工程项目选址协商机制。

二是加快落实都市圈土地指标统筹改革力度。习近平总书记指出，要加快改革土地制度，建设用地指标要进一步向中心城市和城市群等经济优势区域倾斜。都市圈作为衔接中心城市和城市群的重要环节，现阶段需结合一体化规划编制，根据真实的社会经济发展需求优先配置建设用地指标，创造集约化、高质量的城镇化发展新区域。

三是深化户籍制度改革，构建基于常住人口的区域公共服务体系。在户籍制度上，要消除区域间户籍壁垒，促进人口有序流动和合理分布。同时，针对中心城市、城市群的实有常住人口，统筹推进本地人口和外来人口市民化和社会融入，逐步实现常住人口在住房、教育、医疗、社保等方面基本公共服务均等化。

（四）推动构建协整高效、立体联动的都市圈和城市群应急管理体制机制，作为现代化公共治理体系安全线和防火墙

我国当前立足单个城市的治理体系与治理能力难以适应大规模人口流动和密切社会经济联系时代的公共安全保障需要，亟须构建协整高效、立体联动的区域公共安全保障机制和应急管理机制。为此，需着重从两个方面着力：

一是设立以地方政府为主体，以中心城市、都市圈和城市群为区域联动单元的应急响应体制。在应对公共卫生和灾害联防、重大公共安全事件联动、区域金融风险联控上，地方政府职能部门能够快速响应，联合发挥安全线和防火墙作用。

　　二是构建区域性的公共资源应急调配机制。在应对突发性公共灾害时，需要打破传统上以行政区划和行政等级为基础的公共资源调配机制，构建更加快速、更加高效的区域性公共资源应急调配机制，通过快速、高效、集中调整公共应急资源，避免灾害和风险扩散化。

专题一

当前我国城市化空间特征及面向2035的
空间优化方向与路径研究

摘要 ◀

　　我国经历了世界历史上规模最大、速度最快的城市化进程，带动了经济社会的快速发展。但近年来城市化速度逐步放缓，城市化进程中出现了一系列新特征、新问题和新挑战。从特征来看，经济重心加速南移，南北分化特征显著，人口流迁愈加复杂，经济头部化效应凸显，都市圈成为城市化空间的主体形态。从问题和挑战来看，土地城市化仍快于人口城市化；部分新区建设与土地集约利用目标背道而驰；城市空间结构失衡，节点城市和微中心发育不足；基础设施和公共服务建设仍然滞后；土地管理制度亟待调整；城市化的资源环境约束日益增强。

　　因势而动，应势而谋，动态调整优化我国城市化空间格局，是实现城市化持续健康发展的关键举措。从优化方向来看，应推动形成以"都市连绵区—都市圈—区域性中心城市—中小城市"为主体形态的城市化空间格局；从全面均衡到相对集中，促进要素向优势地区集聚；打造有竞争力的空间载体，更好地服务国家重大发展战略；全面建立生态补偿机制，推进基本公共服务均等化；动态评估，科学合理确定区域开发边界和开发强度。从优化路径来看，应将都市圈建设作为促进中心城市和城市群有序衔接的重要环节；加快城市人口市民化进程；逐步推进公共服务均等化；建设低碳智慧城市；改革土地管理制度，推动建设用地资源向优势地区倾斜；引导市场力量参与城市化建设和运营；构建高效空间治理体系，推动城市化高质量发展。

　　通过城市化空间格局的合理优化，不断缓解满足人民日益增长的美好生活需要和发展不平衡不充分的矛盾。到2035年，逐渐形成分布合理、结构优化、集约高效、绿色生态的城市化发展空间，为国家重大发展战略提供有力支撑。

　　城市化是衡量一个国家或地区发展程度、现代化水平的重要标志。作为贯穿中国 70 年发展历程中特别重要的关键词之一，我国城市化表现出大规模、快速化的整体推进特征。中华人民共和国成立之初，我国城市化发展尚处于初级阶段，城镇化率仅为 10.64%；截至 2019 年末，我国城镇化率已经突破 60%，达到 60.60%，无论是规模还是速度，都是人类历史上前所未有的。在取得辉煌成就的同时，我国也迈入城市化快速发展的中后期，也是城市化转型的关键时期。在这个城市化进程的重要节点上，我们亟须完善城市化相关理论，顺应城市发展规律，优化全国城市化空间布局，对新时期科学指导城市化高质量健康发展具有重大意义。

一、我国城市化空间发展现状和基本特征

（一）当前我国城市化速度持续放缓，城市化发展进入战略转型期

　　从总体上看，我国城市化经历了初始发展、快速发展和提质发展的过程。其中，1949~1978 年处于城市化探索发展阶段，1949 年末，我国常住人口城市化率只有 10.6%。"一五"时期，造就了一批新兴的工矿业城市，武汉、太原和洛阳等老城市也进行了扩建改造，农业剩余劳动力不断转移到工业部门，城市数量和城市规模持续提升。到 1978 年，我国常住人口城市化率基本保持在 17%~18%。1979~2010 年处于城市化快速发展时期，1978 年，十一届三中全会做出实行改革开放的重大决策，此后我国城市化进程开始加速，截至 2010 年常住人口城市化率达到 50%。自 2011 年以来，我国城市化速度开始放缓，进入提质发展阶段。其中，2015~2019 年，城市化率分别提高了 1.2 个、1.2 个、1.1 个、1.0 个、1.02 个百分点，从整体上来看放缓幅度处于合理区间。截至 2019 年，城镇常住人口达到 84843 万，城镇人口占总人口比重首次突破 60% 大关（见图 1-1）。随着城市化率突破 60%，我国的城市化将逐渐进入到下半场，进入到二次城市化阶段（陈红艳、顾强，2020）。

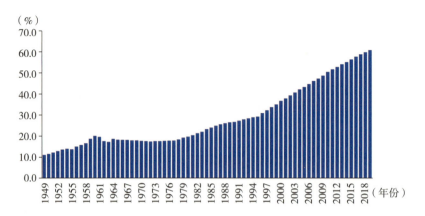

图1-1 1949~2019 年我国城市化率

资料来源：国家统计局、华夏幸福研究院。

（二）城市化人口流动多向叠加，乡城流动和中心集聚仍是主要形式

伴随城市化进程的不断推进，人口流向也不断呈现复杂化、多样化的新特征。从区域流动来看，以往占据主导地位的乡城流动模式正在发生改变，一方面表现在乡城流动规模占比出现下滑，另一方面城乡流动也出现潜在趋势。此外，城城流动即大城市和发达地区之间的人口流动规模在不断提升，日益成为中国人口流动的重要形式。从城市内部流动来看，伴随我国城市化水平的不断提升，流动人口持续向大城市核心区集中，受制于核心区相对有限的发展空间，中后期流动人口逐渐向外圈层溢出，外围节点城市和微中心的人口规模将实现快速增长，与核心区的人口密度落差逐步减小，成为中后期城市新增人口的主要承载空间。然而，尽管人口流动逐渐呈现多向叠加，但乡城流动和向中心城市集聚仍是中长期中国人口流动的主流，2018 年上海市人口迁入来源地 TOP 20 如图 1-2 所示。

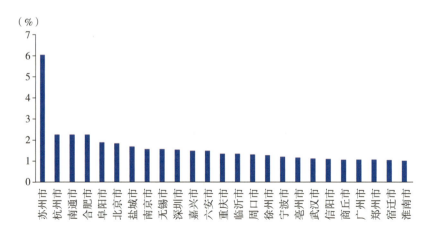

图1-2 2018 年上海市人口迁入来源地 TOP 20

资料来源：高德大数据、华夏幸福研究院。

（三）重点城市空间形态呈现大型化、中心化、跨城化特征

随着人口和产业不断向重点城市集中，城市规模不断扩张。北京、上海、广州、深圳等特大城市发展优势不断增强，杭州、南京、武汉、郑州、成都、西安等大城市发展势头较好，形成推动高质量发展的区域增长极（习近平，2019）。从数据来看，我国城区人口超过 100 万的大城市数量从 2006 年的 48 个增长到 2018 年的 91 个；城区人口超过 300 万的城市从 2006 年的 17 个增长到 2018 年的 28 个（魏后凯，2014）。特别是近年来户籍制度弱化和以高知、高技术为代表的新生代劳动人口流动，部分城市的人口规模迅速增长，陆续成长为人口超过千万以上的重点城市。城市的大型化和中心化，又进一步推动了城市的跨城化发展。特别是在经济基础和基础设施相对完善的长三角、珠三角地区，城市的跨城化发展在更大的区域范围内实现了资源的优化配置和生产空间重组，提升了区域整体的发展质量（陈红艳、顾强，2020）。

（四）都市圈成为城市化空间的主体形态，逐步重塑我国城市化空间布局

在城市向大型化、中心化发展的同时，都市圈化已经成为中国城市化空间格局的新特征。伴随我国城市化进程的快速推进，行政边界的限制逐渐被打破，各要素通过有序流动实现合理布局，人口、空间、产业等多个维度均呈现出都市圈化特征，高度网络化的城市体系正在形成。以北京都市圈的跨城通勤为例，2018 年超过 36 万人工作在北京、居住在环京；超过 11 万人居住在北京、工作在环京（陈红艳、顾强，2020）。此外，都市圈房价联动发展趋势突出，北京、上海都市圈外圈层城市房价已高于部分三四线和省会城市。从规模占比来看，我国 30 个核心都市圈人口规模达到 4.5 亿，经济体量达到 46.4 万亿元，以占全国 4.5% 的面积，集中了全国 32.2% 的人口和 51.5% 的 GDP（陈红艳、顾强，2020）。总体来看，都市圈已经成为城市化的主体形态，成为引领和支撑我国经济高速增长的主导地区，成为我国参与全球化竞争的全新地域单元。

（五）以长三角、珠三角为代表的成熟城市群已具备世界级规模，多数城市群仍处于培育发展阶段

中国七大城市群（京津冀、长三角、粤港澳、成渝、长江中游、中原和关中平原城市群）以全国 14% 的土地面积和 54% 的人口数量创造了全国 2/3 的经济总量，经济集聚效应形成在城市化空间上连绵成片、难以分割的都市连绵区形态。其中，以长三角为代表的成熟城市群已具备世界级规模，2018 年长三角都市连绵区面积为 12.03 万平方千米，人口规模达到 1.16 亿，GDP 规模达到 2.35 万亿美元，分别占全国的比重为 1.3%、8.3%、17.3%，逐步成为极具代表性的超级经济圈。未来随着"优势互补"区域经济导向的具体政策落实和全国范围内系统性推进生产要素自由流动，兼具比较优势和规模效应的长三角都市连绵区，将进一步实现高素质人口和高技术产业的规模化、高能

级集聚，具备更为广阔的"优化发展"前景。但与此同时，也应看到我国内陆地区，特别是缺乏中心城市辐射带动的城市群发育迟缓，如哈长、辽中南、北部湾、山西中部、黔中、呼包鄂榆、滇中等城市群，近年来在全国经济和人口中的比重呈现下滑趋势。

（六）城市等级体系加速调整分化，省会城市优势进一步强化

在市场作用下的极化效应是影响城市规模扩张的两极化倾向的重要方面。在城市的集聚效应和规模效益进一步发挥、吸引区域内的产业和人口资源进一步集中在城市大型化的同时，重点城市在区域内的首位度迅速提高，且日益成长为区域内的经济和文化中心。从数据来看，全国 27 个省会及自治区首府（仅考虑大陆）人口占全国比重从 2010 年的 14.1% 增长到 2018 年的 15%；GDP 占比从 2010 年的 21.9% 增长到 2018 年的 24.0%（见图 1-3）。由此看来，集聚力量存在自我强化效应，这种效应将促使更多的人口和资源流入大城市，从而加剧不同规模城市之间发展的不平等。与此同时，我国城市发展带有浓厚的行政化色彩，政府资源配置的行政中心偏向和大城市偏向较为明显。政府部门往往将过多份额的资源集中到大城市尤其是作为首位城市的首府，导致首位城市的规模不断膨胀。这种行政中心偏向导致城市资源配置严重不均衡，这也是近年来中国城市增长两极化的根本原因。

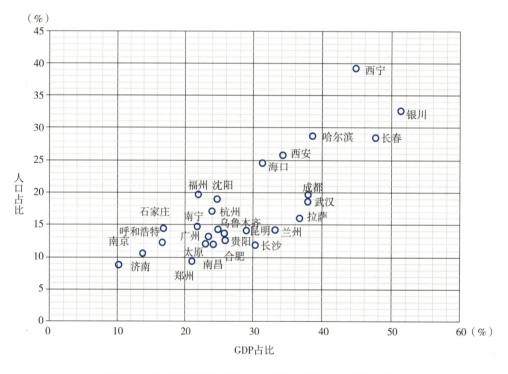

图 1-3 2018 年各省会城市人口和 GDP 占全省比重分布

资料来源：各省统计局、华夏幸福研究院。

二、我国城市化进程中面临的突出问题与现实困境

(一) 经济重心加速南移，城市化发展呈现东西与南北分化并存

"南北差距"扩大逐渐成为我国区域发展面临的新情况、新问题。从大城市数量分布来看，2006 年我国城区人口 100 万以上的大城市南北分别为 36 个、32 个，东中西分别为 43 个、17 个、8 个；到 2018 年，南北方城区百万以上人口数变为 41 个、50 个，东中西分别为 54 个、21 个、16 个。东中西和南北增量差异逐渐拉大，其中南北差距尤为显著。从经济总量来看，2018 年，北方地区经济总量占全国的比重为 38.5%，比 2012 年下降 4.3 个百分点（习近平，2019）。从经济增速来看，2013 年以前北方经济增速快于南方，但从 2013 年至今，北方地区经济增速连续 6 年低于南方，且差距不断扩大。从实际情况来看，长三角、珠三角等南方地区逐步进入高质量发展阶段，但北方省份经济发展普遍出现较大困难，增长速度持续放缓，使得全国经济重心进一步南移（习近平，2019）。过去，国家统筹实施西部大开发、东北振兴、中部崛起、东部率先发展四大板块战略，其核心目的在于增强东、中、西部地区间发展的协调性。然而，在东中西差距趋于收敛的同时，我国区域发展格局又出现了新的特点，南北分化成为当前我国区域经济发展面临的突出问题。

(二) 土地城市化显著快于人口城市化，"半城市化"特征明显

地方政府过于注重城市建成区规模的扩张而忽视了城市人口的集聚，造成土地城市化快于人口城市化（姚士谋等，2013）。1980 年，中国城市建成区的总规模大约是 5000 平方千米，到 2010 年，这一数值已经提升到 46000 万平方千米，总规模扩大了 8.2 倍。但城市人口按照现有的统计口径，1980 年是 1.9 亿人，2010 年是 6.7 亿人，大约增加 2.5 倍（胡杰等，2014）。因此，总体来看，我国的城市化仍是一种典型的"不完全城市化""半城市化"。与此同时，农业转移人员作为城市的生产者，仍无法融入城市成为市民，这主要体现在基本公共服务的差别化对待，尽管这些农业转移人口已经成为城市的常住人口，但在教育、医疗等方面仍无法平等享受相关服务。一纸户口成为横亘在农业转移人口和本地市民之间的隐形鸿沟，同时也成为隐匿的社会风险隐患。

(三) 城市网络化空间结构失衡，节点城市和微中心发育不足

我国城市群与国际比较的差距并不在中心城市，而主要在微中心和节点城市上。从中外都市圈微中心数量对比来看，2017 年东京都市圈人口规模在 2 万以上的微中心和节点城市数量达到 129 个，分别是北京都市圈（37 个）和上海都市圈（78 个）的 3.5 倍和 1.7 倍（陈红艳、顾强，2020）（见图 2-4）。区别于以往的单中心"摊大饼"模式，特大

城市的空间扩展正在向多中心发展模式过渡，在分工合作、优势互补的基础上，形成联动发展的都市圈"共生体"。其中，节点城市在城市群发展腹地中起到关键支撑作用，是城市群中的重要增长极。依托卫星城的规划建设以及发展的差异化定位，不仅有利于降低"大城市病"带来的中心城市衰落的可能性，同时也有利于形成功能分工合理、城市体系健全，城市间有机协作的城市群落，实现区域竞争力的整体增强。

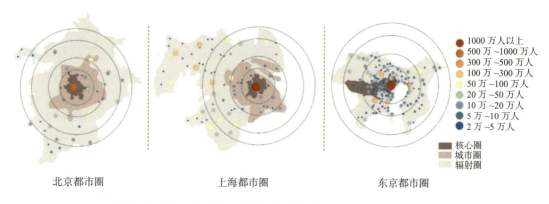

北京都市圈　　　　　　上海都市圈　　　　　　东京都市圈

图1-4　2017年北京、上海和东京都市圈城镇体系分布示意图

资料来源：珞珈一号卫星图、华夏幸福研究院。

（四）部分新区建设与土地集约利用目标背道而驰，"远大的城"后遗症逐步显现

我国部分新区建设存在规划面积过大、土地利用粗放等问题。当前我国许多地区规划的新区面积动辄上千平方千米，许多中小城市还同时建设多个新区，既造成农用地和耕地的流失，也导致土地资源的低效利用和严重浪费。从建设时序来看，部分新区建设普遍超前，新区集聚的人口规模体量偏小，造成大规模基础设施建设浪费严重。目前，在中国数百个城市新区中，除了几个国家级新区人口规模较大外，其余新区人口规模均较小，有的甚至低于一万人，造成已建成基础设施的资源浪费和低效利用（方创琳等，2013）。从区域对比来看，2009~2013年，中西部规划建设新城数量达到185个，远高于东部地区（73个），新城建设与区域人口和产业增长潜力严重不匹配。此外，新区建设总体投资规模巨大，进一步加大了地方债务风险。截至2013年6月底，地方政府负有偿还责任的债务约10.9万亿元，负有担保责任的债务约2.7万亿元，可能承担一定救助责任的债务约4.3万亿元，在累计的地方政府性债务中，68%用于基础设施等市政建设（常晨等，2017）。许多地区的新区建设需求动辄几十亿元甚至几百亿元，远远超出了一般中小城市的投融资能力，导致地方债务规模急剧攀升，地方债务性风险不断加大。

（五）城市化基础设施和公共服务建设滞后，空间配置不平衡

我国的基础设施和公共服务供给不仅总量不足，不能满足人民日益增长的服务需求，而且存在分配不均等的问题，在城乡、区域和不同人群之间存在相当大的差异（陈红艳、顾强，2020）。从基础设施来看，我国的城市交通基础设施相对滞后，智能低碳的综合公共运输系统尚未形成，区域交通网络布局不够完善，严重影响了城市的健康发展。以市郊铁路为例，2017 年东京、伦敦、纽约和巴黎市郊铁路里程分别达到 4476 千米、3071 千米、1632 千米和 1296 千米，而北京市郊铁路里程仅有 290 千米。因此，我国轨道交通建设，尤其是城际、市郊、地铁等快速大容量交通仍有很大提升潜力。从公共服务来看，由于政府职能转变不到位，财政支出中用于公共服务的比重仍然偏低。此外，公共财政对城乡、区域公共服务的投入存在明显差别，以医疗资源分布来看，全国 30 个都市圈 81% 的三甲医院集中于核心区，外围地区优质医疗资源极度匮乏（陈红艳、顾强，2020）。同时，公共服务投入的不均等直接导致公共服务供给水平和质量的不均等，比如在义务教育方面，突出的表现是城乡教师素质差异明显，这直接影响了农村教育质量的提高。

（六）要素资源市场化配置滞后，土地计划管理制度亟待调整

中央与地方间的信息不对称使计划用地指标难于匹配实际的项目需求，导致土地利用效益低下。土地利用年度计划是国家对计划年度内各项用地数量的具体安排，包括新增建设用地量、土地开发整理补充耕地量以及耕地保有量等（成立等，2020）。土地利用年度计划也是政府利用自身的公权力对于土地开发权进行分配和管理的重要方式。然而，中央与地方、地方与项目之间的信息不对称，叠加"自上而下"的土地计划管理体制，使地方普遍存在"端着锅找米"和"端着米找锅"的现象，严重制约了土地资源效益的最大化。此外，在政绩考核的压力下，地方政府在具体进行土地指标分配时，难以权衡区域发展的公平性。由于地方政府往往重视土地指标申请，但忽视了土地审批后的管理问题，使地方获得的土地资源均流向了高收益、高利润的项目和地区，造成了新的区域发展不公平问题。

（七）粗放的城市化发展模式造成环境压力日益加大，资源瓶颈约束日趋增强

近年来，伴随城市化的快速推进，过去以增量为主、粗放扩张的发展方式逐渐显露弊端。环境污染严重、资源消耗量大等问题，使城市可持续发展面临严峻挑战。我国在为下一波城市化做准备时，解决环境和资源限制将变得越来越迫切，原因在于中国的污染大部分集中在城市化地区。国内许多城市出于规划不当、城市空间有限、基础设施建设滞后等原因，陷入人口过度膨胀、交通日益拥堵、大气污染严重、房价持续高涨、城市管理运行效率低等问题的怪圈。与此同时，"摊大饼"式的病态发展模式在多个城市复

制，大量居民集中在城市中心城区，"大城市病"愈演愈烈，并引起了全社会的广泛关注。因此，我们迫切需要直面问题、做好部署，推出重大治理举措，切实推动中心城市经济社会与人口资源环境协调发展。

三、新形势下推进城市化空间优化的重要方向

传统城镇化模式积累的问题和矛盾日益突出，城镇化转型刻不容缓。在新形势下我国城市化空间的优化，应以实现人的城市化为核心，以推动城市化高质量发展为根本导向，以生态文明理念为引领，以提高资源要素的空间配置效率为重要抓手，高度重视并始终贯彻公平原则，更好地服务支撑国家重大区域发展战略，推动城市健康发展，实现全面协调、可持续且富有竞争力的城市化。

（一）推动形成以"都市连绵区—都市圈—区域性中心城市—中小城市"为主体形态的城市化空间格局

都市圈和城市群是我国社会经济发展的核心地域实体，有着强大的集聚效应和辐射效应。城市群中以长三角、珠三角都市连绵区等为代表发展较为成熟的都市圈连绵区，应进一步加快发展转型和产业升级，推进区域一体化和空间结构优化，提升其国际竞争力、自主创新能力和可持续发展能力。应强化副省级以上中心城市的辐射作用，提升城市经济综合竞争力，探索以都市圈为单元进行生产分工、政策配置，实现大中小城市和小城市协调发展。对于其他地级市，应持续优化中心城市的投资环境，完善产业配套，提升中心城市能级和档次，增强人口吸纳和承载能力。此外，应进一步优化县城公共服务配套，夯实人口城市化的基层支撑。通过因地因时制宜、多种形态并举，实现大中小城市协调发展，提高城市化发展后劲。

（二）从全面均衡到相对集中，推动生产要素向优势地区集聚

从客观现实来看，我国城市化空间格局正在发生深刻变化。经济发展和人口增长的极化特征愈加突出，以北上广深为代表的超大城市和以杭州、武汉、西安、南京等为代表的大城市凭借其规模优势的发挥，与其他城市的发展差距逐渐拉大，马太效应日益显著。从实际数据来看，北上深平均每新增 1 平方千米建成区增加人口 4213，是全国平均的 5 倍，土地利用更加集约高效。因此，应尊重客观经济规律，顺势而为，让市场在资源配置中起决定性作用，充分发挥各地的比较优势，促进各类生产要素自由流动并向优势地区高效集聚，提高资源配置效率。习近平总书记在《推动形成优势互补高质量发展的区域经济布局》中也指出，不平衡是普遍的，要在发展中促进相对平衡。我们必须适应新形势，谋划区域协调发展新思路。

（三）培育带动城市化高质量发展的新动力源，更好服务国家重大发展战略

未来国家间的竞争将是都市圈的竞争。放眼全球，"强辐射"加"场效应"，使都市圈在世界经济发展中发挥重要枢纽作用。纽约、伦敦、东京和巴黎四大都市圈，以其雄厚的经济实力、强大的科技创新能力、人才的高度集聚和无与伦比的全球影响力，成为世界经济发展的重要"引擎"。因此，培育壮大以大城市、中心城市为核心的都市圈，完善都市圈空间结构、高质量建设节点城市和微中心，将有利于聚集创新要素，打造参与国际竞争的重要平台，增强对人口的吸引力和承载力，拓展内需空间，缩小周边区域与中心城市的发展差距，化解"大城市病"。与此同时，作为我国经济发展的新动力源，都市圈的崛起也将成为推动京津冀协同发展、长江经济带发展、"一带一路"、粤港澳大湾区、黄河流域等区域发展战略的重要支撑（陈红艳、顾强，2020）。

（四）全面建立生态补偿机制，推进基本公共服务均等化，增强部分地区在保障生态安全、粮食安全和边疆安全等方面的功能

在强化生态功能地区发挥本地优势的同时，应建立多元化、市场化的生态补偿机制。除了传统的财政激励、直接转移支付等措施以外，应不断探索市场化补偿机制，如碳交易机制、水权交易等。此外，应遵从"污染者付费、受益者付费"的原则，以加大补偿力度，完善补偿机制，提升长效机制作为着力点，引导生态受益地区对于生态保护地区的补偿。与此同时，要保障革命老区、民族地区、边疆地区和贫困地区的民生底线。进一步补齐区域基础设施供给短板，实现基本公共服务均等化，不断巩固承担安全等战略功能区域的发展与稳定。

（五）着眼未来，动态评估，科学合理确定区域开发边界和开发强度

区域资源承载力系统是一个需要考虑时间尺度的、动态的、开放度的系统。伴随生态环境改善、落后产能淘汰、产业转型升级、科技经济进步，人口空间格局变化，以及自然资源治理能力的现代化等影响因素的不断变化，区域资源承载力的阈值也将进一步提升。因此，应着眼未来，动态评估区域发展的资源承载力，建立与承载力相匹配的开发格局。一方面要科学合理确定城市开发边界，划定生态红线，促进城市化集约、绿色、低碳发展。另一方面根据资源禀赋、生态条件和环境容量，明晰国土空间开发的限制性和适宜性，合理确定区域土地开发利用的规模、结构、布局和时序，合理确定区域国土开发强度。

四、面向 2035 的城市化空间调整优化路径与策略

我国城镇化进程正步入转型发展的关键时期，不断探索可持续城市化的发展模

式，优化我国城市化空间格局，对新时期指导我国城市化健康发展具有重要意义。面向2035，城镇化发展应以破除制度障碍、补齐民生短板、提高治理能力为重要抓手，进一步促进生产要素的自由流动，进一步缩小区域发展差距，促进社会公平，进一步提升城市化转型的质量和水平，进而在促进城市化高质量发展方面实现新突破。

（一）遵循城市空间发展规律，将都市圈建设作为促进中心城市和城市群有序衔接的重要环节

都市圈已经成为我国城市化空间的重要形态，成为促进城市群发展的重要突破口。考虑到当前各大城市群和城市群内部城市在经济规模、产业能级和发展阶段上客观存在一定落差，如关中平原、北部湾等城市群发展水平整体不高，中心城市带动能力不强，城市数量少且联系不够紧密等，但却一味地扩大规划空间、"拔苗助长""强制入群"违背城市群发育阶段性规律。因此，建议当前应将都市圈作为未来城市化的基本空间单元，持续巩固和发挥都市圈的主体形态作用，通过有选择地发展卫星城市，实施土地制度、住房制度改革，结合市场规律引导人口向都市区集聚，增强都市圈的集聚效应和辐射效应。与此同时，在都市圈的基础上发展联系紧密、良性互动的城市群和都市连绵区，形成更大的规模经济和网络经济效应。

（二）加大户籍制度改革力度，加快城市人口市民化进程

建立政府主导、多方参与、协同推进的市民化机制，多措并举、分层分类做好市民化工作。把有稳定就业岗位的农业转移人口逐渐"市民化"，使他们能够公平公正地享受和户籍居民均等一致的基本公共服务和社会福利。从当前来看，大城市户籍制度的改革是最不完整的，而这些城市恰恰是流动人口最为集聚的地区，仅致力于吸引高技术、高收入的流入群体，大幅降低了户籍改革在促进平等方面的效果。另外，尽管中小城市户籍制度基本放开，但因为这些城市经济实力、公共服务和社会保障与大城市差距较大，所以户籍政策变化对这些区域作用不大。因此，必须进一步深化户籍制度改革，尤其是大城市和超大城市，应进一步消除劳动力流动障碍，让城市化人口不是标签意义上的城市人口，而是享受城市基础设施和公共服务的人口。

（三）完善区域一体化的基础设施网络，支撑城市化高质量健康发展

基础设施和公共服务是评价城市化质量的重要要素，也是协调发展城市格局的重要支撑要素。基础设施是城市化发展的重要载体，要进一步提高城市基础设施综合承载能力，关键是根据城市现代化的要求，加快构建现代基础设施体系，逐步完善连接各中心城市的便捷、安全、高效的区域综合交通网络。此外，应按照城乡一体的规划要求，尽可能将城市的基础设施网络延伸到边缘城市，使乡村居民可以使用到与城市居民一样的

基础设施。公共服务设施不再只是城市功能的配套，主动引入和集聚优质公共服务资源能有效促进以人口导入为基础的区域整体价值提升。完善基本公共服务配置，同样不仅要强调增加投入，解决"供给不足"和"质量不高"的问题，更要立足于城市常住人口全覆盖的基本原则，强调基本公共服务与城市人口发展规模相匹配，避免出现因基本公共服务错配而导致"供不应求"和"供过于求"并存的现象。

（四）践行绿色发展理念，建设低碳智慧城市

推进低碳智慧城市建设是促进城市可持续发展的重要抓手，也是提高城市发展质量的紧迫任务。一方面，要牢固树立绿色、低碳发展理念，积极推行循环经济、低碳经济等绿色经济模式，加速区域产业转型升级；积极强化节能减排，注重从源头上降低能耗、防治污染，坚决淘汰落后产能；以解决饮用水安全和空气、土壤污染等损害群众健康的突出问题为重点，加大环境综合整治力度；不断提升环境保护和生态建设水平，提升城市生态功能。另一方面，应借助于物联网、云计算等信息技术及社交网络、购物网络、互联网金融等综合集成工具和方法，加速智慧城市建设进程，实现对生产、生活和城市管理的感知，这既是城市服务和管理技术的创新，也是理念和模式的创新（周加来等，2019）。

（五）加快改革土地管理制度，推动要素资源向中心城市、都市圈和重点城市群等优势地区倾斜

改革土地管理方式，提升资源利用效率，使优势地区有更大的发展空间。首先，城乡建设用地供应指标使用应更多由省级政府统筹负责，减少由于中央与地方信息不对称等而导致的资源错配的现象，提升通过土地利用方式转化带动经济增长的效率。其次，要破除集体经营性建设用地入市的法律障碍，改革土地计划管理方式，进一步规范针对集体经营性建设用地入市的空间规划、指标管理、区域分配等问题。按照内涵式、集约式的发展要求，使建设用地指标更多更好地与都市圈、都市连绵区等优势区域的核心城市相匹配，不断提高土地资源的利用效率，充分发挥这类区域的规模优势和集聚效益，不断优化国土空间结构，推动经济发展更上一层楼，引领整个区域实现协同发展。

（六）创新融资模式，引导市场力量参与城市化建设和运营

深入探索融资模式创新，吸纳更多外部资金投入城市化建设领域，是地方政府在未来城市化建设中最为紧迫的任务。城市化建设是一个资源和要素快速集中的过程，涵盖了各类基础设施、公共服务设施等，所需要的资金量非常庞大。然而，目前我国金融体制尚不能充分满足城市化建设资金供需双方的资金调配需求，地方政府仍需以财政资金负担城市化建设的大部分资金投入。因此，未来应建立流程规范、风险可控的地方债券

发行机制和二级市场，同时建立灵活、透明和标准的信贷二级流动市场，加快推进资产证券化，为融资创新模式提供良好的生存环境。在此基础上，探索具体的融资创新模式，如积极引入公私合作伙伴模式、有序开展土地经营权质押融资等，支持和引导社会力量参与到城市化建设和运营过程中，从而解决城市化进程中融资难的问题。

（七）加大财政转移支付力度，逐步推进区域公共服务均等化

我国地区间资源禀赋不同、经济发展水平不同、地方政府的财政能力强弱不同。应进一步完善财政体制，合理确定中央支出占整个支出的比重。加强中央财政一般性转移支付的力度，特别是对地方社会保障的转移支付力度，要对重点生态功能区、农产品主产区、困难地区提供有效转移支付。此外，基本公共服务要同常住人口建立挂钩机制，由常住地供给（习近平，2019）。建立较为稳定的纵向转移支付补偿机制，对于跨省域流动人口的社会转移接续因地区差异而形成的资金缺口，中央财政应给予更多补贴，以激励流入地不断完善流动人口的社会保障；从横向转移支付体系构建来看，对于推广基本公共服务均等化区域，需要建立当地农民工社会保障转移支付的专项基金，以推动社会保障制度性公平的实现（张晓杰，2014）。

（八）提高城市管理水平，构建高效空间治理体系

改善城市管理水平，有效提升城市承载能力。近年来，舆论普遍认为"城市病"的出现是由于城市人口规模过多，并提出城市的承载能力相对有限。然而，事实上城市的承载能力并不是固定和一成不变的，技术的进步、政府的管理和服务水平的提高都会对城市的承载力产生显著影响。通过进一步创新管理手段，打造高素质高效能城管队伍，加大精细化、全覆盖网格化数字城市管理力度，有利于全面提升城市管理水平，进而提高区域资源环境承载力的阈值。与此同时，应打破传统上以行政区为基础的行政区治理模式，推进构建"中心城市—都市圈—城市群"的三层次区域治理体系的体制。通过一体高效的城市空间治理体系的建设，进一步提升区域经济比较优势，为城市群高质量发展奠定良好基础。

城市化仍将是未来数十年内我国发展的一个主旋律，是促进经济高质量发展的重要推动力。及时研判城市化进程中出现的新变化、新特征和新趋势，不断动态调整优化城市化空间格局是推动我国城市化健康发展的重要举措。从尊重规律、以人为本、全面协调、可持续等城市化基本要求出发，把推动都市圈建设作为完善城市化主体骨架的重点，把形成多种城市化空间形态作为完善城市化发展模式的重点，不断加大户籍制度改革力度、不断完善基础设施和公共服务配套、不断创新融资模式、不断提升空间治理能力，形成富有竞争力的城市化空间格局。到2035年，将形成城市人口分布与资源环境相均衡，城市化经济社会生态效益相统一的城市化空间布局。

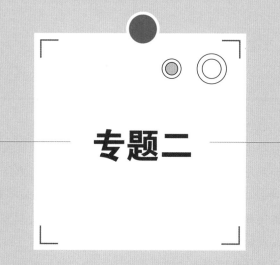

专题二

我国中心城市发展战略研究

摘要 ◀

　　目前，我国经济发展的空间结构正在发生深刻变化，中心城市正在成为承载发展要素的主要空间形式。"十三五"规划中明确提出，"优化城镇化布局和形态，加快城市群建设发展，增强中心城市辐射带动功能"；2019年中央经济工作会议要求，要提高中心城市和城市群综合承载力；2019年12月16日，《求是》杂志发表的习近平重要文章《推动形成优势互补高质量发展的区域经济布局》中再次强调，"增强中心城市和城市群等经济发展优势的经济和人口承载能力"。从"积极发展小城镇"到"大中小城市协调发展"，再到"增强中心城市承载力"，区域政策的逻辑转变体现了对发展规律认识的逐步深化。但当前各界对中心城市的界定和评价标准不一，需要厘清中心城市的概念与类型，准确认识中心城市的重要意义、发展现状和现存问题，在明确其战略定位的基础上，因城施策，切实提高中心城市的中心承载力，带动区域高质量发展。

一、我国发展中心城市的战略意义及现实需求

(一) 中心城市概念的提出与发展

中心城市是指在区域内综合实力较强，具备在经济、技术、文化等领域对周边区域发挥引导和带动作用的大城市。中心城市整体发展水平高，综合功能和服务完善，是带动周边区域经济发展的各种行政组织和团体的统一体。

从城市发展历程来看，中心城市是经济社会发展到一定程度而形成的空间极点。从城市规模和空间结构来看，中心城市在区域经济发展中的作用集中表现为增长中心、控制中心和扩散中心。从区域一体化角度来看，中心城市处于核心地位，并对周边城市及地区发挥主导作用，是具有较强集聚和辐射作用的政治、经济、文化、科技和对外交流的中心。

半个多世纪内，中国城市发展总方针经历了数次调整，引导国家城镇化总体朝着健康方向发展（见表2-1）。"十三五"规划中提出，"优化城镇化布局和形态，加快城市群建设发展，增强中心城市辐射带动功能，加快发展中小城市和特色镇""发展一批中心城市，强化区域服务功能""科学划定中心城区开发边界，推动城市发展由外延扩张式向内涵提升式转变"。

表 2-1 中国城市发展总体方针演变历程与指导效果一览

发展时期	年限	方针政策	指导效果
"一五" 时期	1953~1957	项目带动，自由迁徙，稳步前进	项目带动的自由城市化进程
"二五" 时期	1958~1962	调整、巩固、充实、提高	盲进盲降的无序城市化进程
"三五" 时期 "四五" 时期	1966~1975	控制大城市规模，搞小城市	动荡萧条的停滞城市化进程
"五五" 时期	1976~1980	严格控制大城市规模，合理发展中等城市和小城市	改革恢复的积极城市化进程
"六五" 时期	1981~1985	严格控制大城市规模，积极发展小城镇	抓小控大的农村城市化进程
"七五" 时期	1986~1990	严格控制大城市规模，合理发展中等城市和小城市	大中小并举的多元城市化进程

发展时期	年限	方针政策	指导效果
"八五"时期	1991~1995	开发区建设拉动大城市发展	大城市主导的多元城市化进程
"九五"时期	1996~2000	严格控制大城市规模，突出发展小城镇	大中小并举的健康城市化进程
"十五"时期	2001~2005	大中小城市和小城镇协调发展	大中小并进的协调城市化进程
"十一五"时期	2006~2010	以城市群为主体，大中小城市和小城镇协调发展	中国特色的健康和谐城市化进程
"十二五"时期	2011~2015	城市群与中小城市和小城镇协调发展	符合国情的积极稳妥城市化进程
"十三五"时期	2016~2020	加快城市群建设发展，增强中心城市辐射带动功能	优势区域引领的城市化进程

资料来源：方创琳《中国城市发展方针的演变调整与城市规模新格局》以及华夏幸福研究院研究成果。

（二）我国中心城市的主要类型

在《全国城镇体系规划（2006-2020年）》（以下简称《规划》）中将城市分为中心城市、陆路门户城镇、边境地区中心城市，其中，中心城市分为国家中心城市、区域中心城市、地区中心城市、县域中心城市（镇）四级梯级体系。《规划》明确提出，要通过培育具有国家战略意义和辐射带动作用的"多中心"，构建具有内引外联作用、能够加强区域协作的城镇发展轴带。

1. 国家中心城市

国家中心城市是中国城镇体系规划设置的最高层级，最早在2005年由原中华人民共和国建设部（现住房和城乡建设部）依据《城市规划法》编制全国城镇体系规划时提出。

《规划》指出，国家中心城市是全国城镇体系的核心城市，在我国的金融、管理、文化和交通等方面都发挥着重要的中心和枢纽作用，在推动国际经济发展和文化交流方面也发挥着重要的门户作用，应当具有全国范围的中心性和一定区域的国际性两大基本特征。根据国家发改委定义，国家中心城市是指居于国家战略要津、肩负国家使命、引领区域发展、参与国际竞争、代表国家形象的现代化大都市。

学术界对"国家中心城市"概念则多从其功能进行描述。陈江生等（2009）基于东京、伦敦案例，认为国家中心城市是在全国居于核心地位、发挥主导作用的城市。姚华松（2009）提出国家中心城市是一国城市发展水平的最高代表，是联系国内外的重要门户，是参与国际竞争与合作的重要载体。

目前，我国共有九座城市被有关部门定位为国家中心城市，其分别为北京、天津、上海、广州、重庆、成都、武汉、郑州、西安。2010年，住建部发布《全国城镇体系规划（2010-2020年）》，首次提出建设北京、天津、上海、广州、重庆五大国家中心城市；2016年5月发布《成渝城市群发展规划》，明确成都要"以建设国家中心城市为目标"；

2016 年 12 月发布《促进中部地区崛起"十三五"规划》，支持武汉、郑州建设国家中心城市；2018 年 2 月发布《关中平原城市群发展规划》提出"建设西安国家中心城市"；未来，国家中心城市的数量将进一步增加。我国九个国家中心城市经济、人口、空间数据如表 2-2 所示。

表 2-2 我国九个国家中心城市经济、人口、空间数据

城市	经济			人口			空间		
	GDP（亿元）	二产占比（%）	三产占比（%）	常住人口（万人）	城区人口（万人）	城镇化率（%）	市区面积（平方千米）	城区面积（平方千米）	建成区面积（平方千米）
	2018 年	2018 年	2018 年	2018 年	2017 年	2017 年	2017 年	2017 年	2017 年
上海	32680	29.8	69.9	2424	2418	87.9	6341	6341	999
北京	30320	18.6	81.0	2154	1877	86.5	16410	16410	1446
广州	22859	27.3	71.8	1490	645	86.1	7434	2099	1263
重庆	20363	40.9	52.3	3102	1122	64.1	43263	7440	1423
天津	18810	40.5	58.6	1560	685	82.9	11760	2585	1088
成都	15343	42.5	54.1	1633	665	71.9	3640	1277	886
武汉	14847	43.0	54.6	1108	577	80.0	8569	1452	628
郑州	10143	43.9	54.7	1014	374	72.2	1010	573	501
西安	8350	35.0	61.9	1000	493	73.4	5441	809	661

资料来源：WIND、《中国城市建设统计年鉴》、华夏幸福研究院。

2. 区域中心城市

区域中心城市是《规划》中提出的处于城镇体系第二层次的城市，指具有重要区域意义的省会城市及副省级城市。作为具备较强聚集扩散、服务和创新功能的区域经济中心，区域中心城市的发展将带动区域经济社会整体发展，缩小地区间发展水平差距。

基于我国主要城市的规模能级和发展阶段，识别出 33 个区域中心城市。除省会城市与计划单列市之外，还包括整体发展水平较高的苏州、无锡、佛山、潍坊、温州、徐州六座城市。我国区域中心城市经济、人口、空间数据如表 2-3 所示。

（三）我国中心城市发展面临迫切需求

发展中心城市是我国实现区域高质量发展的必然选择，是城镇化可持续发展的现实需要。

表 2-3 我国区域中心城市经济、人口、空间数据

城市类别	城市	经济			人口			空间		
		GDP（亿元）	二产占比（%）	三产占比（%）	常住人口（万人）	城区人口（万人）	城镇化率（%）	市区面积（平方千米）	城区面积（平方千米）	建成区面积（平方千米）
		2018 年	2018 年	2018 年	2018 年	2017 年	2017 年	2017 年	2017 年	2017 年
省会城市	杭州	13509	33.8	63.9	981	371	76.8	8006	1727	591
	南京	12820	36.8	61.0	844	609	82.3	6589	4226	796
	长沙	11003	42.4	54.8	815	283	77.6	1200	1200	359
	福州	7857	40.8	52.9	774	223	69.5	2444	1219	291
	济南	7857	36.0	60.5	746	336	70.5	5022	1666	464
	合肥	7823	46.2	50.3	809	220	73.8	1312	1127	461
	长春	7176	48.9	46.9	751	325	58.8	7825	1855	521
	哈尔滨	6300	26.8	64.8	1086	426	64.5	10198	464	438
	沈阳	6292	37.8	58.1	832	432	80.6	5116	1610	553
	石家庄	6083	37.6	55.5	1095	264	61.6	2194	519	286
	南昌	5275	50.4	45.9	555	246	73.3	3095	359	327
	昆明	5207	39.1	56.6	685	391	72.1	5675	1783	438
	南宁	4027	30.4	59.1	725	230	61.3	9947	865	315
	太原	3884	37.0	61.9	442	288	84.7	1500	1000	340
	贵阳	3798	37.2	58.8	488	207	74.8	2526	1230	359
	乌鲁木齐	3100	30.6	68.6	351	217	89.0	13788	1529	438
	呼和浩特	2904	27.6	68.7	313	135	69.1	2054	265	260
	兰州	2733	34.3	64.1	375	190	81.0	1712	345	331
	银川	1901	45.6	50.8	225	113	77.1	2311	1774	179
	海口	1511	18.3	77.5	230	108	60.8	2315	562	141
	西宁	1286	36.4	60.0	237	124	71.1	510	380	94
	拉萨	541	42.5	54.1	58	15	53.1	4169	497	83
计划单列市	深圳	24222	41.1	58.8	1303	1253	100.0	1997	1997	925
	青岛	12002	40.4	56.4	939	336	72.6	3269	2295	638
	宁波	10745	51.3	45.9	820	192	72.4	3732	1097	345
	大连	7668	42.3	52.0	595	329	78.3	5244	1523	405
	厦门	4791	41.3	58.2	411	197	85.2	1699	348	348
区域性优势城市	苏州	18597	48.0	50.8	1072	270	76.1	2827	1524	473
	无锡	11439	47.8	51.1	657	222	76.0	1644	1261	338
	佛山	9936	56.5	42.0	791	133	95.0	2810	735	159
	徐州	6755	41.6	49.0	880	197	63.8	3040	605	265
	潍坊	6157	44.5	47.1	937	127	60.0	2006	1195	179
	温州	6006	39.6	58.0	925	152	69.7	1311	849	255

资料来源：WIND、《中国城市建设统计年鉴》、华夏幸福研究院。

1. 中心化、大型化、都市圈化是城镇化发展的国际规律

世界人口持续向中心城市集中。从发达国家的历史经验来看，在工业化和城市化快速发展的阶段，人口不断向大城市集聚。全球化促进了信息和资本的流动，城市规模不断扩大，甚至出现了超大规模的巨型城市。纽约、伦敦、东京和巴黎等极具代表性的世界级城市群，以其雄厚的经济实力、强大的科技创新能力、人才的高度集聚和无与伦比的全球影响力，成为世界经济发展的重要"引擎"。

1950~2015 年，生活在 1000 万以上规模城市的人口占比从 3.2% 提高到 11.9%，生活在 100 万~500 万、50 万~100 万规模城市的人口占比分别只提高了 3.9% 和 0.6%，生活在 50 万以下规模城市的人口占比则下降了 7.0%。从城市数量看，1950 年全球人口超过 500 万的特大城市仅七个，1970 年人口超过 1000 万的巨型城市只有东京、纽约两个，2011 年已有近 1/8 城市人口生活在 28 个人口超过 1000 万的巨型城市中，2015 年巨型城市增加到 73 个。

2. 强化中心城市作用是我国新型城镇化的客观要求

发展中心城市能有效缓解当前由于全国性服务功能过度集中所导致的"城市病"问题，进一步缩小区域差距。通过中心城市，分散部分面向全国的服务性功能，合理布局交通枢纽、门户、战略节点，并带动中西部和东北地区城市群和国家边疆地区的发展，形成新的市场中心和交通网络中心。"环京贫困带""灯下黑"等现象都源于大城市在经济增长要素方面对小城市的竞争和吸纳，实施大中小城市协调发展战略的紧迫性日益凸显。

同时，发展中心城市能促进我国工业化与城镇化的协调可持续发展，推动国家经济转型。为了突破"中等收入陷阱"，我国社会经济发展必须实现由"生存型社会向发展型社会、经济增长由数量型增长向质量型增长"的双重转变，需要人口、经济等要素高度集聚的中心城市来承担，尤其在中西部地区和东北地区，需要由中心城市率先实现内涵提升、培育新型服务功能、发挥创新引领作用。

二、我国中心城市的现状与问题

（一）我国中心城市的发展现状

1. 中心城市已成为承载发展要素的主体空间形式

我国中心城市集中了全国 4.2% 的人口和 45.2% 的 GDP，其中九个国家中心城市集中了全国 1.7% 的人口和 19.0% 的 GDP，已经成为我国承载发展要素的主体空间形式。

中心城市是城镇化人口的集中承载地，人口集聚功能将不断强化。2018 年，我国中心城市人口规模达 2.4 亿，城镇化率均在 60% 以上，近六成中心城市城区人口密度超过 2000 人／平方千米（见表 2-4 和表 2-5）。

表 2-4　国家中心城市人口相关数据

城市	人口（万人）		人口密度（人/平方千米）		城镇化率（%）
	市区	城区	市区	城区	
重庆	2490	1122	576	1508	64.1
上海	2418	2418	3814	3814	87.9
北京	2294	1877	1398	1144	86.5
天津	1050	685	893	2649	82.9
广州	898	645	1208	3072	86.1
武汉	854	577	996	3974	80.0
成都	812	665	2230	5205	71.9
西安	734	493	1349	6098	73.4
郑州	506	374	5009	6525	72.2

资料来源：WIND、《中国城市建设统计年鉴》、华夏幸福研究院。

表 2-5　区域中心城市人口相关数据

城市	人口（万人）		人口密度（人/平方千米）		城镇化率（%）	城市	人口（万人）		人口密度（人/平方千米）		城镇化率（%）
	市区	城区	市区	城区			市区	城区	市区	城区	
深圳	1253	1253	6272	6272	100.0	宁波	290	192	776	1755	72.4
南京	683	609	1036	1440	82.3	长沙	283	283	2356	2356	77.6
杭州	600	371	750	2148	76.8	福州	280	223	1144	1830	69.5
沈阳	591	432	1154	2686	80.6	合肥	270	220	2058	1952	73.8
哈尔滨	551	426	540	9178	64.5	无锡	259	222	1577	1760	76.0
济南	484	336	963	2019	70.5	贵阳	245	207	970	1683	74.8
南宁	447	230	449	2658	61.3	厦门	231	197	1360	5668	85.2
昆明	443	391	781	2196	72.1	乌鲁木齐	217	217	157	1416	89.0
长春	428	325	547	1754	58.8	兰州	207	190	1208	5488	81.0
石家庄	409	264	1866	5091	61.6	潍坊	192	127	956	1062	60.0
佛山	406	133	1443	1817	95.0	海口	171	108	739	1925	60.8
青岛	387	336	1185	1464	72.6	温州	170	152	1300	1793	69.7
大连	383	329	730	2159	78.3	西宁	139	124	2721	3270	71.1
太原	369	288	2461	2881	84.7	呼和浩特	135	135	656	5082	69.1
苏州	356	270	1260	1770	76.1	银川	113	113	488	635	77.1
徐州	344	197	1130	3264	63.8	拉萨	24	15	58	294	53.1
南昌	306	246	988	6860	73.3						

资料来源：WIND、《中国城市建设统计年鉴》、华夏幸福研究院。

中心城市经济集中程度高，是区域经济活动的聚集地和经济交流的集散地。整体实力雄厚，经济势能更高，在具备可观经济规模的同时，形成更发达的社会和更完善的产业体系，进一步增强其组织能力和竞争能力。从产业发展水平来看，中心城市经济总体发展水平较高，上海、北京等 16 座城市 GDP 过万亿元，深圳、无锡、苏州等 18 座城市人均 GDP 超过 10 万元（见表 2-6 和表 2-7）。

表 2-6　2018 年国家中心城市经济相关数据

城市	GDP（亿元）	人均 GDP（万元）	二产占比（%）	三产占比（%）
上海	36012	14.9	28.8	70.9
北京	33106	15.4	16.5	83.1
广州	22859	15.3	27.3	71.8
重庆	20363	6.6	40.9	52.3
成都	15343	9.4	42.5	54.1
武汉	14847	13.4	43.0	54.6
天津	13363	8.6	56.9	82.5
郑州	10143	10.0	43.9	54.7
西安	8350	8.3	35.0	61.9

资料来源：WIND、华夏幸福研究院。

表 2-7　2018 年区域中心城市经济相关数据

城市	GDP（亿元）	人均 GDP（万元）	二产占比（%）	三产占比（%）
深圳	24222	18.6	41.1	58.8
苏州	18597	17.3	48.0	50.8
杭州	13509	13.8	33.8	63.9
南京	12820	15.2	36.8	61.0
青岛	12002	12.8	40.4	56.4
无锡	11439	17.4	47.8	51.1
长沙	11003	13.5	42.4	54.8
宁波	10745	13.1	51.3	45.9
佛山	9936	12.6	56.5	42.0
福州	7857	10.2	40.8	52.9
济南	7857	10.5	36.0	60.5
合肥	7823	9.7	46.2	50.3
大连	7668	12.9	42.3	52.0
长春	7176	9.6	48.9	46.9

续表

城市	GDP（亿元）	人均GDP（万元）	二产占比（%）	三产占比（%）
徐州	6755	7.7	41.6	49.0
哈尔滨	6300	5.8	26.8	64.8
沈阳	6292	7.6	37.8	58.1
潍坊	6157	6.6	44.5	47.1
石家庄	6083	5.6	37.6	55.5
温州	6006	6.5	39.6	58.0
南昌	5275	9.5	50.4	45.9
昆明	5207	7.6	39.1	56.6
厦门	4791	11.7	41.3	58.2
南宁	4027	5.6	30.4	59.1
太原	3884	8.8	37.0	61.9
贵阳	3798	7.8	37.2	58.8
乌鲁木齐	3100	8.8	30.6	68.6
呼和浩特	2904	9.3	27.6	68.7
兰州	2733	7.3	34.3	64.1
银川	1901	8.4	45.6	50.8
海口	1511	6.6	18.3	77.5
西宁	1286	5.4	36.4	60.0
拉萨	541	9.4	42.5	54.1

资料来源：WIND、华夏幸福研究院。

中心城市创新和吸纳创新能力强，先进生产力在此聚集。区域人才、技术、科研、设备及交流集约化程度高，科技力量雄厚，高端人才集聚，研发催生新技术、新产品，碰撞培育新模式、新制度。从产业结构来看，中心城市三产占比大多在50%以上。

中心城市具有较强的综合服务能力和较完备的基础设施。凝聚生活服务、生产服务资源，提供便捷的交通运输网络、快速的通信方式、良好的人居环境，在强化城市内部联通的同时，保证与周边的高效通畅渠道。从政府财力来看，中心城市综合财力相对较强，能对地方公共服务供给、基础设施建设等提供良好支撑（见表2-8和表2-9）。

表 2-8 2018 年国家中心城市财政相关数据 单位：亿元					
城市	公共财政收入	公共财政支出	城市	公共财政收入	公共财政支出
上海	7108	8352	武汉	1529	1929
北京	5786	7471	成都	1424	1837
重庆	2266	4541	郑州	1152	1763
天津	2106	3103	西安	685	1152
广州	1634	2506	—	—	—

资料来源：WIND、华夏幸福研究院。

表 2-9 2018 年区域中心城市财政相关数据 单位：亿元					
城市	公共财政收入	公共财政支出	城市	公共财政收入	公共财政支出
深圳	3538	4283	温州	548	874
苏州	2120	1953	徐州	526	881
杭州	1825	1717	石家庄	520	992
南京	1470	1533	长春	478	894
宁波	1380	1594	南昌	462	752
青岛	1232	1560	乌鲁木齐	458	660
无锡	1012	1056	贵阳	411	624
长沙	880	1301	哈尔滨	384	962
厦门	755	893	太原	373	542
济南	753	1018	南宁	359	698
沈阳	721	965	兰州	253	466
合肥	712	1005	呼和浩特	205	357
大连	704	1001	银川	173	363
佛山	703	807	海口	170	238
福州	680	925	拉萨	110	300
昆明	596	757	西宁	93	297
潍坊	570	733	—	—	—

资料来源：WIND、华夏幸福研究院。

2. 多层次的中心城市体系初具雏形

发展至今，我国已初步形成多层次的中心城市体系。从规模能级、结构质量、枢纽强度三个视角进行考量，均呈现明显的梯队化分布格局。

从分项指标对比来看，中心城市在人口、经济规模上存在明显分化，北上广深四个一线城市稳居第一梯队，杭州、武汉、郑州等新一线城市位于第二梯队，兰州、银川、西宁等欠发达地区的中心城市规模较小。在人均 GDP、枢纽度的分布上，也表现出类似的特征（见图 2-1）。

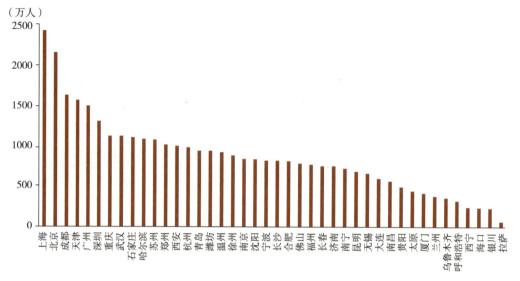

（a）人口

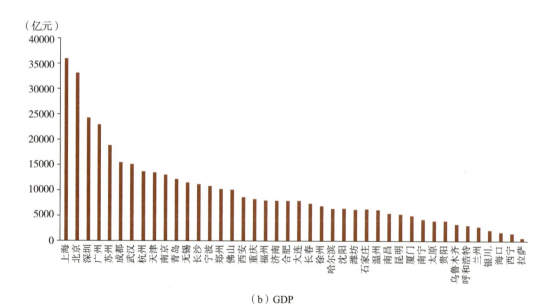

（b）GDP

图 2-1　我国中心城市核心指标分项对比

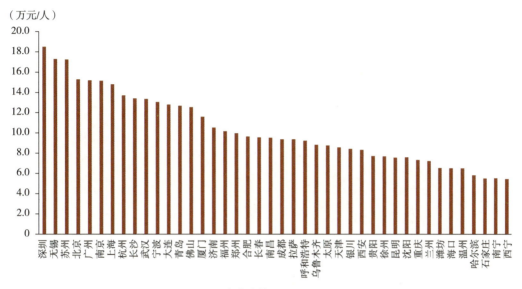

（c）人均 GDP

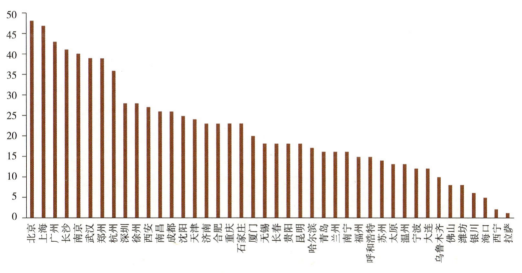

（d）枢纽度

图 2-1　我国中心城市核心指标分项对比（续）

注：枢纽度为与该城市具备紧密联系的城市数量。
资料来源：WIND、华夏幸福研究院。

综合来看，我国中心城市可大致划分为"高能级—强枢纽""高能级—弱枢纽""中低能级—中弱枢纽"三大类型，每个类型依据其现有及未来发展潜力可进行进一步分级分类（见图2-2）。

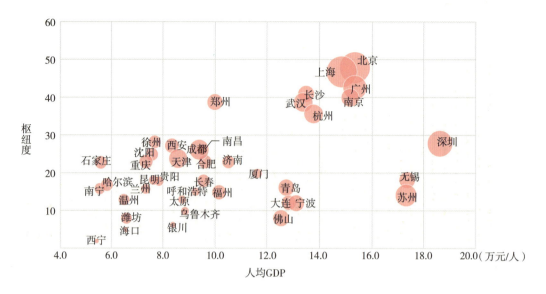

图 2-2　我国中心城市核心指标综合对比

注：均为 2018 年数据；气泡大小代表 GDP 规模。
资料来源：WIND、华夏幸福研究院。

（二）我国中心城市发展的现存问题

近年来，中心城市发展成效显著，但就其总体发展水平而言，我国中心城市在空间分布、产城融合、内部治理、对外联系等方面尚未形成合理的格局和范式，共性问题主要体现在以下几个方面：

1. 中心城市空间格局分化显著

当前，中心城市发展的分化态势明显。南北差距进一步扩大，2018 年北方地区经济总量占全国 38.5%，比 2012 年下降 4.3 个百分点；各板块内部也出现明显分化；部分省份内部同样存在分化现象。我国四大板块工业增加值占全国比重的变化如表 2-10 所示。

地区 \ 年份	2012	2013	2014	2015	2016	2017	2018
东部地区	50.39	50.50	50.72	52.04	53.76	54.36	54.16
中部地区	21.51	21.36	21.39	21.39	21.87	22.50	22.71
西部地区	19.13	19.24	19.28	18.78	18.58	17.61	17.66
东北地区	8.97	8.90	8.61	7.79	5.80	5.53	5.47

表 2-10　我国四大板块工业增加值占全国比重变化　　　　　单位：%

资料来源：WIND、华夏幸福研究院。

长三角、珠三角等地区已初步走上高质量发展轨道，哈长、辽中南、北部湾、山西中部、黔中、呼包鄂榆等地区发展则相对滞后，中心城市辐射带动作用有限，发展活力不足，尚未拉开与次级城市的发展层级，缺乏人口和产业吸引力，地区辐射带动能力难以发挥，甚至出现人口外流、城市收缩现象，东北地区尤为明显。

2. 中心城市龙头作用有待进一步发挥

我国中心城市的发展举措缺乏前瞻性，整体质量有待提高。创新能力不足，在科技、观念、企业机制、经济体制等方面缺乏创新活力；轨道交通等基础设施建设不足，尚未形成高效一体的综合交通体系；服务和管理能力缺失，治理和应急能力不足，医疗、教育等公共服务供给错位、滞后；人口密集带来居住、交通等各方面的资源短缺，生产成本增加，管理难度加大，生存环境恶化，"大城市病"突出。

当前，中心城市和城市群之间缺乏高效的衔接环节。从区域发展来看，直接由中心城市治理跨越到城市群协同治理，尚缺乏科学合理的社会经济基础和治理能力储备。从中心城市本身发展来看，部分城市中心性高，但节点性弱，城市规模较大，主要依靠内部体系，面临衰退风险；部分城市节点性强，但中心性弱，处于交通、信息等门户位置，高度对外开放，与外界交流便利、联系强，具备较大的发展空间，但易受到技术革命的冲击。

3. 中心城市可持续发展能力有待提升

中心城市的规划建设仍存在单中心、"摊大饼"、资源集中度过高等问题。周边城市就业岗位增长滞后，难以形成城市副中心或功能完整的生产生活组团，缺乏优质的就业、教育和卫生资源。北京城八区面积仅占全市 8%，承担着几乎全部的市级以上功能。

此外，在中心城市发展过程中，市场力量培育不足，市场主体参与公共资源配置的渠道、途径和机制欠缺。区域内市场主体参与公共服务供给的渠道需要进一步拓展，充分发挥市场的优势和竞争的力量，克服政府单一治理的不足，从制度层面推动公共服务供给多中心的实现，促进公共服务供给质量、效率的提高。

三、我国中心城市的未来战略定位

（一）中心城市是未来城镇化空间的重要骨架

承载全国 4.2% 人口和 45.2% GDP 的中心城市是中国城镇化的重要主体，以中心城市引领都市圈、城市群的模式将会是中国城镇化的主要模式。中心城市是推动城镇化高质量发展的经济支柱、创新引擎和交通枢纽，其已成为支撑区域发展的重要骨架。

新型城镇化要按照客观经济规律调整完善区域政策体系，发挥各地区比较优势，促进各类要素合理流动和高效集聚。对于中心城市等经济发展优势区域，要进一步增强其综合承载能力，促进形成优势互补、高质量发展的区域经济布局。

（二）中心城市是都市圈、城市群高质量发展的动力增长极

当前，我国城市群发展迅速，但集聚与扩散效应与发达国家城市群相比尚有一定差距，有待进一步强化。需增强中心城市的辐射带动力，推动创新要素合理分布，加快新旧动能转换，提升城市群整体实力。

发展都市圈、城市群必须要有高质量的中心城市。作为区域性经济网络的核心，中心城市是促进各类城市协调发展、完善城市体系的重大助推力。城市不能孤立存在，区域内部各层级城市需要整合为相互依赖的城市体系。中心城市是区域经济交流的枢纽，其对外开放与周边地区形成高效联通，推动形成多层次的经济网络体系，促进城市体系整体绩效的提升。

需要建立"重点城市群—国家中心城市—区域中心城市—地区中心城市—地区次中心城市—重点小城镇"的城镇体系等级结构。增强中心城市的带动力，促进人口、资源均衡分布，推动传统产业转型升级，缩小区域间发展差距，实现整体高质量发展。

（三）国家中心城市是提升全球化水平、参与国际竞合的重要平台

当前，全球城市职能多元化，向文化、创新、新消费、商贸流通等领域拓展，GaWC分析表明，纽约、伦敦、东京、巴黎等具备战略性经济要素强掌控力的城市位居全球城市体系的前列。我国中心城市的国际竞争力正在进一步强化，长三角、珠三角、京津冀中心城市逐步向全球城市体系顶端移动，边境省区中心城市的国际化门户职能与边境中心枢纽地位持续强化。

面向国内，国家中心城市要充分发挥综合服务、产业集群、物流枢纽、开放高地和人文凝聚等功能，建成国家组织经济活动和配置资源的中枢，同时适当疏解中心城区非核心功能，强化与周边城镇高效通勤和一体发展，促进形成都市圈。

面向国际，国家中心城市要加快提高国际化水平，融入全球城市网络体系，集聚全国性、全球性高端资源，全面提升国际交往便利度和交流合作紧密度，提升国际竞争力和影响力。

国家中心城市的定位存在一定差异，发挥辐射带动功能的领域和范围也有所不同。北京作为我国的政治中心、文化中心、科技创新中心，在其"十三五"规划纲要中提出要"着力增强对全国创新发展的辐射带动作用"，强化全国文化中心的凝聚示范、辐射带动、展示交流和服务保障功能。上海作为经济、金融、贸易、航运中心，则要增强金融业的影响力和辐射能力，提升国际贸易中心服务辐射能级，着力提高浦东、虹桥机场服务辐射能力。重庆位于长江上游地区，是长江上游地区经济中心、国家重要的现代制造业基地、西南地区综合交通枢纽，其辐射带动区域主要是西部地区和长江上游地区（见表2-11）。

表 2-11　部分国家中心城市"十三五"规划中城市定位的相关表述

城市	规划名称	具体表述
北京	《北京市国民经济和社会发展第十三个五年规划纲要》	服从服务国家发展战略，重点提升原始创新和技术服务能力，着力增强对全国创新发展的辐射带动作用；不断提升首都科技、信息、金融、商务等服务业的辐射带动能力，合作搭建京津冀服务业融合创新和展示交易平台，推动形成覆盖区域的生产性服务业辐射圈；强化全国文化中心的凝聚示范、辐射带动、展示交流和服务保障功能
天津	《天津市国民经济和社会发展第十三个五年规划纲要》	建设全国产业创新中心和国际创新城市；打造京津冀区域高端产业发展带、城镇聚集轴和核心功能区
上海	《上海市国民经济和社会发展第十三个五年规划纲要》	增强金融业的影响力和辐射能力；提升国际贸易中心服务辐射能级；巩固提升亚太航空枢纽港地位，着力提高浦东、虹桥机场服务辐射能力
广州	《广州市国民经济和社会发展第十三个五年规划纲要》	加快发展制造业物流、保税物流、空港物流、冷链物流、国际物流和智慧物流，增强辐射带动能力；加强与长沙、南昌、南宁、贵阳等高铁沿线城市在海铁联运、空铁联运等领域合作，提升广州市空港、陆港、海港辐射和集散功能；强化广州南站高铁枢纽辐射带动功能；构建辐射华东、华中与西南、珠三角地区集装箱中转、联运、区域性物流配送的全国性铁路货运枢纽，与南沙海港实现联动发展；加快广汕客专、深茂铁路等高快速铁路项目建设，增强广州铁路枢纽往东部、西部沿海方向辐射力
重庆	《重庆市国民经济和社会发展第十三个五年规划纲要》	依托长江大通道，加快建成长江上游航运中心、全国重要物流枢纽、通信枢纽，全面提升金融、贸易、物流、信息、科技、人才等要素集散功能，辐射带动周边地区共同发展，促进"一带一路"与长江经济带互联互通和联动发展，成为我国经济新支撑带内陆纵深推进的重要枢纽和门户

资料来源：宋思曼《国家中心城市功能理论与重庆构建国家中心城市研究》。

（四）区域中心城市是服务全国、引领区域的关键节点

中心城市发展是我国区域转型升级、实现高质量发展的重要助推力。随着规模经济效益逐步显现，基础设施密度和网络化程度全面提升，创新要素快速集聚，新的主导产业快速发展。尤其在欠发达地区，中心城市加速吸引资源要素集聚，承接和发展具有比较优势的产业，以科技创新和产业升级布局未来经济发展制高点，发挥后发优势，加快科技资源向生产力转化，助推经济高质量发展。

作为组织区域经济社会活动的关键节点，区域中心城市要提高区域综合服务能力，加快产业转型升级，渗透、带动、组织周边区域经济发展、城镇体系建设、文化进步和社会事业繁荣，从而促进区域经济社会的发展，缩小地区间发展水平差距。同时，科学划定中心城区开发边界，推动城市发展由外延扩张式向内涵提升式转变，实现集约发展、联动发展、互补发展。

基于各区域中心城市的定位差异，沿海中心城市要加快产业转型升级，提高参与全球产业分工的层次，延伸面向腹地的产业和服务链，加快提升国际化程度和国际竞争力；

内陆中心城市要加大开发开放力度，健全以先进制造业、战略性新兴产业、现代服务业为主的产业体系，提升要素集聚、科技创新、高端服务能力，发挥规模效应和带动效应。

四、新时期发展中心城市的主要举措

中心城市的认识需要系统思考，中心城市的布局需要动态把握，且在对各中心城市再认识的基础上统筹确定。

（一）对中心城市进行分级分类管理

各大中心城市在经济规模、产业能级、发展阶段上客观存在一定落差，需要对中心城市进行分级分类管理。根据不同中心城市的资源和环境条件，实行差异化的发展模式，因地制宜，分类指导，合理开发，有序推进。

第一，国家中心城市加速参与国际竞争。利用国内外两个市场，参与经济全球化竞争，引导国家实现全面发展。强化在国际经济、文化交往中的重要节点地位和在区域经济发展的辐射带动作用，打造国家科技创新的核心组织、交通信息网络的门户与枢纽作用、城市文化和绿色发展的典型示范。

第二，区域中心城市全力带动区域发展。把一般省会城市及省内重要的中心城市建设为区域中心城市，发挥其在省内、跨省域地区的核心组织和辐射带动作用，促进区域网络化发展。优化行政区划，适当扩大城市规模，完善城市功能，加快高铁枢纽和机场建设，提升区域交通枢纽地位，提高城市综合承载力。

第三，高度重视承担重要国家使命和国际地缘角色的中心城市。对于沿海地区的重要门户城市和具有国家统一、国际地缘意义的中心城市，要突出促进国家统一、改善地缘国际关系的特殊职能，加强境内外开放合作，完善综合交通枢纽与门户建设，如关系东北亚国际地缘关系和环太平洋战略的青海、宁波、大连，关系台海战略的厦门、福州，关系南海战略的海口。对于乌鲁木齐、昆明、哈尔滨、呼和浩特、拉萨等发展具有国家内陆开发和边境稳定战略意义的中心城市，要强化国际交流与边境贸易枢纽作用、综合交通枢纽与门户作用，使之成为地区发展的人口和经济支撑，促进边疆繁荣与民族和谐。

（二）提高中心城市的综合承载力

第一，提高中心城市的经济承载力。建立开放、竞争有序的商品和要素市场，实施全国统一的市场准入负面清单制度，消除歧视性、隐蔽性的区域市场壁垒，打破行政性垄断，坚决破除地方保护主义。除中央已有明确政策规定之外，全面放宽城市落户条件，完善配套政策，打破阻碍劳动力流动的不合理壁垒，促进人力资源优化配置。健全市场一体化发展机制，深化区域合作机制，加强区域间基础设施、环保、产业等方面的合作。

第二，提高中心城市的人口承载力。人口承载力上限关键在于区域发展方式所决定的经济规模和经济结构，尤其是就业情况，其不是静止不变的，而是随着技术进步、劳动和资本产出弹性的增加而增加。正确理解人口承载力的内涵，促进产业集聚与人口集聚协同发展，需通过提高劳动产出弹性和资本产出弹性提高人口承载力。同时，合理进行城市规划，以政府机构、优质教育医疗机构的搬迁为抓手，引导就业人口及其家庭人口在空间上合理分布。

第三，提高中心城市的社会承载力。养老保险全国统筹对维护全国统一大市场、促进企业间公平竞争和劳动力自由流动具有重要意义。要在确保 2020 年省级基金统收统支的基础上，加快养老保险全国统筹进度，在全国范围内实现制度统一和区域间互助共济。

第四，提高中心城市的生态承载力。全面建立生态补偿制度，完善能源消费双控制度。健全区际利益补偿机制，形成受益者付费、保护者得到合理补偿的良性局面。健全纵向生态补偿机制，加大对森林、草原、湿地和重点生态功能区的转移支付力度。推广新安江水环境补偿试点经验，鼓励流域上下游之间开展资金、产业、人才等多种补偿。建立健全市场化、多元化生态补偿机制，在长江流域开展生态产品价值实现机制试点。

（三）推动中心城市与周边城镇构建圈层化空间结构体系

第一，推动形成全国尺度的中心城市网络化布局。加强中心城市的纵向联合，促进与周边城市建立全方位的交流与合作，构建布局合理的多中心、多元化、多层次中心城市体系。充分考虑国土空间安全的战略需要、区域的均衡性和定位的差异性，加强各中心城市之间的联动发展，形成布局合理的中心城市网络体系和职能承载体系。

第二，进一步强化中心城市与城市群的互动发展。深化就近区域的横向联合，集中力量共同解决区域发展重大、共性问题。城市群内部的区域中心城市要加强与核心城市的协作对接，发挥分担功能、优化区域布局的作用。城市群外的区域中心城市要延伸区域发展和对外开放的新增长极，形成区域型集聚发展的都市圈。

（四）有条件地区加快发展都市圈、城市群

中心城市具有较强的资源调动和配置能力，能带动引领有条件地区都市圈、城市群的发展。以中心城市为龙头，大中小城市集聚发展，发挥城市群集中力量办大事的制度优势和超大规模的市场优势。强化中心城市和城市群的空间规模效应、技术外溢效应与市场竞争优势，促进人才等要素向资本回报率高的空间集聚，推动区域经济发展质量变革、效率变革、动力变革，实现经济总量与质量的"双提高"。

专题三

我国城市群发展现状、问题及战略研究

摘要 ◀

自1957年法国地理学家戈特曼首次明确地提出Megalopolis概念，城市群这一地域空间现象，就引起国内外学者的关注。2006年，国家"十一五"规划纲要首次提出"把城市群作为推进城镇化的主体形态"，城市群成为我国参与全球竞争与国际分工的重要地域单元。《国家"十三五"规划纲要》明确提出重点发展19个城市群。

本章结合19个城市群规模体量、发展结构、创新能力、经济密度、政策协同、经济社会联系等指标的综合分析，认为当前我国仅长三角和珠三角两大城市群发育相对成熟。京津冀、成渝、长江中游、海峡西岸、山东半岛、中原、辽中南、关中平原、北部湾、哈长城市群等11个城市群正处于快速成长阶段，而山西中部、黔中、呼包鄂榆、滇中、天山北坡、兰州—西宁、宁夏沿黄等城市群仍处于雏形发育阶段。

总体上，我国城市群内部还未形成合理的城市空间结构和分工体系，区域经济一体化发展处于较低水平，城市群发展中存在的一些主要共性表现在：城市群空间尺度过大脱离实际发展阶段、基础设施建设缺乏一体化的统筹规划、尚未形成网络化的多层级城市功能体系、城市间合作深度不够、协同作用较弱、城市间协同发展的体制机制尚未建立。

由于我国大部分城市群发展还处于相对较低水平，当前以城市群为尺度进行国土空间规划、统筹建设用地指标，在调动城市积极性、发挥中心城市比较优势上仍有所欠缺，应遵循"中心城市—都市圈—城市群"发展路径，对于城市群发育还不成熟的后发地区，现阶段仍需以都市圈为抓手，通过城市群内都市圈的先导发展，引导城市群走向集约化、高质量、可持续的发展道路。

当前，世界级城市群已经成为决定一国在全球经济格局中地位的关键要素，城市群作为整体竞争单元在引领区域以及国家经济发展等方面具有重要意义。2006 年，国家"十一五"规划纲要首次提出"把城市群作为推进城镇化的主体形态"。自国家层面的区域总体战略方针确定以来，地方各省市反应比较活跃，并推出了地方的城市群规划与政策。但由于城市群的概念界定和标准尚未明确，各地的理解和实践不一，在 19 个主要城市群中，有的城市群发育已较成熟，基本上实现了由点轴到网络的空间开发全过程，而大部分城市群仍然较为松散，需进一步发展，因此有必要对我国城市群按不同规模、不同级别、不同类型进行分析评价，实行分类施策。

一、我国城市群发展战略意义及空间格局演变

（一）城市群的概念及标准

1. 城市群概念的提出

随着城市向着区域化发展，区域经济空间演化进程中开始出现城市群这一地域空间现象，引起国内外学者的关注。英国社会学家霍华德（E. Howard，1898）最早从城市群体角度研究城市，他指出通过"组合群体"来实现协调发展。1915 年英国学者 Dickinson R.（格迪斯）在《进化中的城市——城市规划与城市研究导论》中提出了"城市区域"（City Region）的概念，即众多的城市影响范围相互重叠产生了城市群体。克里斯泰勒（W. Christaller，1933）在《德国南部的中心地》一书中提出了城市群研究的重要基础理论——中心地理论，系统阐述了城市群体的组织结构模式。

1957 年法国地理学家戈特曼发表《大城市连绵区：美国东北海岸的城市化》的论文，首次明确地提出 Megalopolis 概念，把大范围、多个城市联结的城市化区域称为大都市带。城市群的发展成为衡量国家或地区经济发展水平的重要标准之一。

2. 城市群概念在我国的发展

在国内，周一星（1980）提出了都市连绵区（Metropolitan Interlocking Region，MIR）的概念，而于洪俊和宁越敏则于 1983 年在《城市地理概论》中使用"巨大都市带"介绍了戈特曼的思想。董黎明（1989）在《中国城市化道路初探》一书中提出：城市群，又

称为城市密集地区，即在社会生产力水平比较高、商品经济比较发达，相应的城镇化水平也比较高的区域内，形成由若干个大中小不同等级、不同类型，各具特点的城镇集聚而成的城镇体系。

姚士谋（1992）从区域空间布局的角度出发，提出"城市群"的概念：指在一定规模的地域范围内，以一个或两个超大城市为核心，依托现代化的交通工具、综合运输网及信息网络，使区域内相当数量的不同类型、性质和等级规模的城市间形成内在联系，共同构成一个相对完整的城市"集合体"。倪鹏飞（2007）认为，城市群是指由集中在某一区域，交通通信便利、彼此经济社会联系密切而又相对独立的若干城市或城镇组成的人口与经济集聚区。

方创琳（2009）提出，城市群是城市发展到成熟阶段的最高空间组织形式，是指在特定地域范围内，一般以一个以上特大城市为核心，由至少三个以上大城市为构成单元，依托发达的交通通信等基础设施网络所形成的空间组织紧凑、经济联系紧密，并最终实现高度同城化和高度一体化的城市群体。

3. 城市群空间特征及标准

戈特曼是最早对大都市区提出标准的学者，他对于 Megalopolis 提出了五个方面的衡量准则：①密集的城市中心分布于区域内；②形成较多的城市区域，中心城市与外围区域建立紧密的双向联系；③区域内核心城市之间交通运输便利，并且信息传递流畅；④达到 2500 万的人口总数；⑤在国家发展中居于核心位置，且在国家交往中处于核心枢纽位置。戈特曼提出，当时世界上有六大城市群达到上述标准，包括从波士顿到华盛顿的美国东北部大西洋沿岸城市群、以芝加哥为中心的北美五大湖城市群、欧洲西北部城市群、日本太平洋沿岸城市群、英国以伦敦为中心的城市群以及中国的长江三角洲城市群。

我国的学者包括周一星、姚士谋、方创琳等也提出了相应的划分标准。

其中，周一星（1980）在对都市圈连绵区形成条件分析的基础上，提出都市连绵区的五大标准：一是要有 2 个以上人口超过 100 万的特大城市作为发展极，其中至少 1 个城市有相对较高的对外开放度，具有国际性城市的主要特征。二是要有相当规模和技术水平领先的大型海港（年货运吞吐量大于 1 亿吨）和空港，并有多条定期国际航线运营。三是要有多种现代运输方式叠加而成的综合交通走廊，区内各级发展极与走廊之间有便捷的陆上手段。四是要有数量较多的中小城市，且多个都市区沿交通走廊相连，总人口规模达到 2500 万以上，人口密度达到 700 人 / 平方千米。五是组成都市连绵区内各个城市之间、都市区内部中心市和外围县之间存在紧密的经济社会联系。

方创琳（2009）在其《城市群空间范围识别标准的研究进展与基本判断》中结合国内外专家的判断标准，基于中国国情、当时城市群的发展背景，提出包含城镇体系、人口规模和密度、城镇化水平、经济发展水平、产业结构、城市联系度等在内的综合评价标准。

（二）城市群在我国经济发展中的作用及意义

1. 城市群是我国加快推进城镇化进程的主体空间形态

城市在一定区域的成群集中分布是世界城市化发展的一个客观过程，也是一个普遍趋势。随着全球化的加速推进以及新一代信息技术的广泛应用，人口流动、交通连接以及资本流动更为便利，区域之间的联系不断加强，产业在更大的空间范围内实现集聚与扩散，从而形成相互联系、相互依存的一体化城镇密集区。

基于我国独特的自西向东三级阶梯状分布的地理格局以及经济发展历史基础，我国生产力布局呈现沿海和沿江布局的特征，人口和城镇的分布较为密集，重点集中在沿海地区、长江地区和欧亚大陆桥沿线地区，总体上呈现初步的城市集聚发展态势，特别是长三角、珠三角区域已经形成较为成熟的城市群形态。而且，从我国资源环境承载的能力来看，我国人均土地面积不到 7000 平方米，仅为美国的 24%。根据《全国主体功能区规划》，我国平原面积仅占国土总面积的 12%，而美国和欧洲则分别为 40% 和 59%，我国适宜工业化城镇化开发的面积有 180 余万平方千米，扣除必须保护的耕地和已有建设用地，今后可用于工业化城镇化开发及其他方面建设的面积只有 28 万平方千米左右，约占全国国土总面积的 3%。因此，大规模的城镇化发展只能在适宜城市化区域范围内的有限空间里集中展开。未来我国将继续以城市群作为推进城镇化的主体形态。

2. 城市群是引领我国实现区域高质量协调发展的必要路径

2019 年我国 GDP 高达 99 万亿元，人均 GDP 接近 1 万美元，经济转向高质量发展阶段，推动区域协调发展成为重要的课题。但区域协调发展不是平衡发展，而是要结合各地区的发展优势和资源禀赋，走合理分工、差异化、优质化发展的路子。要利用城市群发展的高密度集聚和高效率成长效应，建成国家经济发展的战略重心区和核心区，形成几个能够带动全国高质量发展的增长极和先行区，推进京津冀、长三角、粤港澳等城市群建设，提升其整体功能和国际竞争力；推进中原、长江中游、成渝、海峡西岸等城市群的重点开发，培育若干新的大城市群和区域性城市群，形成新的增长动力源，构建全国多元、多极、网络化的新型城镇化格局。以城市群为主要形态的城镇空间格局，有利于带动经济总体效率提升，从而促使中国经济增长空间的东西向、南北向协同共进，实现区域高质量协调发展。

3. 城市群是我国参与全球竞争与国际分工的重要地域单元

城市群是工业化和城镇化发展到较高阶段的全新地域单元。世界级城市群已经成为当前决定国家在全球经济格局中地位的关键要素。相对于单个城市，城市群能够通过区域的优势互补、功能联动、协同共促，从更加广泛的范围进行资源配置，获得更大的竞争优势。美国东北部波士华城市群和五大湖两大城市群集中了全美近 40% 的人口。美国2050 年发展战略明确提出，把十几个大都市连绵区打造为支撑经济可持续发展、增强国家竞争力的重点区域。可以说，城市群的发展水平在较大程度上决定了我国的国际经济地位和国际竞争能力。

（三）我国城市群的战略演进及空间格局

2001年批准的国家"十五"计划纲要文本首次采用"城镇密集区"概念论述城镇化道路，"有重点地发展小城镇，积极发展中小城市，完善区域性中心城市功能，发挥大城市的辐射带动作用，引导城镇密集区有序发展"，走"大中小城市和小城镇协调发展的多样化城镇化道路"。2005年10月，《中共中央关于制定"十一五"规划的建议》首次提出"城市群"概念。2006年，国家"十一五"规划纲要首次提出"把城市群作为推进城镇化的主体形态"，城市群在我国城镇化进程中的"主体形态"地位逐渐明确、作用日益凸显。党的十七大报告提出："以增强综合承载能力为重点，以特大城市为依托，形成辐射作用大的城市群，培育新的经济增长极。"党的十八大报告提出："科学规划城市群规模和布局，增强中小城市和小城镇产业发展、公共服务、吸纳就业、人口集聚功能。"2010年国务院颁布实施的《全国主体功能区规划》进一步指出，"资源环境承载能力较强、人口密度较高的城市化地区，要把城市群作为推进城镇化的主体形态"。

2014年出台的《国家新型城镇化规划（2014—2020年）》中提出"优化提升东部地区城市群""培育发展中西部地区城市群""建立城市群发展协调机制"。2015年出台的《国家"十三五"规划纲要》中提出的"加快城市群建设发展"，明确了建设包括东部、中西部、东北共19个城市群（见表3-1），并按照不同区域城市群的阶段性特点提出了发展思路。2015年，城市群发展规划编制工作加快推进，国家相继批复了一批城市群发展规划，并要求各城市群以科学、合理的规划方案引导城市群健康可持续发展。2015年12月召开的中央城市工作会议提出"要以城市群为主体形态，科学规划城市空间布局，实现紧凑集约、高效绿色发展"。2017年1月出台的《全国国土规划纲要（2016—2030年）》中提出"以开发轴带和开发集聚区为依托，以城市群为主体形态，促进大中小城市和小城镇合理分工、功能互补、协同发展"。党的十九大报告提出"以城市群为主体构建大中小城市和小城镇协调发展的城镇格局"，对新时代推进我国城市群建设进行了定位和布局。

流域经济带	经济区域	城市群名称	节点城市（个）	核心城市
珠江流域经济带	珠江三角洲经济区	珠江三角洲城市群	11	广州、深圳、香港
		海峡西岸城市群	20	福州、厦门、泉州、温州、汕头
	南贵昆经济区	北部湾城市群	12	南宁
		滇中城市群	5	昆明
		黔中城市群	4	贵阳

表 3-1　我国 19 个城市群城市空间体系构成

流域经济带	经济区域	城市群名称	节点城市（个）	核心城市
长江流域经济带	长江上游经济区	成渝城市群	16	成都、重庆
	长江中游经济区	长江中游城市群	31	长沙、武汉、南昌
	长江三角洲经济区	长江三角洲城市群	27	上海
黄河流域经济带	黄河上游多民族经济区	兰州—西宁城市群	9	兰州、西宁
		宁夏沿黄城市群	6	银川
	黄河中游经济区	中原城市群	30	郑州
		关中平原城市群	18	西安
		呼包鄂榆城市群	4	呼和浩特
		山西中部城市群	4	太原
	环渤海经济区	京津冀城市群	13	北京、天津
		山东半岛城市群	16	济南、青岛
松花江流域经济带	东北经济区	辽中南城市群	13	沈阳、大连
		哈长城市群	11	哈尔滨、长春
塔里木河流域经济带	新疆经济区	天山北坡城市群	8	乌鲁木齐
雅鲁藏布江流域经济带	西藏经济区	—	—	—
合计（个）	11	19	254	—

资料来源：根据公开资料整理。

截至当前，国家已批复或同意了 15 个城市群规划，全国 19 个城市群规划全部编制完成，跨省城市群规划均已出台并实施（见表 3-2）。

表 3-2　我国主要城市群发展规划批复情况					
序号	文件名称	批复时间	序号	文件名称	批复时间
1	海峡西岸城市群协调发展规划	2008 年 5 月 8 日	7	《黔中城市群发展规划》	2017 年 3 月 8 日贵州省政府批准、国家发改委同意
2	京津冀协同发展规划纲要	2015 年 3 月 23 日	9	《北部湾城市群发展规划》	2017 年 4 月 21 日
3	长江中游城市群发展规划	2015 年 3 月 26 日	10	《关中平原城市群发展规划》	2018 年 2 月 2 日
4	哈长城市群发展规划	2016 年 2 月 23 日	11	《呼包鄂榆城市群发展规划》	2018 年 2 月 27 日

序号	文件名称	批复时间	序号	文件名称	批复时间
5	成渝城市群发展规划	2016 年 4 月 27 日	12	《兰州—西宁城市群发展纲要》	2018 年 3 月 13 日
6	长江三角洲城市群发展规划《长江三角洲区域一体化发展规划纲要》（2019 年 12 月）	2016 年 5 月 22 日	13	《粤港澳大湾区发展规划纲要》	2019 年 2 月 18 日
7	山东半岛城市群规划	2017 年 2 月 3 日山东省政府批复、国家发改委同意	14	《滇中城市群规划（2016-2049 年）》	2020 年 1 月 14 日
8	中原城市群发展规划	2017 年 2 月 21 日			

资料来源：根据公开资料整理。

二、我国主要城市群发展现状及分级分类

2018 年，我国 19 个城市群土地面积合计 2358566 平方千米，占全国的 24.5%；常住人口 109500 万，占比达 78.5%；GDP 合计 792641 亿元，占全国的 85.3%（见表 3-3）。

表 3-3　2018 年我国 19 个城市群经济发展指标

城市群名称	GDP（亿元）	人口（万人）	城镇化率（%）	国土面积（平方千米）	城市建设用地面积（平方千米）	建成区面积（平方千米）
长江三角洲城市群	152684	16192	67	164995	7488	6756
珠三角城市群	112726	7112	82	55876	3819	4173
京津冀城市群	83794	11230	65.9	215918	1491	3309
长江中游城市群	81104	12961	59.2	317027	3756	4071
山东半岛城市群	76248	9906	61.1	156602	3421	3644
中原城市群	72078	16702	52.2	283038	5620	3540
成渝城市群	54415	9986	49.8	240276	3394	3849
海峡西岸城市群	50199	9522	56.7	243894	2538	2678
哈长城市群	26816	4628	56.9	281130	1890	1862
辽中南城市群	22450	3365	72.1	96968	1986	1912
关中平原城市群	20809	4446	52.6	145183	1155	1305
北部湾城市群	16145	3499	51.8	95659	980	805
呼包鄂榆城市群	14412	1150	64.4	175278	2014	925

续表

城市群名称	GDP（亿元）	人口（万人）	城镇化率（%）	国土面积（平方千米）	城市建设用地面积（平方千米）	建成区面积（平方千米）
滇中城市群	11331	2288	55.6	127589	54	1103
黔中城市群	8070	1840	51.7	91421	495	516
山西中部城市群	8002	1486	62.0	69532	479	475
天山北坡城市群	6911	765	—	97759	745	752
兰州—西宁城市群	5588	1514	40.9	183123	610	647
宁夏沿黄城市群	3841	593	61.1	56840	332	384
城市群总计	792641	109500	—	2358566	38268	41044
全国	929747	140354	—	9635196	56076	56225
占全国比重（%）	85.3	78.5	—	24.5	68.2	73.0

资料来源：各地统计年鉴。

结合城市群规模体量、发展结构、创新能力、经济密度、政策协同、经济社会联系等指标的综合分析，我们认为当前我国仅长三角和珠三角两大城市群发育相对成熟。京津冀、成渝、长江中游、海峡西岸、山东半岛、中原、辽中南、关中平原、北部湾、哈长城市群等 11 个城市群正处于快速成长阶段，而山西中部、黔中、呼包鄂榆、滇中、天山北坡、兰州—西宁、宁夏沿黄等城市群仍处于雏形发育阶段。

（一）相对成熟型城市群

成熟的城市群应该具备区域总体经济实力较强、经济集聚效应充分发挥、国际竞争力大幅领先，城市群内部的城市之间或都市圈之间基础设施互联互通、产业合理分工协作、功能相互补充完善等特征。

2018 年，我国人口超过 1 亿以上的城市群包括长三角、京津冀、长江中游和中原城市群四个，而珠三角城市群人口总量为 7112 万；GDP 总额在 10 万亿元以上的仅长三角和珠三角两大城市群；人均 GDP 珠三角排名第一，达 15.85 万元，长三角排名第三，为 9.43 万元。长三角和珠三角城市群经济规模大，内部人口和经济联系较强、发展均衡，已经成为我国参与世界竞争的头部区域。

1. 长三角城市群

长江三角洲城市群（以下简称长三角城市群）以上海为中心，根据 2019 年《长江三角洲区域一体化发展规划纲要》，规划范围正式定为苏浙皖沪三省一市全部区域。以上海，江苏省南京、无锡、常州、苏州、南通、扬州、镇江、盐城、泰州，浙江省杭州、宁波、温州、湖州、嘉兴、绍兴、金华、舟山、台州，安徽省合肥、芜湖、马鞍山、铜陵、安庆、滁州、池州、宣城 27 个城市为中心区（面积 22.5 万平方千米），辐射带动长三角地区高质量发展。

（1）长三角城市群是世界级的经济区。目前，从经济体量看，仅次于美国的波士华、日本首都经济圈（见图3-1）；如果按经济体算，位于全球第五，仅次于德国，人口规模已远超世界主要城市群区域。长三角也是参与全球化最深的区域之一，2018年长三角进出口贸易额达到1.67万亿美元，占全国1/3，超过日本1.49万亿美元的贸易总额（见图3-2）。2018年外商投资企业数占全国的比重达到32.6%，外商投资企业投资总额占全国的32.2%。

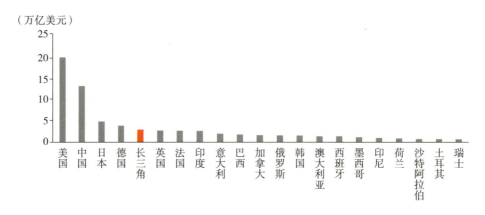

图3-1　长三角与世界GDP前20国家对比

资料来源：世界银行数据库。

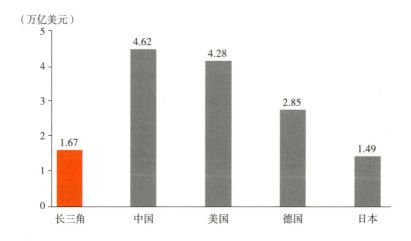

图3-2　长三角和世界主要国家2018年进出口贸易额

资料来源：中国海关总署。

（2）长三角城市群是我国重要的创新策源地。长三角科教资源丰富，拥有双一流大学八所，其他高校422所，中科院研究机构19个，其他科研机构482个；科技基础设施强大，拥有国家大科学装置13个，国家重点实验室74个，国际合作联合实验室12个；

集聚全国顶尖的科技人才,2018 年沪苏浙皖户籍两院院士数量占全国的比重高达 55%(见图 3-3)。与此同时,长三角科技创新合作规模不断扩大,科技创新跨省合作进入加速期。上海、南京、杭州、苏州、湖州、温州、南通、无锡、嘉兴、合肥等城市牵头申请跨省域专利合作密度分别位列长三角城市群前 10 位。江浙沪对高质量技术创新的贡献度显著,同时沪宁苏杭是一体化的主要推动者。

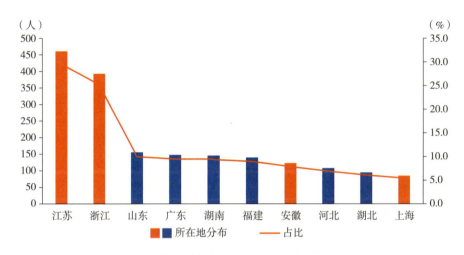

图 3-3　我国两院院士户籍所在地分布及占比

资料来源：中国科学技术协会。

（3）长三角城市群是我国重要的先进制造业中心。长三角地区工业增加值超过全国的 25%,上市公司占 A 股制造业的比重达到 30%。在汽车产业领域中,2019 年长三角汽车产量为 534 万辆,接近于德国水平,规划产能超过 1200 万辆,约占全国汽车产能的 20%,拥有上汽大众、上汽乘用车、上汽通用、南京依维柯、特斯拉、奇瑞、江淮、长安、蔚来、吉利、威马等整车企业,聚集了全国乃至全球水平最高的新能源车企,上海嘉定、无锡、杭州、嘉兴等建成国内最高水平测试环境。在集成电路产业领域中,产业链条完善,总产值约 3500 亿元,占全国的 45%,拥有紫光展锐、华大半导体、上海贝岭、中科芯集成电路、华润矽科微电子等集成电路设计企业,华虹、台积电、海力士、SK 等制造企业,日月光、英飞凌、通富微电等封测企业,中环股份、南京国盛半导体、江峰电子、杭州长川科技等设备与材料类企业。软件和信息服务业、生物医药产业也均占全国 30% 左右,是引领"中国智造"的龙头,且已经成为我国最具经济活力的资源配置中心,具有全球影响力的科技创新高地。

长三角内部区域发展相对均衡,经济落差较小。以城市群内的核心都市圈——上海都市圈为例,其内外圈层的人均 GDP 落差仅 0.2 万元,远低于北京的 9.7 万元。而且,长三角在空间上呈现均质连绵的特征,内部无明显断层。从长三角区县尺度的"DID 规模—位序"(注:DID 指每平方公里的人口密度达到 4000 人的区域)分布来看,整个长三角地区呈现连绵发展特征（见图 3-4）。

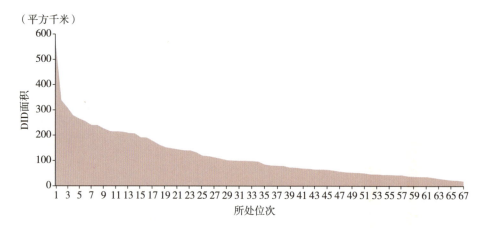

图 3-4　长三角城市群区县 DID 面积及位次关系

资料来源：华夏幸福研究院整理。

2. 珠三角城市群

珠江三角洲城市群重点指粤港澳大湾区，包括香港特别行政区、澳门特别行政区和广东省广州市、深圳市、珠海市、佛山市、惠州市、东莞市、中山市、江门市、肇庆市（以下简称珠三角九市），总面积 5.6 万平方千米，是我国开放程度最高、经济活力最强的区域。

2018 年，珠三角城市群 GDP 达到 11.57 万亿元，占全国的 11.68%；总人口 7264 万，占全国的 5.19%。2018 年珠三角人均 GDP 达 12.9 万元、居我国城市群首位；城镇化率 85.9%，是中国城镇化率最高的城市群，其已经向国际一流的湾区和世界级城市群进军（见图 3-5）。

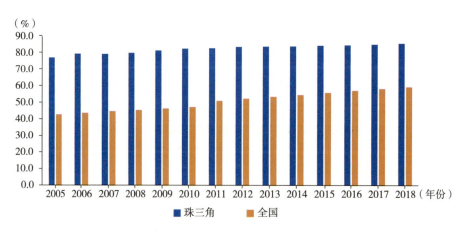

图 3-5　珠三角地区城镇化率变化

资料来源：国家统计局、华夏幸福研究院整理。

　　珠三角重点城市之间的功能作用和产业分工明确，协同合作的特征突出，城市群内依托香港、深圳、广州等金融、商务服务、创新等条件，与区域内的其他城市高端制造形成较好的互动，电子信息等集群优势明显，成为全球性的科技、产业创新中心和先进制造业、现代服务业基地。

　　珠三角已经形成了珠江西岸技术密集型产业带、东岸知识密集型产业带和沿海生态环保型重化工产业带。从各城市的优势产业来看，珠江东岸（以深、莞、惠为代表）高新技术制造业占比高，且保持高速增长，已形成以电子信息、生物医药、新材料为代表的新兴产业集群；西岸积极承接广深的产业转移，也加快推动家电制造、装备机械等传统产业改造升级。肇庆产业基础较弱，正加紧布局新能源汽车、电子信息等产业。

　　珠三角以企业应用为导向，已经成为我国产业创新高地。大湾区的高端制造业积累，临近香港且作为香港高校科研的转换地，均为创新的产生和转化提供了有利环境。以国际专利数量为例，全国十强城市中大湾区占四席，且主要集中在头部企业。深圳在研发投入结构中，工业企业的研发投入占到86%，形成了华为、中兴、OPPO、腾讯、大疆、华星光电等创新龙头（见图3-6和图3-7）。

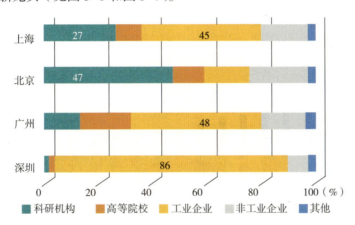

图3-6　北上广深研发投入结构分析

资料来源：INCOPAT、华夏幸福研究院整理。

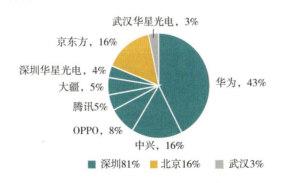

图3-7　全球专利申请 TOP 50 的国内企业专利数量布局

资料来源：INCOPAT、华夏幸福研究院整理。

当前，珠三角城市群已经形成珠江东岸、广佛肇和珠中江三大产业组团，但相比长三角城市群，整体发展不够均衡。香港、深圳、广州位于第一梯度，创造了近60%的GDP；第二梯队的佛山、东莞GDP合计占比约20%；剩下六个城市GDP占比合计约20%，经济总量梯次差距明显。未来应进一步发挥香港、深圳和广州的引领作用，加快创新资源和高端制造的对外辐射，带动珠三角城市群的整体提升。

综上所述，无论是规模总量，还是发展质量、人均水平、区域间联系等，长三角和珠三角都已经成长为可以与世界主要城市群相媲美的经济区。随着城市群内部城市之间经济发展差距的缩小，以及城镇空间体系的优化，长三角和珠三角也将成为全球领先的都市连绵区。

（二）快速成长型城市群

京津冀、成渝、长江中游、海峡西岸、山东半岛、中原、辽中南、关中平原、北部湾和哈长城市群等11个城市群2018年GDP均在1.5万亿元以上、人口在3000万人以上，正处于快速成长阶段（见图3-8）。

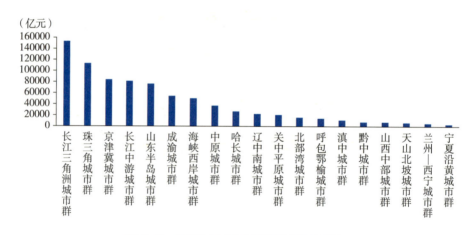

图3-8　2018年19大城市群GDP对比

资料来源：各地统计年鉴、华夏幸福研究院整理。

这些城市群大部分中心城市刚处于扩张和外溢发展阶段，中心城市与周边城市的人均GDP差距较大，但在持续快速发展过程中。例如：京津冀协同发展加速推进，通过建立通州首都副中心、雄安新区、新机场建设，加强北京对周边的辐射带动作用，通过产业、交通、公共服务的协同形成一体发展格局；成渝城市群正在推动双城经济圈建设，培育中国经济增长的"第四极"；长江中游城市群则是中国面积最大的城市群，以武汉为中心、承东启西、连接南北，成为中部崛起的战略支撑带；海峡西岸城市群和山东半岛城市群处于沿海地带，经济发展基础较好，随着核心城市的发展扩张，将进一步带动周边城市发展，形成多中心连片发展趋势；哈长城市群和辽中南城市群作为东北的经济重心，进一步发挥其引领作用，是东北振兴的主导力量，也是东北亚区域合作的中心枢纽。

总体来看，成长型城市群不管是在城镇化率还是经济产业指标上向上的空间都比较大。例如：大部分成长型城市群的城镇化率都在 65% 以下，关中平原城市群、中原城市群、北部湾城市群、黔中城市群、成渝城市群的城镇化均在 55% 以下，低于全国平均水平（见图 3-9）；从经济指标看，不管是 GDP 总额，还是进出口总额、地方财政收入、人均 GDP，成长型城市群和成熟型城市群的差距都非常大，存在明显断层（见图 3-10 至图 3-12）。

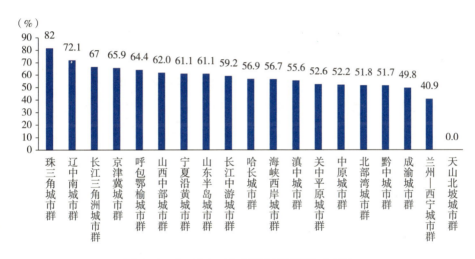

图 3-9　2018 年 19 大城市群城镇化率对比

资料来源：各地统计年鉴、华夏幸福研究院整理。

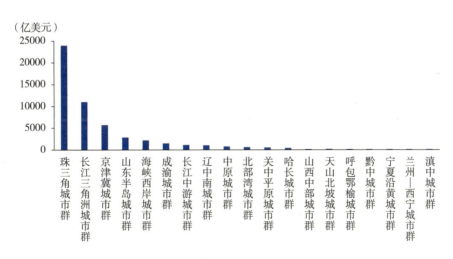

图 3-10　2018 年 19 大城市群进出口总额对比

资料来源：各地统计年鉴、华夏幸福研究院整理。

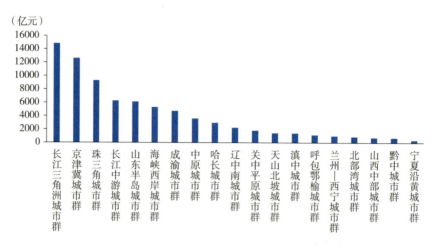

图 3-11　2018 年 19 大城市群地方财政收入对比

资料来源：各地统计年鉴、华夏幸福研究院整理。

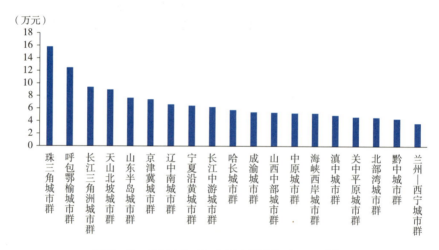

图 3-12　2018 年 19 大城市群人均 GDP 对比

资料来源：各地统计年鉴、华夏幸福研究院整理。

当前成长型城市群大部分还刚处于中心城市的扩张和外溢阶段，中心城市的影响力和经济辐射力虽然在持续提升，但周边城市的发展层次和水平还未同步对接，因此成长型城市群现阶段的重点依然是核心都市圈的发展壮大。

（三）尚处于雏形阶段城市群

相比成熟型及快速成长型城市群，滇中、关中、北部湾、黔中、兰西、天山北坡六大城市群总体发育水平都较为低下，基本上还处于中心城市虹吸发展、对外带动力较弱的雏形阶段。一方面，经济总量小，2018 年 GDP 总额在 1.5 万亿元以下、人口在 3000 万人以下，仅相当于单个都市圈的体量；另一方面，产业结构有待进一步优化，第一产业比重占比依然较高，但其还处于工业化的中期阶段（见图 3-13）。同时人均水平相对较弱，滇中、黔中、兰西等城市群的人均 GDP 均低于 5 万元。

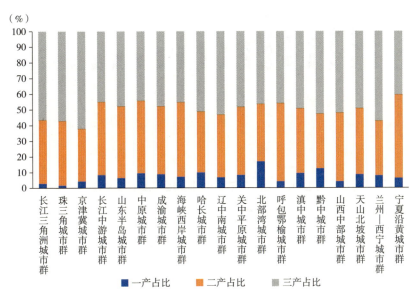

图 3-13　2018 年 19 大城市群三次产业结构对比

资料来源：各地统计年鉴、华夏幸福研究院整理。

发挥城市群的经济集聚效应和发展引领作用是推动城市群发展的应有之义，但六大雏形阶段城市群紧凑发展程度较低，集聚效应尚未发挥。我国滇中、黔中、天山北坡、兰州—西宁、宁夏沿黄等城市群的经济密度均在 0.1 亿元 / 平方千米以下，远低于长三角城市群 2 亿元 / 平方千米的产出密度（见图 3-14）。宁夏沿黄、兰州—西宁、天山北坡等的人口密度也相对较低，每平方千米聚集人口仅 200 人左右（见图 3-15）。

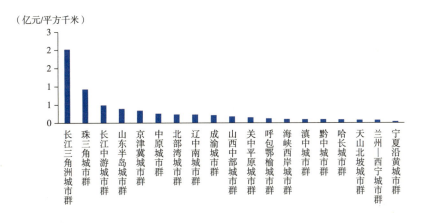

图 3-14　2018 年 19 大城市群经济密度对比

资料来源：各地统计年鉴、华夏幸福研究院整理。

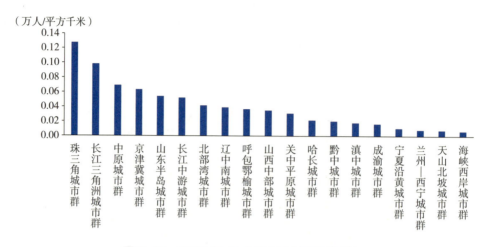

图 3-15　2018 年 19 大城市群人口密度对比

资料来源：各地统计年鉴、华夏幸福研究院整理。

三、我国大部分城市群发展存在的问题

近年来，我国城市群建设取得了显著成就，区域发展、创新能力、政策协同等均有较大水平的提升。但就总体发展而言，我国城市群内部还未形成合理的城市空间结构和分工体系，区域经济协调和一体化发展水平较低，城市群发展中存在的一些主要共性表现在以下几个方面：

（一）城市群空间尺度过大，脱离实际发展阶段

城市群发展经过中心城市独立发展—中心城市的都市圈化扩张—都市圈之间的关联协同等过程，其范围和边界是由经济发展阶段和规律决定的。但目前我国各城市群的边界和范围仅仅是各地政府规划和博弈的结果，缺乏对经济联系、辐射范围等因素的考量，城市群的空间尺度过大和实际发展阶段相脱节。例如：山东半岛城市群由公认的八个城市扩展为 13 个城市，最后覆盖全省 16 个城市，面积达 15.66 万平方千米；中原城市群仅核心发展区就横跨河南、山西、安徽三省，包含河南省郑州市、开封市、洛阳市、平顶山市、新乡市、焦作市、许昌市、漯河市、济源市、鹤壁市、商丘市、周口市和山西省晋城市、安徽省亳州市 14 个城市，联动辐射区包括河南省所有城市，河北省邯郸市、邢台市，山西省长治市、运城市，安徽省宿州市、阜阳市、淮北市、蚌埠市，山东省聊城市、菏泽市等，核心区和辐射区城市数量总计达到 30 个。长江中游城市群规划范围包括武汉都市圈、环长株潭城市群、环鄱阳湖城市群，国土面积达到 31.7 万平方千米，是较为成熟的长江三角洲城市群面积的两倍左右。

城市群发育过程是一个循序渐进的自然过程，需要中心城市与周边中小城市有机联系、高度一体化，从而发挥高密度集聚和高效率成长效应，成为我国参与全球竞争的重

要区域。但当前我国大部分城市群范围过大、未实质成群，整体实力较弱、基础较差、首位度低。城市群建设的盲目跟风和粗放建设，导致土地利用整体效益不佳，无法发挥其要素集聚效应和资源优化配置的作用。

（二）基础设施建设缺乏一体化的统筹规划

交通、通信等基础设施搭建起城市群的基本骨架，也是城市群发展的基础条件。当前，我国城市群各城市之间的基础设施建设仍然缺乏统筹规划，基础设施短缺与衔接不畅并存。

连接城市群内各城市的交通基础设施布局结构不够合理，难以有效地实现区域之间的集聚发展和高效联通需求，城际铁路发展缓慢。作为连接城市核心与外圈层节点性城市的发展轴线，市郊铁路是目前城市群一体化发展进程中的突出短板。2017 年，我国市域快轨运营里程 502 千米，在建里程 265 千米。北京市郊铁路目前已通车线路六条，运营里程约 290 千米，对比人口分布与轨交布局，外围仅延庆、门头沟等少量节点型城市（镇、区、县）与中心区以轨道交通相连，辐射范围内的固安、涿州、大厂、香河、广阳等地大多只能依靠公路出行，耗时更长。2017 年，北京轨道交通客运量占公共交通客运总量比重为 50%，远低于东京的 86%、纽约的 70%。值得注意的是，北京 685 千米轨道里程中，地铁占比 86%，里程达 588.5 千米，与伦敦（402 千米）、首尔（386 千米）、东京（327 千米）等国际城市相比，处于领先水平。也就是说，本身处于低水平的轨交渗透率中，地铁贡献了大部分客流量，市郊铁路在目前的综合交通体系中存在感不强，在城市间交通中发挥的作用非常有限。

从与国际主要都市圈市郊铁路对比来看，东京市郊铁路里程超 4000 千米，伦敦超 3000 千米，纽约、巴黎均超 1000 千米，北京里程不足其零头（见图 3-16）。线网结构也存在明显差距，北京市郊铁路与地铁、城际铁路的衔接性较差，难以满足城市间通勤需求。在京津冀城市群中北京都市圈的交通基础设施尚且如此，更遑论其他城市群。

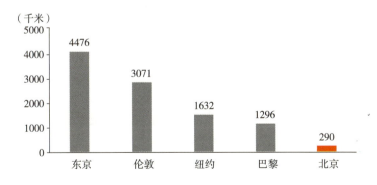

图 3-16　全球城市市郊铁路里程对比

资料来源：华夏幸福研究院整理。

同时，跨域协调机制缺失，"断头路""外城车辆进城难""越不了界的地铁站"等问题突出。一方面，城市群的基础设施顶层设计缺失，短期内利用国铁线路组织都市圈乃至城市群的交通存在较大体制障碍，缺乏明确的投资及运营主体。跨区交通规划、建设、运营等环节审批更复杂，一般需要以不超过100千米的地方铁路立项。另一方面，在基础设施开发运营过程中，开发权及收益多属于当地县市区级地方政府，线路建成后的土地价值增长收益不归轨道建设部门或本级政府所有，GDP导向下，地方政府投资重点仍是中心城区及近郊区。总体上，城市群的立体化、便捷化交通网络尚未形成。

（三）尚未形成网络化的多层级城市功能体系

城市群应该具备功能各异、多层级的"中心城市—次级中心城市—微中心—功能型城镇"等网络状城镇体系。例如，美国沿大西洋西海岸的都市连绵带，人口大于100万的城市有九个，人口介于50万～100万的城市有29个，这两类城市集聚了区域内65%的人口；人口介于20万～50万的城市有34个，人口小于20万的城市有116个。不同城市之间功能各异，如纽约、波士顿、华盛顿、费城、巴尔的摩等是该城市群的核心城市，主要承担金融、科技、教育、医疗服务等全球城市功能，对周边城市具有强辐射力，影响周边产业发展和就业通勤。然而，纽瓦克、布里奇波特、纽黑文、伍斯特、曼彻斯特、亚历山大等城市，产业发展基础雄厚，是区域的行政、商业和制造业中心，构成区域次级城市，围绕中心城市和次级中心城市形成若干综合性卫星城市、特色产业型微中心及居住新城等。东京都市圈也逐渐形成大中小城市功能各异、协同发展的网络化城镇体系，围绕都心在外围布局大型副中心城市、居住型新城、产业型新城等多类型节点性城市，呈现明显的圈层化特征。

但当前我国各城市群之间的内在联系较弱，而且在现有的政绩考核制度和财税体制下，每个城市仍以本辖区范围的利益最大化为目标，纷纷规划和发展新兴产业、热门产业，城市间同质化竞争严重，难以形成有利于发挥各地比较优势、实现区域优势互补、协同互促的城市产业高效分工体系。最终导致中心城市不够强不够优，外围城市又难以与中心城市进行匹配，形成特色产业优势。

（四）城市间合作深度不够、协同作用较弱

近年来，部分城市群的区域合作加快推进，共同签订合作备忘录或者开展联席会议，推动在电子政务、交通设施、医疗健康等领域的协同。但城市群内各个城市之间的合作还处于初级阶段，没有真正形成有效的合作机制。

例如，长三角城市群的一体化发展已经走在全国的前列。每年定期召开由41个地级市市长参加的城市经济协调会，并就相关专题分别设立专题议事机构，成员包括各个城市相关部门的主要负责同志，就相关专题研究提出具体的政策建议，提请协调会议决策，颁布《长江三角洲区域一体化发展规划纲要》（以下简称《规划纲要》），由此建立

了"N+1"的规划体系，"1"即为《规划纲要》，"N"则为基础设施互联互通、科创产业协同发展、城乡区域融合发展、生态环境共同保护、公共服务便利共享等多个专项规划。长三角区域合作虽然不断走向纵深，但合作还未真正深入。

其他城市的合作更是停留在"表层"，签署的协议多，但是实质推进的少；文件出台和政策部署的多，但具体落地的少，城市间的实质合作进展缓慢。而且，相比国际上社会性组织以及企业层面的跨区域合作治理所发挥的作用，我国城市群跨区域治理合作的主体仍然以政府部门为主，公众的参与度不高。

（五）城市间协同发展的体制机制尚未建立

城市群内各级政府行政关系复杂，给城市之间的协调带来了很多掣肘因素。例如，在要素流动方面，目前部分城市群内部城市之间的人才、技术和资金的自由流动尚不顺畅，不同区域的资质证明、技术标准等存在障碍，阻碍区域的一体化发展。在产业的转移合作方面，输出区域与输入区域税收等利益存在冲突，产业输出方政府意愿不高，不利于形成均一的大市场和有效的产业协同。在科技研发、成果转移转化以及关键技术协同攻关等方面，现有的地方财政对科研项目的资金支持政策，存在项目资金"不能过江"、不能跨过省市行政边界的现实操作难题，导致产学研用一体化高效协同的科技研发体系无法形成。

总体来看，制约城市群一体化发展最大的障碍仍然是行政区思维所主导下的地区利益最大化问题，而且利益协调机制、区域协商机制以及立法和资金等保障机制不够通畅、不够健全。

四、新时期推进城市群发展的战略举措

作为新型城镇化的主体形态，应该如何分类推进不同城市群发展，形成多层级网络化的城市功能体系，建立互利共赢、优势互补的协同发展机制，是"十四五"乃至更长时间内城市群发展应该着力解决的问题。

（一）遵循"中心城市—都市圈—城市群"发展路径

由于我国幅员辽阔，各地区资源禀赋、经济水平和发展阶段差异巨大，19个城市群及城市群内部城市在经济规模、产业能级和发展阶段上也存在着一定落差，大部分城市群发展还仅处于雏形阶段，当前以城市群为尺度进行国土空间规划、统筹建设用地指标，在调动城市主体积极性、发挥中心城市比较优势上仍有所欠缺。

都市圈是介于大城市和城市群之间、以社会经济联系为基础构建的空间尺度。当前，我国重点大城市经过中心城市扩展，地域范围不断扩大，开始跨越行政边界发展，进入需要区域协调的都市圈发展阶段。在当前发展阶段，基于社会经济真实联系所构建的都

市圈区域是更具科学性和可操作性的城镇化空间演进方向。以更小空间尺度的都市圈为抓手，通过中心城市和都市圈内中小城市的有序链接，有利于形成优势区域内要素合理流动和高效集聚的经济空间新格局，在增强中心城市创新发展动能、推动形成以服务经济为主的经济业态的同时，通过产业体系和组织的空间重构带动周边中小城市协同发展，形成以都市圈为经济空间载体的高质量发展动力系统。都市圈的发育成熟有利于进一步推进城市群的发展（见表 3-4）。

表 3-4　城市群的发展演变过程			
	大城市	**都市圈**	**城市群**
空间范围	小	进一步扩大	跨区扩大
影响范围	市级意义	市际意义	大区及国家意义
城市个数	1 个	1 个	3 个以上
人口规模	500 万~1000 万人	1000 万~1500 万人	大于 2000 万人
空间组成	1 个城市	1 个城市及周边地区	3 个以上城市或 3 个以上都市圈
交通网络	向市内地区延伸，城市之间交通网络不发达	向周边地区进一步延伸	向市外地区延伸，城市或都市圈间交通网络较密
产业联系	城市之间很弱	城市之间开始互补联系	城市或都市圈之间互补性较强
地域结构	单核心结构	单核心放射状圈层结构	单核或多核轴带圈层网络结构
梯度扩张模式	点式扩张	点轴扩张	轴带辐射
发展阶段	城市群形成雏形阶段	城市群形成的中期阶段	城市群发育的成熟阶段
中心功能	城市增长中心	区域增长中心	国家增长中心

资料来源：方创琳 . 以都市圈为鼎支撑京津冀世界级城市群发展［J］. 张江科技评论，2020（6）.

因此，对于城市群发育还不成熟的后发地区，现阶段仍需以都市圈为抓手，以都市圈一体化交通体系为先导，基于产业联系和人口通勤的客观经济规律，以"中心城市—节点城市—微中心"为主体框架，构建有序链接的都市圈城镇网络和高效衔接的广域都市空间。除硬件设施外，都市圈内应该着力提升制度软环境，基于常住人口构建空间均衡的都市圈公共服务体系，引导人口在都市圈内有机分布。同时，着力打造都市圈内创新微中心，营造有利于创新创业的文化制度软环境，引导创新创业人才在都市圈内的高效集聚，实现创新驱动下产城融合发展新态势。最终，通过城市群内都市圈的先导发展，引导城市群走向集约化、高质量、可持续的发展道路。

（二）分类指导、因群施策推动城市群高质量发展

我国各城市群目前发展水平不一、发展阶段不同，其在全国的战略定位及作用、服务国土空间开发的战略任务差异较大。对于不同城市群，应结合经济发展水平、城市规

模等级、地理空间格局及资源承载能力等进行因群施策。

对于趋于成熟发展阶段的长三角、粤港澳等城市群，应该瞄准世界级城市群的发展目标，加快区域合作机制的创新改革探索，构建大城市和周边城市功能分工明确、科技与产业协同互促的发展体系，形成多中心引领、内外发展均衡的多层级网络化的空间格局。中心城市，立足于建设全球科技创新尖峰和新兴产业的策源地，其周边城市则着力承接中心城市的创新外溢，加快成果的转化，成为全球重要的先进制造高地，中心城市与周边城市需协同推进，共同提升在全球的竞争力。进一步提升城市群的全球资源配置能力，加快吸引国际资金、人才等要素的流入，打造成为城市群协同一体的先行示范区。

对于快速成长型阶段城市群，如成渝经济圈、长江中游城市群、海峡西岸城市群等，应发挥中心城市的辐射能力，加快培育区域中心城市，逐步提高区域的节点密度与广度，加快推动人口、资金、技术、商品等有序流动，加强核心城市与外围城市之间的经济联系，在更大范围内实现资源的优化配置，以都市圈为抓手推动城市群的进一步发展。对于雏形发展阶段的城市群，如滇中、关中、北部湾、黔中等城市群，应先采用非均衡发展的战略，引导人口及其他要素资源在中心城市的相对集聚，产生规模经济和集聚效应，实现中心城市的快速发展与壮大，为后期发挥增长极的扩散效应、带动城市群整体发展打下基础。

（三）打破区域发展壁垒，建设统一开放市场

城市群中不同城市之间应该综合运用各种方式打破有形与无形的壁垒，从人力资源市场、技术市场、金融服务、市场准入等一体化入手，加快推动要素的自由流动。

首先，打破区域要素市场的壁垒。放宽城市户籍制度，加快构建人口自由流动的发展环境，畅通人才流动渠道，建立统一人才资格认证标准和评判人才口径标准，推动城市群内各城市的职称互认；推动城市群内高新技术企业互认和科技创新券的城市间政策衔接、通兑通用；在城市群内实现不同城市间资金同城清算，积极发展城市群内异地贷款；统筹区域间城乡土地利用，共同调配建设用地指标。

其次，消除地方保护和商品市场的壁垒。城市群内各种形式的地区封锁、市场分割、地方保护现象依然存在。比如，有的地方限制外地商品进入本地，有的对本地产品实行优惠政策，有的对本地的假冒伪劣商品、商标侵权等行为视而不见，有失作为。有调查显示，近70%的企业认为，企业遇到的地方保护主要是对本地产品进行保护。应加快建立商品市场的统一准入门槛和市场监管体系，推动审批流程标准化和审批信息互联共享，加强食品药品联动实时监控，推动市场执法联动机制，健全跨区域市场纠纷调节机制。

（四）加强协同合作，推动城市群一体化发展

（1）加强区域规划协同。规划一体化是城市群一体化的重要基础，要围绕城市群综合发展规划，推动各地市规划的有机衔接，共绘一本规划，共建一张蓝图。要基于城市

群内各城市的发展基础和潜力，加快构建多层次多核心网络化的城市功能分工体系，引导各个城市在规划体系方面走向互动、整合、共享。逐步淡化行政级别影响，从城镇功能和居民需求出发，实现从传统上的"中心—腹地"结构向"网络—枢纽"的城镇化体系转变。充分发挥不同规模城市的作用，特别是激发中小城市和特大镇的活力。

（2）加强基础设施互联互通。通过协商机制及重大项目合作机制，增加城际铁路、公路的覆盖率，切实提升区域内的交通通达度，提升基础设施网络连通畅通和衔接转换水平，完善港站枢纽集疏运体系，提高综合交通运输网络效率。在都市圈范围内，结合区域发展需求，也可推动"地铁同城"，如苏州轨交 S1 号线将连接苏州市区和上海，通过地铁换乘实现互通。推动城市群内公交卡的联网互通。推动跨区域的电网信息数据、资源共享，推进电网规划研究、协同电网建设，实现跨省电网"互济互保、互联互通、互供互备"，打通城市群供电的区域分隔和管理分块，实现供电服务一体化无缝衔接。例如，长三角的浙江与上海跨省 10 千伏电网联络工程正在开展施工作业，上海青浦、江苏吴江、浙江嘉善先行试行非居民相关用电业务、增值税发票跨省换取和电费跨省解缴等"一网受理、只跑一次、一次办成"，形成集约智能的服务调度管控中心。

（3）加快区域产业协同。加强城市群内部各区域产业的分工协作，实现错位发展、配套发展、协同发展。中心城市应舍弃与其资源及区位禀赋不匹配、制约其产业向更高层次攀升的产业类型和环节，加强创新要素集聚、提升经济密度、增强高端服务功能，重塑产业竞争新优势。外围城市要与中心城市建立合作互动关系，建立产业协作机制，承接中心城市大规模制造业转移和配套，积极发展商贸物流业、旅游业等。推动区域内重大科技基础设施协作、科技成果转移转化等。

（4）推动公共服务政策与治理的协同。加快城市群在医疗、教育、政务、通信服务等方面的合作，加快推动城市群内异地城市之间持卡就医、实时结算，推动实现电子病历共享、优质医疗资源的共享等；推动部分电子政务的数据共享共建、跨省办理缴费等，实现"一网受理、只跑一次、一次办成"；推动住房公积金的互认互贷，保障劳动者基本权益；建立教育资源共享平台，统筹区域内的学区和教育资源，以期实现基础教育均等化。

（五）构建城市群内财税分享和生态补偿机制

城市群产业的协同合作，需要制度创新，让各区域可以在更大范围内分享资源优化配置产生的经济利益，从而形成释放生产要素跨行政区配置的持续动力。

（1）建立利税分享机制。通过税制改革，建立 GDP 分计、税收分享制度，推动区域产业协同。《京津冀协同发展产业转移对接企业税收收入分享办法》（财预〔2015〕92 号）已规定企业迁入地和迁出地在企业所得税、增值税和营业税收入实行"五五分成"，但迁出地区分享"三税"达到企业迁移前三年缴纳的"三税"总和为上限，达到分享上限后迁出地区不再分享。广东省的"双转移"战略也已在利税共享方面进行了有益的探索和实践，如《深汕（尾）特别合作区基本框架方案》从财政收入、土地收益、GDP核算及能耗指标等方面建立了较为完善的成本共担、利税共享机制。要推动区域产业协同发展，必须结合区域实际，建立相关分享机制，有效提升核心城市和周边中小城市的合作动力。

（2）健全生态补偿机制。坚持"谁开发谁保护、谁受益谁补偿"的原则，推进生态保护补偿标准体系和沟通协调平台建设，加快形成受益者付费、保护者得到合理补偿的运行机制。推进重点流域、重点区域排污权交易，扩大排污权有偿使用和交易试点。逐步建立碳排放权交易制度。

专题四

发达国家城市化空间规划及实施的经验教训与启示——以日本为例

摘要

　　对国土空间进行系统性的规划，对全面协调经济资源、确保社会可持续发展有着重要的促进作用，世界上以欧美为代表的主要的工业化国家均对此非常重视。我国的工业化和城市化进程略晚，以国土规划为基础的城市空间规划工作应当向国家先进案例学习经验和教训。与其他国家或地区案例相比，日本在这方面的经验更值得我们去借鉴。日本与我国文化有相似的根源，从而导致了相近的思维方式，如地理上的距离较近，气候条件相似，人口与土地资源的关系相近。而且，在如今已进入后工业化时代的国家中，相比欧美为代表的西方国家，日本把经济发展周期压缩在了一个相对较短的时间长度内，在获得经济高速增长的同时，也集中性地遭遇了很多问题。对于在短短70年间获得如此发展成就的中国，也面临着与之相似的境遇。我国在享受高速发展红利的同时，也在面临一些发展带来的问题，这些问题很多都来自于国土规划的不当，并可以在规划的层面经过一段时间去解决。因此，日本国土规划的制定与实施经验，非常值得我们研究与借鉴。

　　本章共有四节。第一节较为全面地介绍了日本针对不同层级和类型的国土规划工作所分别制定的系统性的法律法规。第二节从时代背景、规划思路、解决方案以及实际结果等几个方面，较为系统且全面地介绍了东京首都圈迄今为止共七次城市规划的相关内容；还通过几个典型案例，对新城建设这个专题做了较为系统性的讲解。第三节较为详细地介绍了东京首都圈规划的制定和实施过程中所采用的组织机制；依靠一系列规范化且有法可依的组织机制，通过政府与民间的通力合作，才能够实现如此规模庞大、系统且连续的规划建设。第四节对我国在城市空间的规划和建设方面所获得的启示和改进方向，进行了讨论。

　　对国土空间进行系统性的规划，对全面协调经济资源、确保社会可持续发展有着重要的促进作用，世界上以欧美为代表的主要的工业化国家均对此非常重视。日本自明治维新后，积极向欧美等西方工业化国家学习，引入包括城市规划技术、制度在内的大量技术与经验。而且日本近现代城市规划体系形成的过程是一个城市规划技术、制度的借鉴与本地化的过程。相比世界上其他发达国家，日本除开展国土规划较早、规划制定自成体系且卓有特色外，还因其在工业化和城市化过程中经历了高速增长、平稳增长和衰落等阶段，成为世界上少数在实施中具备正反两方面经验的国家之一。

　　相较于世界主要发达国家或地区，我国的工业化和城市化进程略晚，我国以国土规划为基础的城市空间规划工作应当向国际先进案例学习经验和教训。与其他国家或地区的案例相比，日本的经验更值得我们去借鉴。日本与我国文化有相似的根源，从而导致了相近的思维方式，如地理上的距离较近，气候条件相似，人口与土地资源的关系相近。而且，在如今已进入后工业化时代的国家中，相比以欧美为代表的西方国家，日本把经济发展周期压缩在了一个相对较短的时间长度内，在获得经济高速增长的同时，也集中性地遭遇了很多问题。对于在短短 70 年间获得如此发展成就的中国，也面临着与之相似的境遇。我国在享受高速发展红利的同时，也在面临一些发展带来的问题，这些问题很多都来自于国土规划的不当，并可以在规划的层面经过一段时间能解决的。因此，日本国土规划的制定与实施经验，非常值得我们研究与借鉴。

一、日本国土规划的基本法律框架

（一）日本国土规划的基本法律法规

　　日本的国土规划始于"二战"后的战后复兴。从国家整体规划的尺度来看，日本现行的国土规划主要遵循基于两大法案来编制的规划制度：一是依据 2005 年《国土形成规划法》编制的"国土形成规划"；二是依据 1974 年《国土利用规划法》编制的"国土利用规划"。

1. 国土形成规划——制定战略方案，规范土地性质与功能

　　1950 年，日本先后颁布《国土综合开发法》《北海道开发法》等相关法律，在首先

尝试对北海道、东北、九州等区域开展开发规划的基础上，于1962年首次发布"全国综合开发规划"（俗称"一全综"），并于1969年、1977年、1987年及1998年陆续颁布后续版本的规划，被统称为"一全综"至"五全综"。2005年《国土综合开发法》更名为《国土形成规划法》，将原来的全国、区域、都道府县、特定地区四类规划简化为全国、区域两级规划，并在2008年和2015年先后两次编制全国国土形成规划。虽然不同时期的国土开发规划具体目标与方式不同，但均以大规模投资促进国土资源开发及区域发展平衡为己任，是属于开发导向的国土规划。

2. 国土利用规划——制定开发细节及详细法案

20世纪70年代，日本城市用地持续扩张、用途混乱、地价高涨。为应对全国性的地价飞涨和土地投机行为，1974年国会拟修订《国土综合开发法》，改变规划以开发为导向的性质，使之包含国土开发、土地利用管制两方面的内容。但是由于舆论的反对和抵触，土地利用管制和土地交易管制等内容通过新设立《国土利用规划法》来被曲线采纳。旧有的《国土综合开发法》被保留，只是废除了特定地区开发的内容，且不再强调"开发"。中央政府设立"国土厅"来负责国土利用规划、国土开发规划、土地价格调查及管制等事宜。依据《国土利用规划法》，"国土利用规划"分为全国、都道府县、市町村三个层面，同时都道府县须依据同级国土利用规划编制"土地利用基本规划"。"土地利用基本规划"的内容涉及城市、农业、森林、自然公园和自然保护区五类地区的划定以及有关土地利用协调事项的规划。上述五类地区分别依据《城市规划法》《农业振兴地区建设法》《森林法》《自然公园法》以及《自然环境保护法》划定。因此，土地利用基本规划主要用以协调城市规划、农业振兴地区建设规划、森林规划、自然公园规划、自然保护区规划等相关规划。1989年颁布了《土地基本法》，明确土地利用的基本理念与原则是：重要资源，与国家公共利益密切相关，应以公共利益优先为基本理念，进行合理规划以保证土地利用的合理性。基于上述理念与原则，该法授权国家与地方政府制定国土利用规划并采取抑制土地投机的措施。

《国土利用规划法》于1974年颁布，2017年最新修订，共九章50条。内容主要包括编制国土利用规划及土地利用基本规划、土地交易管制的相关事项。该法规定：国家、都道府县、市町村均可编制国土利用规划，同时规定了各自的编制及审批要求；要求所有都道府县制定土地利用基本规划，按照五类地区划分，说明协调土地利用的相关事项；规定了土地交易管制地区的设定标准、管制区内土地交易的许可手续及许可标准、土地交易后应上报都道府县的事项、都道府县对交易后土地利用的劝告、土地成为闲置土地的条件及其利用和规划措施等内容；规定了负责本法相关事项的审议会及土地利用审查会设置相关事项。此外，在《国土利用规划法实施条例》和《国土利用规划法实施细则》中规定了各级国土利用规划应包含的内容、土地利用基本规划的内容和表现形式、土地交易可不经许可和上报的情况、土地价值计算、指定管制区域时的公告等具体内容，对《国土利用规划法》的具体执行进行了补充说明。

3. 总结

综上，日本国土规划的两大系列法案主要区别在于其负责的层面及深度。《国土形成规划法》用来根据时代发展，针对不同时期的需求，在全国层面规定国土规划的实施方向，不同土地的性质及功能，以及土地利用的基本原则。《国土利用规划法》则针对更微观的土地利用目的来制定目的更加明确的规划方案。我们用一张图来简单展示其规划体系构成（见图 4-1）。

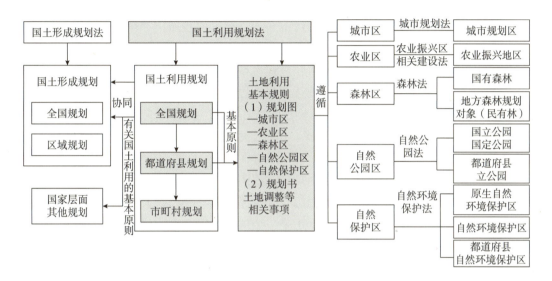

图 4-1　日本国土利用规划体系构成

资料来源：作者自行整理。

（二）日本城市规划的基本法律框架及运行规则

日本城市规划的规则主要基于 1968 年颁布的《城市规划法》，用以规范城市规划的内容和编制审批程序、城市规划限制、城市规划实施项目及其他城市规划相关内容，使城市健康有序地发展。该法包括七章 97 条和附则，其中与土地利用基本规划直接相关的是第 5 条城市规划区的划定、第 7 条将城市规划区划分为城市化地区及城市化控制区，以及第 29~39 条针对城市规划区内建设活动的开发许可制度。都道府县可对市、符合一定标准的町和村划定城市规划区以及其中的城市化地区与城市化控制区。此外，对城市规划区外、建成区域达到或可能达到一定面积、与农业振兴及环境保护相关的地区，可以划定为"准城市规划区"。在城市规划区和准城市规划区内，开发行为均需获得都道府县或指定城市的许可。

二、东京都市圈建设历程——城市化过程中由中心城市迈向都市圈的必经之路

2019 年底召开的中央经济工作会议强调，要提高中心城市和城市群综合承载能力。2019 年第 24 期《求是》杂志发表的习近平总书记的重要文章《推动形成优势互补高质量发展的区域经济布局》中强调指出，中心城市和城市群正在成为承载发展要素的主要空间形式。今后一段时期要以中心城市和城市群作为主要空间载体，促进区域间要素流动，形成优势互补、高质量发展的区域经济布局。促进中心城市和城市群发展，是党中央总揽全局做出的重大战略部署。

在经济高速发展的同时，我国城市化进程也在加快，城市规模不断发展变大，在资源上进入高度集聚的阶段，在空间上则逐渐将周边多个不同规模能级和功能的小型城市逐渐吸收容纳进入区域之中，形成一体化的发展趋势，共同构成了一种可以被称之为"都市圈"的新的城乡地域空间组织形式。这种空间组织形式，目前成为中国区域空间发展的主导方向。

我们在研究学习日本的城市化空间规划过程中发现，从日本国家层面的国土规划方案来看，从 1962 年开始的"第一次全国综合开发计划"（"一全综"）到 2015 年最新的"对流促进型国土形成规划"（"七全综"），正是一个从建立以东京为代表的中心城市到建立"一极四轴，全国互联"的网络型城市群的过程。然而在这个过程中，建立以东京圈为代表，包括大阪圈和名古屋圈这三个以大都市为核心的都市圈系统，是几十年以来日本国土规划在城市领域的主要工作。这同样表明，都市圈是从中心城市发展到城市群的必经阶段，也是促使中心城市发展成为城市群的重要抓手。

因此在这一部分，我们以日本城市规划工作中最具代表的首都圈规划为主要的线索，分五部分来介绍日本都市圈建设过程中空间规划的经验及教训。第一部分主要介绍首都圈五次规划的主要历程，之后的四部分包括新城建设、城市更新（旧城改造）、智慧城市规划及紧凑型城市规划内容，其分别代表了都市圈建设过程中，在不同发展阶段的一些必要且有参考价值的规划与建设工作。

（一）首都圈规划的主要历程——亚洲一极的建设，成长与坚持

第二次世界大战后，日本为重建社会与经济，制定了包括东京规划发展蓝图在内的一系列整治措施。然而随着朝鲜战争和美苏冷战等一系列重大国际事件的发生，美国为其军事需求，逐步放松对日本在资金、原材料以及能源等方面的管制，以便日本能够迅速满足其作为后方军需基地的需求。这一系列管制的放松也带动了日本工业化发展的快速复苏。快速的工业化恢复进程，推动了城市化的快速发展，丰富的就业机会吸引人口不断向核心城市集中。作为政治经济甚至是产业中心的东京都，更是比其他城市更高效地吸引了人口的不断涌入，而人口的高度集中，在推动经济高速发展的同时，也引发了

以居住办公空间不足、基础设施不足、防灾能力脆弱为代表的一系列导致生活环境恶化的城市问题。

由此为开端，日本政府编制了首都圈基本规划方案，以解决"城市病"导致的一系列问题。然而在解决旧问题的同时，往往还会有新的问题被发现。1958~2000 年，日本政府共组织编制和实施了五次首都圈基本规划（见图 4-2），之后又分别在 2006 年和 2016 年制定并实施了两次首都圈整备规划。

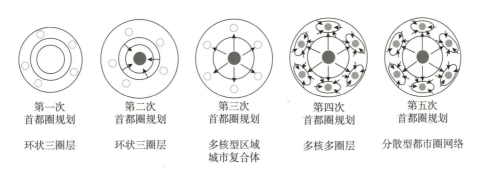

第一次 首都圈规划	第二次 首都圈规划	第三次 首都圈规划	第四次 首都圈规划	第五次 首都圈规划
环状三圈层	环状三圈层	多核型区域 城市复合体	多核多圈层	分散型都市圈网络

图 4-2 首都圈五次基本规划空间结构沿革

资料来源：作者自行整理。

在这七次规划颁布和实施的过程中，日本社会在超过半个世纪的时间中，经历了一个包括高速增长、稳定发展到泡沫破裂、经济衰退的经济周期。其间，受到时代背景和环境条件变化的影响，首都圈的规划也发生了多次的历史性转折。就规划范围而言，除第一次首都圈规划范围是以东京火车站为中心、半径为 100 千米的地区之外，其他几次首都圈规划都是包括"一都七县"（东京都和神奈川、千叶、埼玉、群马、栃木、茨城、山梨七县）的全部区域。截至目前，该区域总面积为 36884 平方千米，仅占日本国土的 9.8%，人口却高达 4132 万（2000 年），占全国人口的 32.6%，经济总量占全国的 2/3，工业产值占 3/4。

这七次规划为东京都及其周围七县在基础设施共建、环境保护、产业协作和空间结构重组等方面奠定了良好的基础；在消除城市功能和结构的不平衡、调配城市资源方面所做的积极努力也获得了较丰富的成果。

东京首都圈通过城市规划和都市圈建设，来实现调动资源、平衡城市功能和结构的目的。通过回顾日本东京首都圈的每一次规划方案，我们都能够发现，首都圈规划和建设对于日本经济在不同发展阶段所需的资源配置产生了相应的重要影响。其经济发展可以粗略分为三个阶段，分别是快速工业化阶段，对应第一次和第二次规划；工业经济阶段，对应第三次至第五次规划；以及知识经济阶段，对应第六次和第七次规划。

1. 快速工业化阶段的城市资源调配

在这个阶段，东京由于高速的工业化进程，大量劳动人口从第一产业迅速流向第二、第三产业，并与此同时流入城市。城市规模因此迅速且无序化扩张。然而与工业化的高速进程相比，城市资源的成长速度无法跟上人口增长速度，导致一系列如基础设施建设水平不足和民生福祉水平低下的问题出现。这成为了这个阶段东京城市化规程中需要通过空间规划来解决的首要矛盾。在这个阶段，首都圈规划方案以"围"为开端，逐步向"疏解"转化，初步构建了"单极多环"的首都圈空间形态。在这个阶段，首都圈基本规划主要由首都圈整备委员会负责。

（1）第一次首都圈基本规划（1958 年）——绿化隔离带"围"出三圈层。

第一次首都圈基本规划于 1958 年开始编制，原定的规划期限为 1975 年，规划目标人口为 2660 万。此次规划是基于"霍华德（E. Howard）田园都市理论"，仿照大伦敦规划来编制。规划的主要内容是以东京车站为中心，将半径 100 千米范围内的区域确定为首都圈；以东京 23 区的建成区为中心，并在其周边区域建设工业卫星城市，以吸收产业与人口；并且在已有建成区与待开发区域之间建设绿化带，以抑制城市向外扩张，即构建"中心城—绿化隔离带—卫星城"的空间结构。这次规划的目的是分散向东京集中的产业和人口，适度集中城市所真正需要的功能，实现功能高度集中的小型化城市。当时，日本政府甚至专门立法对一定规模的工厂和学校等设施的新建工作进行限制。

在本次规划实施至 1960 年，池田内阁开始将经济发展定为日本的首要发展目标，并计划从 1961 年开始实施"国民收入倍增计划"，该计划设想在 10 年内实现。为达成该计划所设立的目标，日本政府于 1962 年推出"第一次全国综合开发计划"（"一全综"），并规划建设"太平洋带状地带"，其中重要的一环是在京滨工业地带发展基础产业，建设以大型企业为中心的有效率的工业地带。受"国民收入倍增计划"和"一全综"影响，内陆的"工业功能"进一步向外扩张，而东京都周边各县的人口因此不断聚集，向东京集中，导致对东京的依赖度持续提升。虽然以东京为中心的 60 千米圈建成了"工业团地"，但由于人口不断向东京聚集，其实"工业团地"仅是担负起了东京的"睡城"作用。此外，为了举办 1964 年东京奥运会，首都圈大兴土木，突击完成了包括东海道新干线、地下铁、东京国际机场、中央线与环状 7 号线的立体交叉工程等在内的大量基础建设工程。以此为契机，东京的公路与地铁建设在当时获得了飞速的发展，也为之后的建设和发展打下了良好且坚实的基础。

第一次首都圈规划处于日本开展高速工业化发展的初期，在此阶段，需要规划大量的空间来建设工业地带，并容纳大量由第一产业流向第二产业的劳动力。因此从资源调配的角度来看，此次规划本应为完善工业生产基础设施和民生福祉生活设施这两方面来分配资源，但是此次规划并没有充分意识到当时东京所处的经济发展阶段与伦敦存在很大的差异性，过早地设计了事实上会限制城市发展的绿化隔离带。在急需发展重化工业的社会需求下，人口的大量流入使城市加速建设和扩张。东京的扩展程度大大超出了设想。巨大的城市化压力以及土地所有者对土地升值所带来的巨大利益的过度追求，导致大量住宅用地无序扩张并吞噬绿化地带。这宣告了绿化隔离带构想的失败，并导致了第一次首都圈基本规划的提前结束。

（2）第二次首都圈基本规划（1968 年）——紧急补救后初步成型的首都圈系统。

日本经济发展速度远超过预期设想，导致第一次规划所设定的目标被过早突破，无法继续实现其应当具备的功能，即在符合当时经济发展的需求下去调配社会资源。因此，为了能够有效支持日本当时的工业化发展，同时解决人口大量流入造成的东京"大城市病"问题，在第一次规划还未到预定期限的情况下，作为对第一次规划的紧急补救，第二次首都圈基本规划提前于 1968 年开始编制。此次规划实质是对第一次规划的修改和补充，规划期限仍然设定为 1975 年，规划目标人口上调至 3310 万。

为了应对此次规划，日本政府首先在 1965 年修改了《首都圈整备法》，针对第二次规划的主要变动体现在两个方面：其一是放弃了绿化隔离带的规划设想，将原本作为绿化隔离带进行保留的区域，变更规划为近郊整备地带，使其功能和使用方法更加灵活；其二是从建设功能单一的紧凑型卫星城市转变为去完善城市功能，使首都圈转变为可以由多个城市分担核心区域功能更加广阔的城市区域，可以看作是都市圈系统的雏形。

从第二次首都圈基本规划开始，才真正开始将一都七县（东京都、神奈川县、埼玉县、千叶县、茨城县、栃木县、群马县、山梨县）视作一个整体对象，来分担东京都过于繁重的中枢功能，并对城市空间进行整体化的重构，开启首都圈的都市圈系统雏形。具体方案包括：一是用以都心为中心半径 50 千米的新近郊整备地带来替代原本单纯的绿化带构想，通过在该区域有计划地进行城市建设，在应对强大的城市化压力的同时，实现与绿色空间的和谐共存。二是在外围区域继续推进卫星城的开发建设，以便能够让首都圈核心圈仅负责承担中枢功能，而产业功能与流通功能则可以由首都圈的中部和外部圈层承担。三是针对产业工人的生活问题，为处于中部和外部圈层布置的产业功能区块配置相关联的日常生活功能区块。四是为了实现首都圈地域结构的再造，日本政府实施了包括高速公路网建设、轨道交通网建设、大规模住宅群落建设和街道建设等在内的基础设施建设工程。尤其是轨道交通运输能力的加强、道路网的完善与郊区住宅的兴建，为更多人口流入首都圈提供了可能性和承载力。这次规划使东京周边的神奈川县、千叶县、埼玉县人口显著增加，围绕东京中心区的首都圈单中心结构被加强。然而不可否认的是，问题还是存在的。受建设资金所限，新城与母城相比，生产和服务配套的建设速度仍然无法赶上人口流入速度和居民生活需求，对疏散人口的作用甚微，人流的往返还加重了交通负担。

2. 工业经济阶段的城市资源调配

在前两次首都圈规划所设定的期限将要到达之时，日本的工业化进程也在高增速逐步走低的状态下慢慢走向尾声。在这过程中，首都圈内由于东京核心圈层的一极化，在享受高速发展红利的同时，也带来一系列有代表性的城市问题，如资源浪费、生活成本高企和防灾能力降低等。解决这些问题，并且同时在未来把东京发展成为世界城市，成为了第三到五次首都圈基本规划的主要政策目标。在此阶段，三次规划方案对资源的调配进行了引导，首都圈内开展了从副都心、业务核心城市到核区域核心据点等一系列不同等级重要节点的建设工作，使首都圈逐渐由"单极环状"结构过渡到"多核多圈"结构，并逐渐进化到"散点网络"的空间形态。虽说在这一时期，石油危机和泡沫经济使日本整个社会的发展经历了两次大的跌宕起伏，但依靠首都圈规划对城市资源的集聚与疏解带来的平衡作用，使东京仍然成为一座世界城市，而整个首都圈则迈入世界级都市圈的行列，并成为日本发展的原动力。从第三次首都圈规划开始，首都圈规划的编制主体由首都圈整备委员会转入国土厅，并主要由内阁总理大臣来负责。

（1）第三次首都圈基本规划（1976年）——以"多极结构"形态迈入都市圈时代。

第三次首都圈基本规划于1976年开始编制，规划期限设定为1985年，规划目标人口3800万。在前两次首都圈的规划过程中，日本的高速工业化进程带来了经济社会结构的全面发展和变化，到20世纪70年代中期，东京圈人口已超过3000万，而半径范围超过50千米，形成了人类历史上最大规模的人口和产业聚落。由于人口和中枢管理职能向首都圈过度集中，"一极多环"构造的首都圈面临了历史上未曾遇到过的"大城市病"迫切需要解决。同时，在日本全国范围也形成了对于首都圈过于依赖的"一极集中"的单极国土结构，也影响着国家均衡健康发展。

纠正对东京都心的"一极依存形态"，成为了第三次首都圈基本规划的首要目标，实施思路则是在首都圈中分散中枢管理功能，建立区域多中心城市的"分散型网络结构"。此次规划不仅是对首都圈内的重新布局，也是一个与日本全境均衡性分散布局紧密关联的双重方案。对于核心圈层，要进一步减少对东京都核心地区的过分依赖。在避免现有城区继续扩大的同时，努力培育区域性节点城市，促进其向具备综合性城市功能的方向发展，使首都圈形成由多个区域性节点城市构成的多层级结构的城市复合体。在发展节点城市功能的同时，连接这些城市的交通路线也在加紧建设。对于核心圈层的周边区域，在发展原有产业功能的基础上，还在努力充实这些区域的生活以及科教文卫等功能，降低这些区域对核心区域的依赖性，形成具有一定独立运转能力的外圈层区域，也就是我们现在所说的都市圈系统中的外圈层区域。

通过进一步构建核心城市和充实周边区域的生活服务功能，在纠正东京都心的"一极依存形态"问题的同时，首都圈内城市资源的均衡化和充沛化配置，也使日本在20世纪70年代，在已高达75%的城镇化率基础上，居然获得进一步城市化发展的机会。在这个进程中，更多的人口开始享受城市生活的便利，与此同时，也为日本社会发展带来了更多的内生需求，使日本较其他国家更早地摆脱"石油危机"进入下一个发展阶段。

（2）第四次首都圈基本规划（1986年）——"多核多圈"的都市圈形态。

第四次首都圈基本规划于1986年开始编制，规划期限设定为2000年，规划目标人口4090万。在第三次规划的实施过程中，东京通过进一步完善都市圈系统的建设，通过提升外圈层区域城市化水平，在一定程度上解决了一部分"大城市病"的问题，还引发内生需求，促使整个日本优先于其他国家，更早摆脱了"石油危机"的阴影，昂首挺胸大踏步迈入了20世纪80年代。

以微电子技术为核心的产业结构升级推动了日本经济的进一步发展，与此相对应的是重工业逐渐由近郊搬迁到远郊、日本其他区域甚至是国外，将这些区域改为商务区与企业研发、设计基地，使东京核心圈从制造业中心逐渐变为一个要素配置中心和经营决策中心，第三产业成为东京核心圈的核心产业。在此背景下，不仅日本国内，全世界的企业都开始在东京聚集，希望在这个新兴的市场获得一席之地。其对办公场所的需求，带动了商业地产的发展，拉高了东京中心区域的土地价值，使土地价格也随之高涨。

在 20 世纪 60 年代时，日本的人口和产业聚集在"东京、大阪、名古屋三大城市圈"。虽然在 20 世纪 60 年代中期之前，东京已经体现出很大的优势，但大阪、名古屋在其集聚能力方面也能与东京一较高下。然而随着时间推移，三大都市的距离不断拉大，定位也被迫随之改变。大阪的功能逐渐从全国性降为区域性，名古屋则逐渐被吸收成了东京的辅助体系。进入 20 世纪 80 年代，东京成为了独一无二的"全能型全国中枢管理功能城市"。

此时东京真正成为了一座世界性的城市，并开始逐步成为亚洲的金融中心。在这样的发展背景下，东京中心的土地交易价格飞涨到令人难以置信的程度，并且这种现象从商业地产扩散到住宅地产，从东京中心逐渐向外扩散到整个核心圈层。高企的房价使在核心圈工作的人们买不起，甚至租不起东京中心部的房屋，只能在外圈层或更远的区域居住，大量原本应作为外圈层节点的区域再度沦为了东京的"睡城"。原本经过第三次规划，在一定程度上已被控制住的建成区，因此被迫再一次扩大范围，城市半径扩大到 50~60 千米，原本有所缓解的"城市病"因为"东京再次一极集中"而复发。

针对再次复发的"城市病"，日本国土厅于 1986 年编制了《第四次首都圈基本规划》。第四次规划在编写过程中所面临的主要矛盾，是在解决复发甚至加重的"大城市病"的同时，维护"东京一极集中"所带来的国际化发展红利。规划内容中提出，人口、资金及各类社会资源向东京中心集中是各类中枢管理功能向东京中心区域集中所导致的。虽然管理者并不希望东京过度拥挤，但向有资源的区域聚集是一种符合常理的行为，是无法被阻止的。为使东京圈能够代表日本，在国际政治与经济中发挥更大的作用，需要建成功能分担与相互合作的多核多圈层型地域结构。建设"业务核心城市""副核心城市""轴状市街地"成为第四次规划中解决"再度一极集中"的核心构想。建设"业务核心城市（即产业新城）"和"副核心城市"这些基本构想，是指在核心圈即东京都内 23 区以外的广域区域建设有功能集聚性质的区域核心，从而承担除传统的工业及农林水产外，包括业务管理、国际交流、高等教育等在内的功能。这一构想的基础是针对"向都性"的逆向思维，这一构想认为，如果能够通过基础设施建设，使业务核心城市和副核心城市实现职住平衡，那么基于经济原则，就会将部分原本只能选择去往城市中心的人疏散到业务核心城市，从而引导城市从单核单极向多核多圈层的形态去演化。

事实上，如果我们跟之前的规划内容对比，会发现第四次规划与第二次规划的核心构想在本质上是一致的，都是希望通过塑造专业性的聚落并配以轨道交通来疏解核心区的功能和人口。区别在转移规模上，第二次规划所提出的专业性功能集聚是从核心 4 区向都内 23 区移动，而第四次规划是将专业性功能集聚向东京都内 23 区以外更广阔的区域移动。这次移动需要给这些专业性的聚落配置以完善的城市功能，使这些聚落成为能够具备自给能力的真正意义上的城市。利用这些城市的自给能力，对首都圈的核心圈功能和人口实现疏解，从"一极集中"走向"多核多圈"。在第四次规划中，首都圈内规划建立了如千叶幕张新都心、横滨 MM21 新都心、埼玉新都心等一系列有代表性的"业务核心城市"。

在第二次规划制定和实施的年代，日本正处于工业化所带来的高速发展阶段，而在第四次规划制定的年代，日本的实体经济实际已与飞速增长的地价脱钩，走在了一个平稳发展的阶段。相比第二次规划内容中所提出的功能性聚落，第四次规划中所提出的功能性新城在建设难度上本就更高，再加上当时日本全国上下对日本未来发展前景的过高期望，导致新城的规划建设目标往往高于实际的实施能力。伴随着房地产经济泡沫的破裂，这个计划高于实际需求的矛盾导致一些新城遇到了建设速度缓慢、未达到实际规划目标或者是错过增长窗口等一系列问题。

（3）第五次首都圈基本规划（1999 年）。

第五次首都圈基本规划于 1999 年开始编制，规划期限设定为 2015 年，规划目标人口 4180 万。在第四次规划开始后不久，日本的内外环境都发生了极大的变化。就外部环境而言，随着信息化和全球化的深度发展，亚洲日本以外多个区域获得迅速成长的机会，使东京圈虽仍为四大世界级都市圈之一、亚洲金融的中心，但其地位已不断遭到冲击。就内部环境而言，经济泡沫的破裂首先对日本经济和社会带来了沉重的打击，又随着老龄化程度加深，劳动人口大幅减少，导致东京圈和整个日本在保持其国际经济地位上所需要付出的努力和代价要高于以往。

回顾第四次规划，我们可以看到，为了在解决东京再度"一极集中"问题的同时保持东京作为亚洲金融中心的地位，规划内容着重于强化"业务核心城市"以及"城市资源交流"，对于构建东京都市圈系统并维护东京国际地位这两大任务具有重要意义。但是由于在第四次规划的制定和实施过程中，整个日本已走进了泡沫经济时代。受其影响，全日本社会产生了"日本会一直向上发展"的集体狂热意识。事后从第四次规划所设立的目标来看，其不仅高于后来的实际填充率，也超过了其实际的建设能力和效率。然而经济过热又导致大量热钱在全日本近 80% 城镇化率的基础下再次涌向不动产行业，大量土地被用于建设写字楼、住宅和休闲娱乐设施，使第四次规划失去了其约束效力，城市的建成区又像大饼一样以较低的利用率被摊向了远方。

受时代背景影响，针对上述一系列内忧外患，第五次首都圈基本规划的核心思想发生了根本性的改变。信号就是在制定第五次首都圈基本规划的前一年，即 1998 年，日本政府基于当时的经济社会发展情况，将第五次国土综合开发规划更名为《21 世纪的国土宏伟蓝图——促进区域自立与创造美丽国土》，这标志着日本的国土空间布局和区域主体功能业已"成形"，国土大开发时代走向结束。整个日本社会由经济高速增长阶段逐步向经济放缓的后工业化和后城市化时代过渡。第五次国土综合开发规划的核心思想主要包括了五个方面：形成多轴型国土结构；提升对抗严重地质灾害的能力；对环境的可持续性发展；改善经济结构，增强国际竞争；进一步对国际社会开放。

基于第五次国土综合开发规划的核心认识，相比前四次首都圈规划，第五次规划的主题由开拓转向了通过修复、重填充和增强联系来建设"分散型网络结构"的首都圈。其中，修复是指对泡沫经济时代遗留的以大规模娱乐休闲用地为代表的低开发、未开发土地进行修整和重新利用。重填充指建设重点回归到"业务核心城市"这个主题，以确保这些据点城市在具备专业属性的同时能够拥有完整完善的城市功能以实现自立，而不是作为东京核心区的功能附庸。增强联系则表现在继续推进广域交通、通信等基础设施的整治改造，加强首都圈除业务核心城市以外和北关东、山梨、关东东部地区的联系。建设"分散型网络结构"的首都圈，则仍是为了纠正向东京中心部集中的一级依存结构。其具体操作方式是让首都圈内的"据点城市"在保持产业特色的同时，获得较为均衡分配的资源，使这些"据点城市"能够为其所在区域提供丰富的城市功能并在居民生活层面实现自治，同时又能够依靠其产业特色与首都圈内外的其他据点在产业链条上实现合作、交流，形成具有高互补性的"分散型网络结构"。

3. 从工业经济迈向信息经济的成熟社会阶段

在经历工业化高速增长和经济泡沫破裂后，日本从 20 世纪 90 年代中后期开始逐渐过渡到成熟型社会阶段，截至今日，共编制了两次首都圈规划。与之前五次规划不同的是，规划的关键词从"开发"转为"整备"（即整理）。新的规划内容特别强调了"限制东京发展会降低日本的国际竞争力，在激烈的国际竞争下，特别是在东亚各国不断成长进步的当下，不利于日本的发展"。基于这一认识，日本政府对解决"东京一极集中"的政策方式进行了从根本上的转变，从过去的限制东京发展转变为加强东京的国际化大都市功能并发掘打造各个区域的独特个性。"对流型首都圈"的概念在此阶段也逐渐成为规划和建设的主要思想。

（1）调整后第一次首都圈整备规划（2006 年）。

调整后的第一次首都圈整备规划于 2006 年基于第五次首都圈基本规划的内容进行微调后形成编制，并替代了原计划在 1999~2015 年实施的第五次首都圈基本规划。进入成熟社会阶段后，日本政府受新自由主义思想影响，对国土开发规划与区域开发政策进行反思，其中一个重要的转变是意识到城市业务的专业化是未来城市发展的必经之路。东京若想保持其国际地位及影响力，应强化其作为要素配置中心和经营决策中心的专业功能，而这类业务离不开人口的聚集。因此，若想实现广域性的全面且均衡的发展，在这个阶段主要的任务已不再是继续限制东京的发展，而是强化东京作为亚洲一极优势的同时挖掘其他"据点城市"在产业和业务上的特长。通过利用产业和业务上的差异性，形成对不同人群的吸引力，形成不同城市间的资源多方向流动。

2001 年国土厅与运输省、建设省、北海道开发厅等机构合并，成立了国土交通省。2005 年国会通过了为实现国土综合开发《关于〈国土综合开发法〉部分的修订案》，对

《国土综合开发法》进行了修改，并更名为《国土形成规划法》。《国土形成规划法》的实施标志着日本国土规划从"全国综合开发规划制度"向"全国国土形成规划制度"的转型，也标志着日本国土开发理念发生了两方面改变，一方面是规划主导由国家向国家与地方协同转变，另一方面是规划基调正式从"量"转向"质"。

同时，伴随着国土规划体系的调整，首都圈整备规划把过去的《首都圈基本规划》与《首都圈整备规划》进行了合并，调整后的《首都圈整备规划》由"基本编"与"整备编"两部分构成。"基本编"是从长期、综合的视角来确立今后首都圈整备的基本方针、首都圈的蓝图以及为实现这一蓝图而必须努力的方向。"整备编"是在首都圈区域内，主要从广域整备的观点出发，决定如何在建成区、近郊整备地带与城市开发区域内建设道路、铁路等各种设施的基本框架。

2006年9月日本以第五次首都圈基本规划为基础，对其内容进行微调并编制了调整后的第一次首都圈整备规划。本次规划基于对现状的认识，即日本社会已从高速发展期转向了平稳发展期，强调了应对来自内部的老龄化和环境问题以及来自外部的信息化和全球化机遇的必要性，提出了首都圈未来发展的方向。该规划的基本思想延续自第五次规划，即通过建设"放射＋环状"的高效立体交通网络为突破口在空间层面加大首都圈都县之间的连通性与可达性。在资源层面则是强调首都圈内部通过各区域的合作来提升活力，为4000万国民提供安全舒适可持续的生活环境。

（2）调整后第二次首都圈整备规划（2016年）。

调整后的第二次首都圈整备规划于2016年开始编制，此次整备规划以第二次国土形成规划（惯称第七次国土规划）为基本依据。由于之前的第一次整备规划是基于第五次基本规划进行微调而编制形成的，因此本次整备规划的内容是首次完全依据新的国土形成规划的框架体系来制定的。第二次国土形成规划为应对人口迅速减少、深度老龄化以及巨大灾害的威胁，提出了"对流促进型国土"的基本设想，并希望通过约10年的时间以实现建设目标。所谓对流，即是进一步强化东京核心区和周边各据点城市的产业特长，在各个区域相互合作业务往来的过程中产生地域间的人口和社会资源的双向流动，而不再是仅仅向某一个区域单方向的聚集。根据此次国土形成规划的目标，推进形成"功能紧凑型＋网络"的国土结构，是实现"对流促进型国土"的基本方法。通过将医疗、福利和商业的城市功能进行区域集中化以应对人口减少带来的基础设施运营成本上升问题，然后升级交通、信息和能源网络以提升"交流"效率。通过建设具有活力的大都市圈，改变人口的流动方式与方向，以实现"对流促进型国土"，实现城市与农村的相互贡献，创造出具有魅力、活力和国际竞争力的新时代东京。

与2006年的第一次整备规划相比，受到311地震的影响，本次规划的重点在保持国际竞争力和缓解老龄化问题的同时更加重视强化首都圈的抗风险能力。本次规划明确指出，首都圈是日本人口最多的圈域，集聚了政治、行政、经济的中枢功能。为防止由于巨大灾害所导致的系统性功能丧失，保持上述功能的鲁棒性和抗灾性是首都圈建设所必须要考虑的问题。然而首都圈，特别是首都圈中的东京圈又发挥着引领日本经济的作用，因此也需要继续强化其在国际的竞争力。对于首都圈来说，降低资源集聚化并形成首都圈内区域间的资源"对流"，是能够减轻其灾害风险并强化其国际竞争力的重要方法和手段。除抗灾和保持国际竞争力外，应对老龄化是日本全国共同且长久的课题。在首都圈中的东京圈，除了要继续充实、强化老龄化对策，还需要老年人能够参与进入社会系统的日常运转中。因此在新的规划中，将首都圈建设成为一个能够为日本社会提供更有质量生活、更广阔未来和更多发展机会的有机系统，从而使整个日本能够可持续性发展，成为了本次规划的首要课题。规划描绘出了首都圈未来的蓝图以及应发挥的作用，包括稳固安全、引导日本经济、促进区域间网络化对流、创造出环境共生型的地域结构与生活方式。为了使这一规划蓝图成为现实，需要按照国土形成规划中的区域定位，灵活发挥首都圈内各节点的产业特长，通过资源对流来实现均衡性发展。然而作为要素配置中心和经营决策中心的东京，进一步强化其功能，可以对首都圈甚至日本全国产生辐射作用，因此在构建"功能紧凑型＋网络"的首都圈时，可以通过"强化东京的世界城市功能"方式来"纠正一极集中"的问题。

4. 总结

从 1958 年至今，日本政府经历 60 年多的时间，共七次规划，将东京首都圈建设成为目前的状态。第一次规划使用了物理意义上的圈层约束形式，并展示出明显的失败，除此以外，其他六次规划的核心思想都是用建设外部节点并增强联系的方式，来疏解首都圈核心在交通、人口、资源等各方面的拥堵问题。

在这里，我们需要意识到一些重要的问题。首先，都市圈的规划和建设是一个动态的过程，东京首都圈能够作为全球都市圈建设经典案例，也经历了超过 60 年七次规划的不断调整，才发展至今。都市圈的规划要符合时代发展的本底需求，不应停滞也不应过于超前，规划内容应当做动态调整，但也应当严格遵守。日本首都圈规划在立法先行的方面做出了好的表率，但屡次因为经济高速发展而破坏规划约束也给东京首都圈甚至是整个日本的发展带来了危害。其次，外部节点的建设对于疏解核心拥堵问题至关重要，一方面是节点的数量，数量充足才有可能织成网络；另一方面是节点的质量，从东京首都圈的案例我们可以意识到，大型的节点具备自身的产业特色是保持其活跃度的必要因素，东京首都圈周围存在不少大型节点通过培育特色产业而重新盘活的案例，我们在后续内容会详细介绍。再次，构建有活力的网络，除了要有足够高质量的节点，节点之间的高效率联系也必不可少，从东京首都圈各节点的发育情况可以看出高效率轨道交通对于疏解核心区功能和盘活大型节点至关重要。最后，我们要认识到城市作为个体有它的寿命和周期，构建都市圈系统则有助于提升城市的活力延长其寿命，但在不同的周期，应当采用不同的应对方式。以东京首都圈为代表的日本城市规划体系在几十年间所经历的方方面面，如今我国也在经历或即将经历，希望这些规划和实施中所展现出来的经验和教训，能为我国的都市圈建设带来指导和帮助。

（二）新城的规划与建设（NewTown）——构筑节点，联结网络

我们在前一部分的内容中提到，东京首都圈建设成为世界性的典型案例，离不开节点城市的建设。通过节点城市的建设和其功能的不断修正，才使东京核心区的部分功能得以疏解，并织成网络建设成为都市圈系统。新城与核心区，新城与新城之间的高效率高密度轨道交通，是支撑这一网络体系的必要组成部分。因此在新城建设过程中，与之规划目标相匹配的轨道交通的建设也是不可或缺的组成部分。东京首都圈内的各个新城节点及轨道交通网络在建设的过程中也并非是一帆风顺的，但最终大部分实现了其计划中的功能。其建设过程所遭遇的问题，积累的经验和教训，非常值得我们学习，可应用在我们建设节点新城，构筑都市圈网络的过程中。

1. 基本原则

新城建设是构筑都市圈网络的重要环节，作为重要的节点，将核心城市内的部分功能、产业和人口疏解出来，以缓解核心区域的压力，并促进宏观层面国家的均衡发展。基于轨道交通的 TOD 模式是首要的机制，其主要是依靠轨道交通的运输效率，在保障运力的前提下，大幅缩短两个区域的通勤时间，能够确保区域间人口交流的流速和流量。通过人口的流动，让区域间的经济和资源产生流动，以实现一定程度的均衡。然而仅仅有流动还不够，如果只有流动，那么只可能将某一个区域逐渐掏空，再次聚集到最大的聚落节点去。让人口驻留，才能够让一个区域真正形成网络中的重要节点（让人口在区域间流动通畅的目的，是让人能够更容易也更乐于在一个居住条件更加宽松的新区域驻留下来）。人口的驻留需要基本的配套设施，因此 SOD 模式是 TOD 模式的重要辅助机制。这两个模式就像是都市圈和新城建设道路上的两条腿，只有共同协作、相辅相成，才能有助于节点的建设和网络的形成，并最终在宏观上形成一个均衡发展的局面。少了任何一个模式，都会影响发展，我们以一些实际的案例分析来做进一步的解释。

从总体情况来看，较为成功的新城在规划和建设的过程中，基本都遵循三个重要原则：TOD 机制轨道交通引流，SOD 机制基础服务驻留；复合产业导入，多层次人口流入；谨慎务实规划，动态开发。东京首都圈内的几个具有代表性的大型节点新城，在其发展过程中，或用成果或用经验教训，为我们将这三个重要原则做了充分的诠释。

2. 新横滨—站城一体—TOD 发展模式的典范

我们首先以新横滨的建设发展为例来展示高效率轨道交通和产业转移相互配合对都市圈内重要节点城市的重要意义。

JR 新横滨站于 1964 年开始建设，作为 JR 东海、JR 东日本及神奈川东部线的重要交汇节点，目前日乘降人数可达 11.8 万。在新横滨站建设初期，虽然是线路交汇的重要节点，但由于和横滨市区连接的轨道交通建设水平不足，导致连接不畅，发展缓慢。

当整个日本率先度过石油危机，进入 20 世纪 80 年代开始，横滨市尤其是新横滨站周边区域的建设也乘上了这股建设发展的东风。自 1985 年开始，横滨市内多条轨道交通

相继开通，使新横滨站与横滨市的连接逐渐方便且紧密。而且由于此时不动产业的再次发展，新横滨站周边大量高品质写字楼迅速崛起，与商业办公需求相应，多功能性的横滨国际会展中心、横滨 Prince Hotel 相继竣工并开始运营。并且新横滨站周边的基础建设并不仅限于商务及业务设施，与城市必要功能相配套的商业、行政、医疗、教育等基础设施逐渐建设完善。除此之外，新横滨建设了一系列不同规模的体育场馆，用以举办各种赛事、演唱会和音乐会，使新横滨成为了疏解首都圈大型文体活动的目的地，而这也成为了该地的重要特色产业。

回到以横滨站为中心的商务业务区域。经济泡沫的膨胀导致东京核心圈内写字楼的租金飞涨，大量 IT 及半导体相关的高科技企业需要将商务以外如以生产研发为主的部门向首都以外的区域疏解。基于新横滨便利的交通条件、与核心区较为合适的距离（30千米左右）以及便利完善的生活条件，这些 IT 及半导体相关的高科技行业的研发及生产部门大规模地迁移到了新横滨，使新横滨站周边仅 80 公顷的土地上就聚集了超过 300家大中小规模的此类企业，形成了新的产业集聚，也成为了新横滨的代表和支柱产业。

新横滨作为一个典型的案例，为我们展示了轨道交通、产业和配套设施相结合对于新城建设和发展的重要意义。

3. 多摩新城——"睡城"的苏醒

多摩新城从 1965 年开始规划开发，经过了一个缺乏特色产业导致几近衰落，又经过产业导入重新获得复苏的约 40 年的漫长过程，是产业影响城市活力的经典案例。

多摩新城规划区域距首都圈核心区约 30 千米，占地 2853 公顷，计划人口 34 万。其规划始于第二次首都圈基本规划时期，当时由于日本进入高速增长期，东京沿海地区建立了大量的工业区域，吸引了全国多地的就业人口。然而在当时，东京核心区内已无法满足就业人口的居住需求。为解决这些劳动密集型工业企业的从业者居住问题，多摩地区获得批准建设以居住为主要目的的节点新城，当时土地使用构成中住宅面积达到近50% 的高比例。当时这类住宅被统称为"工业团地"，与日本"寝食不分、代际不分"的传统住宅相比，这些住宅与西式现代化住宅接轨，对起居做了明确的区分，保障了生活隐私，大幅度地提升了普通日本人的生活品质。导致较长一段时间，以多摩新城为代表的一系列"工业团地"需要以抽签的形式入住，而抽签比率甚至可以高达 1：145。进入20 世纪 70 年代，两条干线轨道交通京王线和小田急线接入多摩新城，正式将多摩新城接入东京都市圈系统，作为居住专用的区域，承接了大量在东京都内工作的人群。并且为承接导入的人口，政府在多摩新城内依托轨交站点，逐步布局了包括医疗、教育、商业服务等一系列城市配套服务建设，打造了宜居的环境，提升了新城内的居住品质。多摩新城的人口导入周期相对较长，与城市基础设施的完善相辅相成，前期注重轨道交通建设，在当时对人口集聚的作用显著。

进入 20 世纪 80 年代，随着经济泡沫的膨胀，首都圈核心区又涌现出大量收入高于地方平均水平的就业岗位，而多摩新城由于其"睡城"的单一功能，导致其无法为在多摩新城中成长起来的"团地二代"提供合适的就业机会。由于我们在前文第四次规划中提到的"向都性"问题的存在，这些"团地二代"大多都再次涌向首都圈核心区域工作并尽可能在当地生活。缺乏产业的多摩新城只留下大量的"团地一代"，呈现出显著高于其他区域的老龄化率。并且由于缺乏产业支撑，当地政府没有充足的税收以维持城市的基础服务，导致基础服务也出现质量下降甚至萎缩消失的问题。"东京的睡城"这项功能在这个时期已无法支撑多摩新城继续发展。

针对这一问题，多摩新城当地政府从1986年开始修改用地法规，并从20世纪90年代开始逐步导入新兴服务业的总部、企业数据中心和大企业的培训中心，通过丰富当地的产业类型来增加税收并改善人口年龄结构，促使多摩新城逐步恢复活力。

从多摩新城的案例来看，在新城的规划中，高质量的轨道交通对于人口的导入至关重要，但基础设施建设和配套产业也是必不可少的。尤其是配套产业，是使城市保持活力和基本功能的必备要素。"睡城"时代的多摩新城，由于其单调的城市功能，虽然具备较为宜居的基础配套，但随着时代的发展，其单调的功能使发展道路越走越窄，并逐渐被都市圈系统所摒弃。我们甚至可以认为在较长一段时间中，多摩新城虽处在30千米的优势区域，却完全无法融入都市圈系统。直到特色产业的导入，才使多摩新城以功能节点的身份再次进入东京都市圈系统，并逐渐恢复了城市发展的活力。多摩新城的案例告诉我们，在新城建设中必须与时俱进地解决基础设施建设和配套产业的问题，才能让一个看似衰老的新城重新焕发生机。

4. 筑波新城——轨道交通定乾坤

筑波新城从20世纪60年代开始规划开发，作为日本政府举国之力建设的科学新城，虽然有一系列经过严格推敲验证的发展计划做支撑并严格按建设法案去实施，但是仍然经过40年才实现了产城融合的发展目标。这个案例显示了符合运力要求的轨道交通对于新城建设尤其是人口导入的重要性。

筑波新城距离首都圈核心区域约50千米，学园区域占地约2700公顷，周边开发区域占地高达25600公顷，初期规划人口35万。筑波新城的规划开始于第一次首都圈基本规划实施期间，为了应对当时的"东京一极集中"问题，日本政府甚至颁布了针对禁止在东京核心区内新建工厂、学校、科研机关的法律。筑波新城设立的目的就是为了疏解部分非首都功能，即将科研机构及大学设置在一个专门的区域，同时吸引企业研究所和国际研究会议作为城市的主要产业功能。筑波新城在规划和建设之初，就考虑到了为城市功能所服务的综合性服务型产业的配套设置。并且，虽然从核心产业来看，筑波新城的产业结构看似单一，但与普通的制造业相比，科研人员的年龄跨度较产业工人而言更大一些，这使筑波新城的人口结构组成较多摩新城也更丰富。

虽然筑波新城在规划之初就制定了详细的发展计划以及建设法案，以希望确保建设能够按部就班的顺利完成，但交通效率问题却在很长一段时间成为其发展尤其是人口导入方面的主要约束。从20世纪60年代到80年代，由于交通不便，筑波新城花费了近 15 年才完成了包括交通、供水供电、通信等社会基础设施建设。研究教育区、城市中心区、教育住宅区这三大主要组成区块逐渐初具雏形。而且当时人口仅达到约 12 万的规模，远低于规划目标。从 20 世纪 80 年代到 21 世纪初，道路等基础设施进一步完善，影院、商场、酒店等文化娱乐生活设施日益丰富，大部分教育研究机构投入运营。虽然制造业、研究机构及相关产业得到了迅速发展，并且在 2000 年三产比例从 20 年前的 27.6%：32.4%：40.0% 变化到了 5.8%：21.8%：72.4%，但人口只达到约 15 万的规模，仍然是由于交通不便，人口导入缓慢。直到 2005 年，筑波特快线（Tsukuba Express）开通，当地的经济终于获得发展机会，多家大型商场及商业住宅沿筑波特快线开发，至 2012 年三产比例达到 0.5%：15%：84.5%，至 2014 年人口增至约 22 万。虽然人口指标仍然比当初规划的目标低了近 13 万，但相比而言，筑波的人口增长率是一直高于筑波新城所处的茨城县平均水平的。

从筑波新城的案例来看，在新城的建设过程中，详细的发展计划与规划非常重要，其可以使城市建设的方方面面都有据可依，也能保证计划规划的顺利执行。完善的产业体系和城市配套服务业的建设，一方面有助于构筑城市的核心业务，吸引来自于国内外的相关人才；另一方面有助于为当地非核心业务领域的居民解决工作并改善当地三产比例。但从筑波新城缓慢的建设过程中，我们也看到轨道交通对于新城人口导入的重要意义所在。虽然筑波新城的人口在建设过程一直在持续增长，但增长缓慢，并且更严重的问题是在 1990 年之后日本已进入人口低速增长和老龄化时代，筑波新城由于交通不便错过了人口高速增长期的发展红利。在 2005 年后依靠筑波特快线的开通，凭借当地完善的产业体系和城市配套服务，筑波新城重新获得了人口增长和城市发展的机会。虽然从整体来看，筑波新城的人口数量至今仍未达到当初的规划人口数量，但是考虑到如今日本的人口增长率及老龄化程度，筑波新城的建设实际上已被认为是一个非常典型且积极正面的新城建设案例。这也证明了 TOD 和 SOD 是新城建设的两条腿，需要相辅相成共同前进，缺少了任意一条，都会导致新城建设和发展出现问题。另外，与多摩新城的建设与修复相似，新城的规划和建设是一个漫长的过程，在建设过程中我们会遇到问题，只要针对问题并去着手解决，就能够让一个看似衰老的新城重获生机。

5. 总结

在本章的开头部分，我们提出了新城建设过程中需要遵守的三个基本原则分别是：TOD 机制轨道交通引流，SOD 机制基础服务驻留；复合产业导入，多层次人口流入；谨慎务实规划，动态开发。之后我们用三个较为典型的新城案例来诠释和证明了全面遵守这三个原则的必要性和重要性。

新横滨站虽然在 20 世纪 60 年代中期就完成初步建设并成为了轨道交通干线的重要乘降节点，但直到 20 世纪 80 年代横滨内部的轨道交通与新横滨站实现衔接，才真正使首都圈核心区的部分业务和从业人口能够以较高的效率转移疏解进入新横滨。再配合产业集群和基础设施服务建设，度过了 20 世纪 60 年代到 80 年代的空窗期后，新横滨迅速成长为东京首都圈这个庞大都市圈系统中不可或缺的疏解节点和业务核心城市，对东京首都圈维持其国际地位提供了支撑和巨大的贡献。新横滨的建设过程，作为一个典型案例，展示了 TOD 高效率轨道交通系统，尤其是多级轨道交通联动，这对于构建都市圈系统和发展节点城市具有重要的意义。

多摩新城，在 20 世纪 60 年代至 80 年代曾是东京首都圈的重要功能节点，当时主要承担了"睡城"的功能。在 20 世纪 70 年代初就有两条轨道干线接入多摩新城，并且具备完善的基础设施建设以服务在当地居住的人口。然而由于缺乏产业，从 20 世纪 80 年代末开始，多摩新城无法为年轻人口提供合适的就业机会，导致人口在很长一段时间持续流出，且老龄化问题严重，甚至老龄化率超过周边其他区域。并且由于缺乏产业支撑，导致本地税收不足，原本完善的基础设施难以维持，"睡城"这个仅有的功能也在逐步丧失。在这段时间，多摩新城甚至被认为从东京首都圈这个网络系统中剥离了出去。直到 20 世纪 90 年代，当地政府开始逐步导入多类型产业，才使城市恢复活力。多摩新城从兴盛到衰落再到复活，表明特色业务固然重要，但过于单调的业务功能如"睡城"必然会限制城市的发展。复合产业对于导入新鲜人口和丰富人口结构并维持都市圈中节点城市的活力而言，至关重要。

筑波新城在 20 世纪 60 年代开始建设，从新城本身而言，由于其项目本身作为疏解典型非首都功能的重大意义，有详细的发展计划和规划做支撑，无论是产业的复合度还是基础设施建设，都体现出非常高的完成度。然而实际上直到 20 世纪初，筑波新城才真正展现出项目初期所期望的高速发展，尤其体现在人口规模和增速上。其主要原因在于规划初期，其轨道交通的效率水平与规划目标无法匹配。新横滨和多摩新城与东京核心区域的距离在 30 千米左右，在这两座新城投入使用的年代，轨道交通可以做到单程小于 1 小时的输送效率，属于跨区域通勤可以接受的时间范围。但筑波新城与东京核心区域的距离超过 50 千米，在很长一段时间其轨道交通的单程通勤时间可能接近 2 小时，难以满足频繁跨区域通勤的实际需求。到 20 世纪初，随着筑波特快线的开通，通勤效率大幅提升，配合筑波新城完善的产业体系及基础设施建设，人口开始大量流入，使筑波新城终于展现出其作为东京首都圈网络中疏解科研功能的业务核心城市的作用。虽然筑波新城的实际人口规模一直低于规划目标，但进入 20 世纪后，其人口增长率一直高于茨城县的平均水平。

从这三座新城的案例，我们可以充分体会到三条原则对于都市圈系统中节点新城建设过程中的作用和重要意义。高效率的轨道交通有助于人口的迁移，完善的基础服务方便迁移来的人口在当地居住。丰富且专业性强的产业类型强化了节点城市在都市圈系统中的功能，也确保了人口结构和城市的活力。最后，这三座城市漫长的开发过程，告诉我们城市的规划和建设要符合相应的时代需求和节奏，同时也提示我们在规划建设过程中犯错误并不可怕，城市的发展是动态且漫长的，只要在适当的时代采取正确的修复方式，都能够让城市重新焕发活力。

（三）东京都市圈规划建设总结

东京首都圈从 1958 年开始，至今经过 7 次规划，近 70 年的建设时间，成为了整个亚洲乃至整个世界范围内，都市圈规划建设和发展的典范，在各个方面为都市圈的建设提供了宝贵的经验。我国在较短的时间内进行了较迅速的工业化和城市化进程，与日本的发展有很大的相似性，因此东京首都圈的建设和发展尤其对于我国具有重要的参考价值。

当然经典范式的建立也并不是一帆风顺的，每一次首都圈规划及相应的实施工作，都尝试针对当前城市发展所面临的主要问题来提出一些能够有较长实施效果的解决方案。这些方案在解决一些当前问题的同时，也会带来或面临一些新的问题，并且屡次受到经济发展节奏的影响，最终形成围绕核心区，由高效率轨道交通线路连接多节点的都市圈网络模型，其在有效疏解核心城市中非核心功能的同时，提升了节点城市的活跃性，推动了整个都市圈的蓬勃发展。

向外圈层疏解核心区的非必要功能是都市圈规划的核心思想，为了疏解核心圈的非必要功能，外圈层的新城建设工作为都市圈的发展做出了巨大的贡献。大量的新城作为重要的节点，围绕着核心区，将都市圈系统织成了一张致密的网络。纵观近 70 年的建设历史，大量的新城发展案例为我们证明，高效率的轨道交通能够从其他区域为新城导入人口；完善的基础设施建设让导入的人口可以驻留下来；除居住以外的特色支柱产业则能够让新城真正作为必要的节点来分担核心区的功能，并与核心区产生经济和资源上的交流。依靠这三点，新城才能够维持其活力且长久发展，并成为整个都市圈发展的重要支撑力量。

三、日本首都圈规划的组织机制

在规划制定和实施工作的组织机制方面，日本首都圈的规划方针一直在跟随时代的需求而发生相应的调整。规划思想从初期的集权式方针开始，随着国土的规划阶段因经济发展因素从"开发"转向"整备"，逐渐中央放权并转变为区域自治和协作的方针。在自治型规划工作开展的过程中，当地居民对规划工作也进行了较为深度的参与。

（一）首都圈规划组织机制的沿革

日本首都圈规划组织机制的实施方针、变更原因及目的也都与都市圈的发展阶段相关。其组织机构沿革可以根据历次首都圈基本规划大致分为四个时期，分别为首都建设委员会时期、首都圈整备委员会时期、国土综合开发厅时期和地方自治与区域协调时期。

1. 首都建设委员会时期

首都建设委员会成立于 1950 年，成立目的是为东京能够尽快从战争的破坏中获得恢复和发展。该机构以美国的独立管制委员会为样板而设置，由建设大臣、众议院议员、参议院议员、东京都知事、东京的议会议员及学术界代表共九人组成，并下设事务局。其主要职责是制定东京都内需要实施重要设施的项目规划，推动项目实施，并向中央政府、相关地方公共团体、相关企业提出规划及建设建议。该机构是一个具有较强独立性的咨询、协商机构。

该机构的工作范围仅限于东京都内，但是自从 1956 年后，以"首都建设规划"和"首都圈构想草案"为代表的一系列超出东京都行政区域和法定规划范围的规划方案被提出，而为了实现这些规划设想，需要进一步扩大规划范围，并建立与之配套的项目实施制度。为了能够有效地跨区域协商，首都建设委员会的职责范围需要相应扩张。

2. 首都圈整备委员会时期

1956 年，随着"首都圈整备法"的公布，首都建设委员会正式更名为首都圈整备委员会，并成为总理府的下属机构，施政范围和职责权限均为应对规划需要而得到了相应的加大。其施政的空间范围扩大到 1 都 7 县，并确立了基本规划、整治规划和项目规划三段式的规划体系，以确保宏观规划意图能够有针对性地落实到地区规划和各个开发项目中。

这一改变使东京地区的规划真正进入首都圈规划时代，其规划性质从城市规划升级成为区域性规划，并开始发挥在跨行政区域范围的开发活动进行政治协商的政策性作用。与首都建设委员会时期相比，首都圈整备委员会是一个区域规划协调机构，需要关注的将不仅仅是东京都内部的规划和发展问题，而是成为了东京都与相邻三县协商讨论和决策的公共平台，也在地方政府和中央各省厅之间起到了积极的沟通和协调作用。

在这个时期，首都圈整备委员会完成了第一次和第二次首都圈基本规划，通过建立一系列规划制度和开发政策，引导了 20 世纪 50~70 年代首都圈城市建设的有序发展。

3. 国土综合开发厅时期

1974 年，国土综合开发厅成立，国务大臣担任长官，负责协调各省厅与国土开发政策有关的项目，推动政策落实。国土综合开发厅包括首都圈整备委员会以及各地方都市圈整备总部，还新设立了名为"大都市圈整备局"的执行机构来具体负责各大都市圈的规划编制和实施协调。

落实到首都圈方面，与都市圈整备委员会相比，大都市圈整备局的机构规模大幅度减小，但因其直属于国土综合开发厅，并设有专任大臣，使大都市圈整备局的职能还包括了为改善大都市功能来制定政策，并增加了与协调和开发大型项目有关的行政权限。在这一阶段，国土综合开发厅完成了第三到第五次首都圈基本规划的编制和实施。

与都市圈整备委员会不同，国土综合开发厅是隶属于中央政府的一个部门，其职责从咨询委员会已变更为行政机构，首都圈区域性规划的编制和规划协调只是其众多职能中的一部分。大都市圈整备局虽仍然负责规划编制和实施协调，但其与首都圈内各级地方政府之间的关系与之前都市圈整备委员会时期相比有较大的不同，与地方政府之间的平等关系转为上下级关系。大都市圈整备局制定政策时的思考定位，开始向从国土开发的角度来确定首都圈的功能和发展方向倾斜。规划机构的改变与日本及首都圈在这段时间的发展状态有极大的关系。经过前三次规划，整个日本在经济高速发展的影响下，从过去的东京、大阪及名古屋三大都市圈的形态逐渐变为东京"一极集中"的形态。东京圈的发展水平及收入水平与其他地区的巨大差异，吸引大量产业及人口向东京圈集中，导致整个日本的经济发展水平严重不均衡，但同时东京圈又面临严重的基础设施服务不足。为了改善这一问题，制定首都圈规划时需要考虑的已不再仅仅是一都三县本身，而是在整个国土开发框架中对首都圈和其他都市圈做系统性的定位。

国土综合开发厅的成立，对提高区域性规划编制和实施的效率起到了积极作用，使区域规划与全国规划能够保持统一，也为重大项目的实施提供了资金和制度的双重保障。但"自上而下"的决策导致区域性微观层面的针对性降低，地方政府权限受限，中央政府解决地方性开发问题的效率大大降低。

由于中央政府与地方政府之间的矛盾日益突出，区域性规划的机构体制在进入 21 世纪后又发生了新的变化。

4. 地方自治与区域协调时期

进入 21 世纪，在经历过五次规划后，日本及首都圈的发展环境又发生了历史性的变化。在经济高速发展的时代，一些在区域内部微观层面产生的问题，会被宏观经济的增长所掩盖，但当发展速度降下来以后，这些被掩盖起来的问题开始显露并变得严重，在首都圈乃至日本整个范围都显示出由于经济泡沫破裂、人口增速放缓、老龄化及城市低效率开发所带来的环境劣化、城市居住条件劣化和城市空洞化等一系列问题。

在介绍首都圈历次规划时，我们提到，为了应对这一系列问题，规划思想在两个层面发生了较大的变化。在物理层面，日本在全国层面的国土规划思想从"开发"逐渐向"整备"转变，即从增量开发向存量开发转变。在思想层面，首先承认了东京核心圈作为要素配置中心和经营决策中心的属性，为确保东京核心圈在世界经济环境中的重要地位，需要强化在其特色产业方面的资源聚集能力，而不是限制或强制分配资源。为了维持和刺激首都圈其他地区的经济活力，需要各地区根据自身特色和优势来发展有别于东京核心区及首都圈其他地区的特色产业，从而吸引相应的人口资源。这种地区间的产业差异，可以使核心区与其他地区产生经济和资源的对流，刺激都市圈蓬勃发展。

相比过去"自上而下"形式的宏观规划，针对区域特点的偏微观层面的规划，则是当前阶段日本社会发展所更需要的。因此，地方政府自治性规划的重要性逐渐显露出来。然而不可否认的是，在都市圈发展过程中，如环境、交通等问题均逐渐跨越都县的行政界线向整个都市圈范围扩散。依靠某一个地方政府单打独斗或仅仅依靠地方政府进行简单的协调已经难以解决这些问题，需要突破现有机制，探索新的行政手段和方法。这些新方法包括但并不仅限于设立协议会、不同区域共同设置机构、交叉委托事务等。此外，还有一项重要的代表性措施，即从 2004 年开始，中央政府不再编制全国性的国土开发规划。在区域开发中，中央政府的直接干预将更多地转变为间接的政策引导和协调，而区域开发中的规划协调将主要依靠地方政府间的沟通和交流。

（二）规划中的公众参与制度及机制

在日本的规划体系中，基本可以自上而下分为三个层级，分别是中央政府、都道府县和市街村。在强调区域自治的整体环境下，对于市街村一级的规划，公众对其制定有很深程度的参与。

《城市规划法》为公众参与区域规划提供了权利依据，并且在区域规划过程中，政府为公众参与制定规划设计了一套较为全面的制度，如图4-3所示。接下来我们分三部分内容介绍公众参与制度中各部分的详细内容。

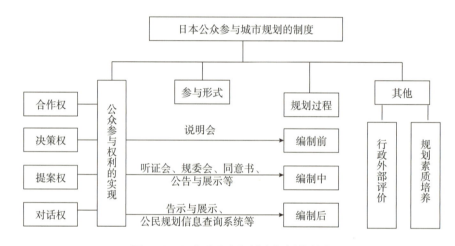

图 4-3　日本公众参与城市规划的制度

资料来源：作者自行整理。

1. 公众参与的权利及实现

（1）合作权。对于一般性区域的规划，公众享有合作权。政府的城市开发建设会充分尊重公众的意愿与诉求，提供市民参与的机会与渠道，与居民面对面的协商讨论。政府的动机在于，当地居民相比专业的规划人员，对规划区域具有更深厚的感情和更充足的历史理解，因此当地居民的参与更有助于修正专业人士编制的规划。

（2）决策权。对于一些特殊区域，若大规模地牵涉到当地居民的利益，则当地居民对规划方案具有决策权。市政府在规划的编制过程中需要充分考虑居民的意见，编制成果须经过居民同意方可通过。

（3）提案权。提案权是正式的建议权，有完善的手续流程。一旦满足受理条件并进行了受理，政府必须为居民做出书面的方案设计图并按照流程进行评估是否可行。若论证可行，则启动程序以满足居民的发展诉求；若论证不可行，则以书面形式答复居民。

（4）对话权。主要指公众与市长的对话权。在一些城市，政府会定期在固定的时间地点组织市长与市民的对话会议。通过市长与民众不断沟通的形式，使城市规划逐步发展为与城市居民都相关的工作，使基层规划成为合作式的规划。

2. 公众参与规划的过程

（1）规划编制前。当地政府派遣项目的负责人员到当地召开多次"公众说明会"，对项目的基本情况进行说明，征求居民意见，进行多次修改直到居民基本满意为止。至此，方案可以进入听证会及专业机构的审议会评审阶段。此阶段是政府与当地居民达成协议的过程，往往是整个项目报建过程中耗费时间最长的环节。为了方便居民最大程度参与，政府通常会在不同的区域连续召开几场说明会。

（2）规划编制中。在规划编制过程中，当地居民对流程主要有四个参与形式。一是举办听证会，在全市范围内听取居民意见并进行记录，之后从专业角度判断意见的可取与否。二是召开规划委员会，并向社会公示除涉及国家机密以外的所有会议内容。三是在开发商对土地开始开发建设前，向规划部门提供对象土地内所有相关利害关系人签署的同意书，并鉴定为真实可信后，方可开始开发活动。这道程序可以有效避免由于开发商造假而带来的后续矛盾，可以有效提升开发建设效率。四是在展示馆或市政大厅等地向来访居民公示规划方案，来访居民需要登记并承担监督政府依法施政的证明人的责任。

（3）规划编制后。规划编制结束后，在建设开始前，当地政府仍然会对最终的规划结果做出公告与展示，通过两个途径。一是在展示馆或市政府等地对居民进行为期约半个月的公示，同时还会对参观者进行登记。二是将最终的规划方案电子化，并存储在专门的规划信息查询系统中。市民可以通过当地政府的门户网站进入该系统，并详细查询规划的内容。

3. 辅助措施：外部行政评估与规划素质培养

行政评估包括事前、事中和事后三个阶段，而外部行政评估的外部是相对于政府部门自身的评估，由政府以外的市民或专业机构作为行政评估的一部分主体。通过规划满意度问卷调查的形式，对正在开展的重要规划进行民意评测。通过对评测结果的分析来发现问题和诉求并修改下一步的行动计划。

由于《城市规划法》为居民提供了参与和监督规划过程的权利，同时规划前期的数次说明会又是规划过程中最耗费时间的流程，为了提升居民的参与性和规划说明会的效率，日本在培养居民的规划素养方面做出了较大的努力。对于成年人，主要以讲座的形式让市民学习规划知识，了解城市的发展动向并对城市建设发展提出诉求和意见。对于未成年人，则主要是在中小学开展规划课程，或者通过政府组织开展的规划参观活动，或者通过学校向市政府申请开展某一主题的专题讲座，用通俗易懂的语言引导学生了解规划的意义和实施方式，并形成正确且良好的规划概念。通过针对不同年龄层的有专业水准的规划教育和交流，日本的公众能够对城市规划进行更有效率和效果的参与。

四、对中国城市空间规划与建设的启示

东京首都圈的规划与建设成果，对我国都市圈的规划与建设工作有重要的启示意义，主要体现在几个方面：

（1）法令法规和操作规范的制定。日本政府从宏观和微观层面，分别制定了相应的法律法规，以便对规划工作进行指导和约束。在宏观层面，《国土综合开发法》和《国土形成规划法》代表中央政府从国家发展战略层面，对国土的有效利用提出了指导方针。在微观层面，《首都圈建设法》和《城市规划法》则对具体的操作方法制定了规则规范。同时，微观层面的规划工作还强调当地居民的参与，通过较为完善的参与规范的支撑，使规划与开发工作能够在满足当地居民需要的前提下顺利实施下去，减少不必要的矛盾与争端。

（2）都市圈建设是我国城市空间建设的必经阶段，也是目前应当所处的阶段。日本在经过高速发展阶段后，同样面临了"大城市病"的问题，在经过连续两次规划，才真正证明了核心区＋节点城市＋轨道交通网络的都市圈结构，是有效解决"大城市病"，推动城市化发展迈上新台阶的不二法门。东京首都圈在世界环境中展示出来的经济地位，也证明了这一点。我国目前刚经历了经济高速发展和城市化快速发展阶段，并到达了平稳发展阶段，也遭遇了一系列"大城市病"带来的问题。为解决这些问题，同样应当建立由核心区、节点城市和轨道交通网络构成的都市圈系统。

（3）新城建设是建设都市圈的重要环节，而基础设施的建设、支柱产业的扶植和轨道交通的建设是重中之重。都市圈内的新城对于核心区的非必要功能有重要的疏解作用，从日本新城建设的典型案例来看，发达的轨道交通可以把人口高效率地导入到新城中，完善的基础设施建设可以帮助来新城的人更好的留在当地，而最后属于新城的有地方特色的产业，能够让更多在新城长大的年轻人留在当地，刺激当地经济发展。

（4）我国虽然幅员辽阔，但其实可用于城市建设的土地数量并不多，应当提高土地利用率。一方面对于未开发的土地应精细规划，另一方面对于已开发的区域应当进行修复。同时，都市圈系统的建设，是延续和提升系统内城市活力的关键手段。

专题五

发达国家城市群治理经验与启示

摘要 ◀

　　城市群内部协同、跨区域治理是影响城市群空间组织形态演进、产业链布局以及整体竞争力的重要因素，如何着力提高城市群治理效能、合理构建跨区域协调发展机制、有效推动城市群一体化建设，已成为各国学术研究和政府关注的焦点议题，也是我国当前和今后一个时期城市化发展的重大任务。本章深入分析了以日本首都圈为代表的"中央主导+广域治理"的混合协同、以德国柏林—勃兰登堡地区为代表的"州际联合+集体选择"、以美国大都市区为代表的"功能组织型+问题导向"等极具代表性的城市群治理模式，阐述了各国家开展跨区域合作的组织结构、职能设置、运行机制和改革动向等成功经验，并总结了国际城市群治理过程中央与地方的集权与分权、兼顾中心城市与成员公平、平衡多方参与与执行效率等面临的关键挑战和突出问题，最后根据我国国情和城市发展阶段提出了构建多层级治理结构、因地制宜选择协同机制、动态容错的渐进式变革等六大建议。

随着经济全球化的深入发展和区域一体化的深度推进，城市群成为推动国家经济发展的增长极和重要空间载体。城市群内部协同、跨区域治理是影响城市群空间组织形态演进、产业链布局以及区域经济高效健康发展的重要因素。如何着力提高城市群治理效能、合理构建跨区域协调发展机制、有效推动城市群一体化建设，已成为各国学术研究和政府关注的焦点议题，也是我国当前和今后一个时期城市化发展的重大任务。

发达国家在城市群建设和发展的过程中进行了有益探索，取得了一些成功经验，如日本东京城市群"中央主导＋广域治理"的混合协同模式、德国柏林—勃兰登堡地区的"州际联合＋集体选择"模式、美国纽约城市群非政府性质城市间特别管理模式及华盛顿大都市区地方政府联合组织模式、英国伦敦城市群的大伦敦政府协调模式等。

一、国际城市群治理的典型模式

（一）"中央主导＋广域治理"的混合协同模式——以日本首都圈为代表

以东京首都圈大行政区为代表的治理模式最重要的功能就是以中央为主导、首都为中心、带动边缘的跨域协作（见图5-1）。日本首都圈是根据日本地方自治法律建立的地区公共主体，对23个特别区、城市和乡村进行统一管理，具有特别行政权力。

1. 立法先行、中央主导，形成有效的区域协作管理机制保障

1956年4月日本制定出台了《首都圈整备法》，以东京都为中心，把围绕周边的七个县划为一体化区域，以此推进综合性的首都圈建设。同时建立了推进与协调的实体机构"首都圈整备委员会"，该委员会是总理府的外局行政机关，国务大臣为委员长。并陆续制定和颁布了《中部圈开发整备法》和《近畿圈整备法》，以保证这种协作和管理的效力。

依据《首都圈整备法》，日本自上而下地优化首都圈的开发格局，陆续制定了五次《首都圈基本计划》。前两轮规划的主体为"首都圈整备委员会"，属于中央直属的行政委员会。第三轮规划开始，规划的主体调整为中央行政机构"国土综合开发厅"，其下属的

机构"大都市圈整备局"具体负责各大都市圈的区域规划编制和实施协调。2000年国土综合开发厅并入国土交通省。

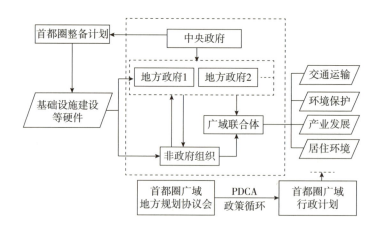

图 5-1　日本东京都市圈广域规划治理模式

资料来源：苏黎馨，冯长春.京津冀区域协同治理与国外大都市区比较研究［J］.地理科学进展，2019，38（1）：15-25.

日本首都圈规划工作主体的变迁，意味着要在整个国土开发大战略中考虑首都圈的战略定位、规划方向与建设问题，背后体现的是广域行政的管理重心从地方逐步向中央转移的趋势。该变革对于提高跨区域规划编制的客观性和操作效率具有积极意义，但不可避免的是，这种中央主导的"自上而下"的体系代替区域"横向协调"关系后，可能出现偏重宏观战略、微观尺度重视不够等问题；另外地方政府的权限受到一定程度的压缩，在某些方面可能会降低跨区域治理的效能。在这样一种大背景下，第四次、第五次首都圈规划从"解决问题型"向"政策引导型"和"政策调整型"转变，其核心作用是为各府县等地方政府的发展提供战略指导方向。

2. 动态调整、试错探索，根据地域特色和发展阶段制定合理的城市群发展规划

日本首都圈空间组织形态的演进，从开始的"一极单核"发展思路向"多心多核"转变，这不仅受到了经济环境、文化变迁、人口迭代等客观因素的影响，更为重要的驱动力是《首都圈基本计划》等相关制度性约束，其中较为关键的一点是，这种制度和规划是一个不断试错、动态调整、有借鉴有创新的过程。

第1版的日本首都圈规划，主要借鉴了英国大伦敦规划的理念，如沿着城市中心区划定绿带，但是实践证明，在政府治理制度、土地所有权、社会文化观念迥异的背景下，这种模式和理念难以实施。经过不断探索后，日本创新性地提出并实施了轨道交通引导城市开发的模式，能够更好地根植于地域特色，并有效引导了区域空间结构演变。根据本土情境和不同的发展阶段，在经历了五次规划调整后，东京城市群经历了从集聚、到扩散、到再集聚的动态变化过程。

3. 均衡诉求、混合协同，构筑地方自主议政的广域治理综合平台

随着东京都市圈的快速发展，首都圈内部的主要自治体期望在更加微观的规划尺度和具体问题上提升跨区域治理的效能，克服传统府际关系中"自上而下"管理的局限性，防止政策层面"一刀切"，在此背景下构筑一种典型的广域联合治理模式"九都县市首脑会议"。"九都县市首脑会议"又被称为"首都圈峰会"，是由东京都市圈一都三县（东京都、神奈川县、埼玉县、千叶县）知事以及五个政令制定都市（横滨、川崎、千叶、埼玉、相模原）市长参加的跨行政区域协作机制和自主议政平台，是"在行政层面进行顶层设计、推动协同发展的主要运营平台"。

从组织体系上，这种广域联合治理是通过首脑会议、部局长会议和各县市相关机构共同实现的；首脑会议由九都县市轮流举办，按照顺序每年更换议长（东道主），每年举办两次正式会议。例如，2016 年 10 月在横滨市召开的第 70 次首都圈峰会首脑会议上，提交了包括《关于育成和整备业务核心都市的申请书》等多份请愿书，向总务省、财务省、国土交通省建议推进"展都"和"分权"为基础的首都圈整合，期望通过培育周边功能型节点城市，缓解东京一极独大的突出问题。

从运作流程上，专项提案或者共同行动决定由成员县市首脑以及经济界和学术界的代表协商形成；议长负责上传下达，将专项提案提交中央相关部门，同时将行动决定下发给"首都圈峰会"相关委员会，委员会联系成员县市的具体部门贯彻执行。通过沟通、协商、反馈、执行的系列步骤，构筑了大都市圈广域联合治理的基本路径。

从协商事项上，包括城市抗灾应急等超出单个自治体成员应对能力范畴的问题、产业人口等自治体成员互有利害的问题、环境保护等需全体自治体成员共同应对的问题等类型。例如："防灾·危机对策委员会"下设地震防灾·危机对策部会、共同防灾对策训练部会以及新型流感等传染病对策部会；为加强首都圈中小企业竞争力，建议成立了产业技术分享中心。东京都市圈的广域联合、自主议政平台为大都市圈的区域协同发展提供了新的模式和路径。

（二）"州际联合 + 集体选择"模式——以德国柏林—勃兰登堡地区为代表

1. 设立"伙伴合作"原则和"分歧台阶"制度，保障州际交互的权责对称

1996 年在波茨坦成立的"柏林—勃兰登堡联合区域规划部"是德国独一无二的跨州规划合作机构，主要工作是为柏林和勃兰登堡州两地制定共同的"州联合发展程序"和"州联合发展规划"，跨区域合作机制的主要目标是"平等分配发展机遇及潜力、强化共同的经济需求、促进两州的共同发展、保护生活依赖的自然资源、增进区域竞争力"。

德国的空间规划在基本法之下基本形成了"联邦—州—区域—地方"四级法律法规体系，空间规划体系层级与行政体系层级基本对应，"柏林—勃兰登堡联合区域规划部"（以下简称"联合规划部"）的设立并没有增加一个新的层次，而是在已有的"州"规划

层面上实现区域之间的协同合作。"联合规划部"下设九个办公室，其中七个由勃兰登堡州负责，两个由柏林负责。为了最大限度地保证规划决策的公正性和平等性，设立了特殊的"伙伴原则"，规定每个办公室的负责人和其他工作人员需来自不同的州，如土地开发相关领域的办公室由勃兰登堡州负责，其办公室主任来自勃兰登堡，办公室成员基本来自柏林。联合规划部的成员在编制上仍隶属于所在的本州，并且工资由各州承担，而联合规划部的其他运作费用则由两州平均分摊。

除了基于公平性考量的"伙伴原则"，还为了保障矛盾冲突的顺利解决设置了协调机制"分歧台阶"，当涉及两州利益的规划产生冲突时，按照逐级向上的顺序把矛盾问题交给上级交涉，共五个不同层级的"分歧台阶"，最后一关是"州规划会议"（见图5-2）。历经20多年的运行实践证明，90%以上的跨州规划问题都能在联合发展规划部内部得到解决，仅有少数冲突特别激化的问题需要两州最高决策者共同商讨。

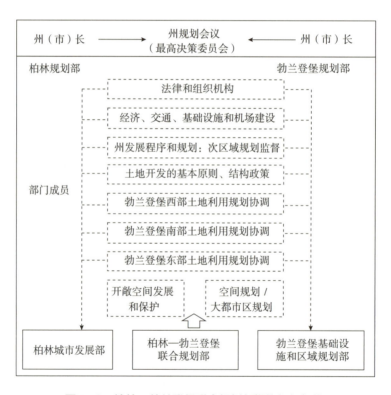

图5-2　柏林—勃兰登堡联合规划部机构组织架构

资料来源：苏黎馨，冯长春. 京津冀区域协同治理与国外大都市区比较研究［J］. 地理科学进展，2019，38（1）：15-25.

2. 在"分散式集中"基础上实施"强化优势"战略，形成"多中心＋优中心"协同发展格局

"柏林—勃兰登堡"都市区，在重点发展首都柏林的同时，还同时扶持了四个地区性

中心：法兰克福、科特布斯、波茨坦、勃兰登堡，以及两个含部分地区中心职能的次中心。为了避免局部区域资源过度集中导致"大城市病"，根据资源禀赋和地方特色，在距离柏林市中心60千米范围内的地区，选取了26个具有发展潜力区域建设居住区和经济开发区，作为一级职能中心；在距市中心60~100千米范围内设立了六个二级中心，同时还在勃兰登堡州其他县市中设立30个三级中心。多中心的分布格局，避免了柏林"一核独大"，有效疏散了首都相关产业，减轻中心城市承载压力。

但是随着全球区域竞争的加剧，人口资本等要素流动加快，过于分散的多中心格局，导致"柏林—勃兰登堡"与德国其他十个都市区相比缺乏优势，与东京、纽约等国际大都市圈相比，竞争力也不够突出。联合规划部原有的管理体制和规划系统与新的社会经济发展环境并不适配，经济发展动力的不足，使柏林—勃兰登堡联合规划部面临着巨大的改革压力。2005年开始，联合规划部对规划体系进行了诸多改革，主要体现在三个方面：一是对区域发展模式和整体战略的调整，将原有的"分散式集中"战略调整为"强化优势"战略，即从区域均衡发展转向重点扶持有潜力地区，同时根据发展现状将原规划体系中设计的152个不同等级的中心区域缩减为51个；二是对规划职能结构的调整，将原有的"中心地系统规划、柏林及近郊地区的州联合规划、远郊地区的州联合规划"整合为统一的"州联合总体规划"，防止多重规划的内容重叠、互相冲突，提高规划编制的法定性和科学性；三是对区域财政补贴政策的调整，将原有的大范围均衡分配方式，调整为有限的资金使用到最具"潜力"部门和区域中，提升财政补贴的经济效应和社会效应，以期在形成原有"多中心"的基础上，形成"多中心＋优中心"协同发展新格局（见图5-3）。

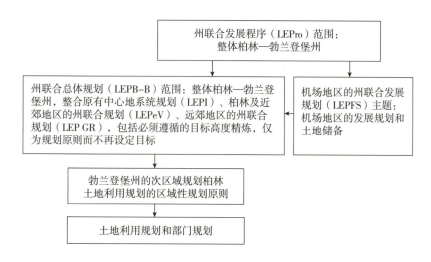

图5-3　柏林—勃兰登堡联合规划部的新规划结构

资料来源：Jan Drews. Capital Region Berlin Brandenburg Revision of Joint Spatial Planning［R］. Berlin Brandenburg Joint Spatial Planning Department：Report File，2007（7）.

3. 合理利用"集体选择"原则，解决个体动机和公共动机之间的差异

联合规划部工作涉及到的角色以及需要协调的对象极其繁多，既包括州、区域、地方各层级的行政人员，也包括企业家、学者、公众等社会人员，在具体问题上各方观点不一致甚至冲突的情况时有发生，如何合理解决个体和公共动机之间的差异、协调多个利益攸关方的诉求、提升跨区域治理的效能，是联合规划部的一项重要任务。

因此在正式的规划合作途径之外，联合规划部以"集体选择"为原则设立了诸多非正式的规划合作机制，如各类促进公众参与和社会各界进行积极对话的"论坛"，是跨域协同治理中深化交流、增进共识和解决问题的重要平台。柏林和勃兰登堡各自建立了"城市/州论坛"，两州接壤处的各地方政府之间成立了东、南、西、北四个"邻里论坛"等，不同层面的地方对话平台，在促进跨行政区协同合作中发挥了重要作用。

除了各种区域对话论坛之外，针对特殊集体问题还建立了联合办公室等协调机制，如成立联合就业办公室促进劳动力市场一体化、建立统一的广播电视系统、公共交通系统和数据统计系统等基础设施网络，加强区域内互惠合作。在"集体选择"原则的治理导向下，诸多小规模、自发式的"次区域"对话、联合办公室、一体化基础设施网络，为不同地区建立信任关系、协调利益诉求、解决实际问题提供了新模式。

（三）"功能组织型＋问题导向"模式——以美国大都市区为代表

1. 纽约都市圈为代表的非政府组织形式的管理体制

"非政府组织形式"是由区域政府通过协商，共同建立的功能单一的特别区域协调机构，主要目的是实现区域之间的资源共享，最重要的特征是不会和地方政府的权力发生直接冲突，对地方政府行政管理的不足进行有效补充。例如，成立于1929年的纽约地区规划协会，是一个非官方和非营利性的地方组织机构，其主要负责纽约都市圈的跨区域城市规划，在跨区域的协同发展中发挥了指导性作用。

更为典型的是"纽约—新泽西州港务局"模式，该局1921年由纽约和新泽西两个州共同成立，主要负责管理和协调两州区域内的主要交通运输设施，由两个州的州长和12名委员组成，自主经营、税收独立运行。纽约—新泽西州港务局作为纽约都市圈基础设施管理机构，不仅负责基础设施的投资建设，还在设施运营管理的体制改革等领域发挥了重要作用，并通过市场化运营，实现了对基础设施建设长期发展的资本支持，为公共辖区的资源一体化管理提供了新路径。

2. 华盛顿区域为代表的大都市区地方政府联合组织

大都市区的地方政府联合组织是美国区域一体化实践中最有效也最具特色的机构，由城市群内部成员自愿组成，具有官方行政色彩，该模式得到联邦政府和州政府的明确支持。华盛顿大都市区以哥伦比亚特区为核心，空间范围主要包括弗吉尼亚州、马里兰州等在内的15个区域，人口规模在美国大都市区里排名第四。成立于1957年的"华盛

顿大都市区委员会"是华盛顿大都市区的政府管理机构，也是美国大都市区中第一个成立的一体化正式组织。在该组织财政来源中，由联邦和州拨款占比60%，地方成员政府分摊占10%，契约费占30%。虽然华盛顿大都市区委员会由县、市政府自愿组成，并无执法权力，但较好地协调了区域一体化发展的战略规划以及公共交通、环境保护和垃圾处理等具体的跨区域问题（见表5-1）。

表 5-1 美国大都市区模式典型的政府职能分工体系	
上层（大都市区政府）	下层（市）
战略规划	教育
公共运输	环境卫生
消费者保护	住宅
消防	地方规划
公路和交通	地方街道
警察治安	社会服务
垃圾处理	垃圾汇集

资料来源：张晓军，潘芳，王伊倜.特大城市地区规划管理的垂直与分级特征解析——国外特大城市规划管理的经验及启示［C］.规划创新：2010中国城市规划年会论文集，2010.

3. 区域温室气体减排行动为代表的特殊问题联合治理组织

特殊问题联合治理组织是一种为解决环境保护、垃圾处理等单一问题的专业管理机构，这种模式的重要前提条件是美国各州具有立法权力，城市群内的政府间合作组织可以通过协商，在各州颁布法律来维护区域内的整体发展成果，如环境质量委员会等治理组织，可以提交空气净化法、清洁水法等建议，各州通过立法后能够更加有效地解决具体问题，这是一种典型的"自下而上"的地方政府协同模式。

美国区域温室气体减排行动（RGGI）即是通过该模式构建的跨区域联合治理制度。2005年9月20日，RGGI相关的九个州发布《谅解备忘录》，该文件构成了各州地方合作的基本法律基础。在控排规划层面，备忘录中明确提出了未来10年的总量控制目标，并对长期减排目标进行了框架性规定。在机构设置上，各州授权成立了具有公共管理性质的RGGI有限公司，该公司属于非营利性质，各州所属环保和能源利用公共管理部门的负责人参与组成公司董事会，其设置的主要目的是运作、执行和监督区域总量控制与排放交易体系，RGGI的具体职责包括排放信息的统计、信息平台的建设、交易平台的构建以及技术支持等。其有效弥补了跨州层面联邦治理机构的不足，同时降低了单一州跨区域的协调成本。

二、国际城市群治理探索中面临的关键挑战与突出问题

(一) 中央与地方的集权与分权

城市群的跨域治理需要充分发挥中央和地方两个方面的积极性，如何在中央与地方关系中寻找一个合适的"度"是国际性难题。日本首都圈的规划建设变迁和体制改革历程，为城市群治理的央地集权分权问题，提供了一个长期观察的窗口（见表5-2）。例如，承担规划工作的主体部门从首都建设委员会到首都圈整备委员会再到国土综合开发厅，机构性质从一个"公共平台"转变为中央政府的行政单元，机构功能从"沟通纽带"演变为顶层设计的战略部门，其所着眼的问题不再局限于首都圈本身的发展，而是在整个国土开发框架和国家区域战略中谋划首都圈的规划与建设方向。

表 5-2　城市群治理央地集权分权问题

典型城市群	措施
日本东京都市圈	推行地方分权改革，纠正东京一极集中，创造出多样且具有活力的地方经济圈，形成多极分散型的国家样态
柏林—勃兰登堡地区	"柏林—勃兰登堡联合区域规划部"作为两州之间的决策合作机构，是德国独一无二的跨州区域规划平台，具有直接的政治权力来制定和执行联邦州层面的规划决策，责任、收益与成本由两州平等担负
大伦敦都市区	在中央政府的调控下，通过举办地方政府峰会、建立政治领导小组、官员联络小组等机制，加强跨域协同事务的沟通、组织和领导

资料来源：作者自行整理。

通过日本首都圈的实践和探索，可以看到随着广域行政的管理重心从地方逐渐向中央转移，确实对提高跨区域规划编制的权威性、提高规划实施的效率具有积极意义，但是当中央主导的"自上而下"式关系取代府际协调的"横向沟通"关系之后，地方政府的权限不可避免地受到压缩，在一定程度上降低了跨域治理的效能，同时战略规划过于侧重顶层设计，可能出现重宏观而轻微观等问题。在这种背景下，"九都县市首脑会议""关西广域联合"等以区域内主要自治体为成员跨行政区域协作为主要目的的平台应运而生。日本首都圈的广域联合治理模式，以自治体合并和机构重组的方式来充分发挥区域治理的规模效益，在一定程度上扩大了地方的自治权，更加强调地方自治体在规划协调落实中的地位和作用，释放了地方处理微观层面公共问题的活力，也成为"中央主导"模式的有益补充。

(二) 兼顾中心城市与成员公平

为了获取区域内有限的资源，地方政府往往实行地方保护主义，人为制造区域一体

化的障碍，甚至展开恶性的竞争，在浪费政府有限财政资源的同时，助长地方主义的盛行。以中心城市为发展核心的都市圈模式是城市群的典型形态，如东京都市圈、大伦敦城市群等中心城市与其他成员的政治地位和经济水平存在严重的不对称性，可能影响到协同治理的公平性。大伦敦城市群泛东南区域的地方政府众多，各自有各自的利益，区域分割不可避免带来诉求的分化，在协同治理的过程中，伦敦由于其特殊的中心地位，发展诉求的权重会被放大，一些重大的跨域基础设施规划会变成以伦敦为中心的解决方案（见表 5-3）。

表 5-3 城市群治理府际关系问题

典型都市圈	主要事件
日本东京都市圈	各种资源要素持续向东京集聚，东京一极独大。成立"九都县市首脑会议""关西广域联合"加强东京周边城市话语权
柏林—勃兰登堡地区	柏林—勃兰登堡合并议案破产，反对声音主要来自于勃兰登堡州，不希望柏林为了自己的好处，将权力扩展到行政边界之外
大伦敦都市区	位于大伦敦空间范围内或与大伦敦毗邻的地方政府，都需要考虑或顾及大伦敦空间发展战略

资料来源：作者自行整理。

以我国京津冀一体化治理为例，府际协同目的在于解决区域性公共问题，保证利益共享，但实践中，由于三地行政地位的差异、发展水平的差异，出现了某些方面的利益单向流动的迹象。例如，经济要素不可避免地流向能发挥其最大效用的北京、天津两地，而河北省往往成为生产要素提供者的角色。这种行政地位的差异直接或间接地造成了区域协同主体之间话语权和资源获取权的差异，导致河北在京津冀一体化发展中被动地处于"从属地位"。

（三）平衡多方参与与执行效率

多数跨域协同中土地利用、基础设施规划不仅需要征求毗邻政府的意见，通常还要向社会征询意见，但是不可避免地会遇到社会反对声音较大的情形，为保证公正和体现民主，公开征询时间会较长。例如，英国横贯铁路希思罗机场终点站的选址问题，向社会公开征询意见的时间长达 3 年，英国中央政府和伦敦市赋予横贯铁路有限公司很高的自治权，也导致政府无法有效管理这家耗费巨额公共资金的公司（见表 5-4）。政府如何对社会力量、第三方机构的适度授权和有效监管，也是国际城市群治理面临的难题。

表 5-4　城市群治理公平效率问题	
典型城市群	**主要事件**
柏林—勃兰登堡地区	强调规划群体平等性，决策只能在相互同意的基础上形成，降低了决策速度和战略回应，如柏林勃兰登堡机场启用时间比计划晚了 9 年
大伦敦都市区	156 个地方政府加上中央政府各职能部门、参与其中的企业，每一项协同规划都会面对众多的利益相关者，希思罗机场终点站选址公开征询意见时间持续 3 年
纽约大都市区	区域内的自治市等政治小单位多达 1400 多个，独立而平等的政治小单位使合作变得非常困难

资料来源：作者自行整理。

由于城市群的建设发展本身就是一个跨域协作的过程，在基础设施建设、环境治理等某些方面，可能与个别区域或群体的自身利益有所冲突，这就要求有更高层次的机构或者中央政府层面在治理中发挥顶层设计和合理引导的作用，促使城市群的综合社会效益得到最大释放、区域竞争力得到整体提升。

三、国际城市群治理对我国的经验和启示

从国际经验来看，各地区城市群治理模式的选择受到多种因素的影响，如本国行政体制、规划体制、地方政府职能、城市群各区域的人口规模等。当前形成了多种典型的治理模式：既有传统区域主义所倡导的"中央集权式"，也有大伦敦都市区式的"大城市政府"，以及柏林—勃兰登堡地区"网络式多中心"的实践探索。同时各个城市群的治理模式不是一成不变的，而是根据实际发展阶段的变化和治理理念的进步有调整、有改革、有创新，这为各国的区域一体化协同模式提供了经验。综合以上研究，从国际经验和演变趋势上来看，根据我国行政体制特点和区域发展特色，对于城市群的协同治理可重点关注以下方面：

（一）构建多层级治理结构是推动城市群协同治理的基础

城市群主体与中央政府之间的关系是城市群协同治理的第一层级结构，也是最重要的关系。中央政府作为区域治理的决策引领者、制度供给者和利益协调者，通过科学合理的政策程序和制度建设，促进区域发展与国家整体战略的相互契合与良性互动。最为典型的是日本首都圈"法规先行"的模式，日本政府前后共制定了十多项相关法律，明确地将东京都与周边地区作为一体化的区域设定为法定规划对象，同时将东京都的区域规划和跨域治理上升到国家战略层面，通过中央一级规划统筹机构"首都建设委员会"的设立，开启大都市圈发展阶段。

城市群内部各制度化行为主体之间是第二层级治理结构。如果是基于行政地域的法定管辖权限，有各自清晰的权力边界和行政分工，应以行动主体各自权力的政治合法性边界和宪法保障的权力分配关系为基础，强调制度化、专业化和行政区结构的职责权限。如果是基于任务型的功能性治理，各制度化行为主体之间可以问题为导向，通过政策工具来构建多元化的区域弹性治理机制，共同解决区域府际合作的公共性事务问题。

区域内部各制度化与非制度化行为主体之间的互动关系是第三层级治理结构。跨层级多元行动主体之间，除了要依赖于"功能性制度"的渐进生成，还要依赖于"共同体价值"非正式制度的培育。例如，在大部分城市群的治理体系中，既有行政背景的区域规划委员会，也有城市之间组成的城市联盟，以及各类非政府组织，不同治理主体组成的正式组织和非正式组织通过互动与协调，共同对城市群的发展发挥重要作用。

（二）建立实体机构、健全协调机制是保障治理有序有效的必要前提

城市群是由多元的利益主体组成的，各个主体都会最大化地维护自身的利益诉求。在城市群协同治理的过程中，从决策、实施再到监管均需要各利益主体之间的沟通与协商，为及时地解决各种矛盾和冲突，建立实体机构，协调地方合作已成为多数区域的选择。多国实践经验表明，一个相对稳定的协同机构能够持续发挥合理统筹、承上启下的作用，如日本东京首都圈的广域地方规划协议会、柏林—勃兰登堡地区的联合规划部等。

需要健全协调机制、明确无法达成共识时的解决途径。例如，日本首都圈广域行政体内部成员可参与对方活动并有劝告权；柏林—勃兰登堡地区合署办公的同时相互约束，"分歧台阶"制度可及时、有效地解决冲突；治理过程则需要科学、定期、动态地进行评估与监督，日本东京首都圈的 PDCA 模式最为典型。

当前我国的城市群协作治理方式通常是以发布政策文件、召开协商会议等相对松散的模式，如《京津冀协同发展规划纲要》作为顶层的综合性区域规划，虽然提出了区域协同、制度创新等要求，但是在治理体制、实施路径、监督机制等方面缺少细则，同时地方层面的协同发展领导小组是以行政区划为单元设立的，本质上相对独立而非融合发展。在实践过程中缺少专门的责任主体发挥承上启下的作用，纵向和横向的协调机制不成体系，监督和评估机制也不够完善，这些问题在某种程度上影响了相关规划与政策的实施效果（见表5–5）。

表5–5　京津冀协同治理与国外治理模式比较			
比较内容	京津冀	东京首都圈	柏林—勃兰登堡地区
参与主体	中央政府主导、地方政府参与	中央政府、都县政府、指定城市、市町村政府和团体、经济团体等	地方政权、地方部门代表、各类社会志愿者等
治理手段	行政手段为主	行政手段、经济手段、法律手段相辅相成	行政手段、经济手段、法律手段相辅相成

比较内容		京津冀	东京首都圈	柏林—勃兰登堡地区
协调机制	协调者	不固定	首都圈广域地方计划协议会	柏林—勃兰登堡联合规划部
	矛盾处理	不明确	广域行政体内部相互监督	分歧台阶制度
	动态监管	缺乏	PDCA 政策循环反馈模式	合署办公，相互监督与约束

资料来源：作者自行整理。

（三）城市群空间结构和发展阶段是影响治理模式选择的关键因素

从国际经验来看，影响城市群合作模式与政治体制、法律框架、行政文化等情境因素密切相关。在体制因素之外，城市群现阶段的空间结构及内部成员的经济发展差异是影响地方合作模式选择的重要因素。

与其他国家相比，我国地域广阔，各区域中心城市、城市群、都市圈所处发展阶段不同，空间结构不同、内部成员经济水平不同，决定了我国的城市群治理不能拘泥于一种模式。对于单中心或者是核心城市首位度较高的城市群更倾向于选择纵向为主导的治理模式，即中央主导建立更高层级的管理机构或地方合作的协调机构，并有一定的法律权限，是整个地区重要的管理者，如日本东京都市圈、法国里昂都市区、德国法兰克福大都市区等。相对而言，内部成员的经济发展较为均衡，以及涵盖的区域地方政府数量较多的城市群，更倾向于采用横向为主导的治理模式，如德国的汉堡大都市区、日本的札幌都市区等跨域协同治理的合作协议多数具有一定法律约束力，该模式下通过双边或多边的合作路径统筹区域发展，实现对公共事务的治理（见表 5-6）。

表 5-6　都市圈发展模式和治理模式的匹配	
都市圈模式	建议治理模式
首都区	中央主导，纵向主导
单中心经济区	地方主导，纵向主导
多中心均衡经济区	地方主导，横向主导

资料来源：作者自行整理。

（四）空间规划、交通网络是城市群协同治理的核心领域

城市群中心城市往往与周边城市的资源禀赋不同、经济基础不同、发展阶段不同，基于产业链、价值链的协作深化区域分工，着力建设微中心发展网络，提升区域的整体竞争优势是城市群治理的重要目的。日本制定《首都圈整备法》最初的目的是为了缓解东京城市功能过多、人口过于集聚和交通拥堵等"城市病"问题，从 20 世纪 50 年代起，分三个阶段打造了池袋、新宿、涩谷等七个副都心，并在东京外围地区和周边县市陆续

规划建设了多摩、港北和千叶等新城，以及八王子、川越、筑波、横滨等 22 个业务核都市，并通过高度发达的城际交通网络将各层次的节点城市相互链接，推动东京的工业、商务、行政、科研和教育等功能以东京为核心、有序疏解。德国柏林—勃兰登堡地区为提升区域整体竞争力和吸引更多资本流入，制定共同的区域发展规划和空间发展框架，大规模地推进高速铁路的建设，形成集城际高速铁路、区域快速铁路、地铁系统及轻轨系统为一体的综合轨道交通系统，促进了人口、商品、服务、资金和信息等要素的快速流动。

对比不同时期成立的城市群协调机构的主要职能，可以发现协调机构的职责范围随着发展环境的变化也在不断地调整。从国际经验来看，较高层面的协同机构所关注的核心领域集中在区域发展定位、空间规划和交通网络等方面，其中多数国家在法律层面授予了规划和交通的统一决策权和管理权；平行府际的协同更多在废物处理、环境保护等公共服务方面。

（五）动态调整、弹性容错的渐进式变革是治理实践的必然历程

国际经验表明，城市群、大都市区的治理模式和体制需要因时制宜进行变革，在经验借鉴与实践修正中不断演进。制度和模式的变化是不断试错、创新的过程，其中非常重要的一个前提是中央政府对跨域治理的探索，在政策或法律层面上给予容忍、信任和支持，或者改革的制度输入由中央政府承担，如伦敦大都市区治理体制的四次变革都是由中央政府通过法案的制定来启动的。

此外，社会变迁速度加快、要素流动加快、人口流动性增强是当前城市群发展的显著特点，这对治理体制的灵活性和开放性提出了更高的要求。例如，日本首都圈相继制定了五次《首都圈基本计划》，根据经济社会发展变化，经历了"一极单核""绿环带＋新城""分散型网络结构""多心多核多圈域"的演变，其空间结构最终呈现出集聚、扩散、再集聚的过程。德国柏林—勃兰登堡地区从 2005 年开始将区域均衡发展的"分散式集中"战略转化为重点扶持有潜力地区的"强化优势"战略，将有限资金用在最具"潜力"区域，而非大范围的均衡分配。从国际城市群治理经验来看，动态化调整和渐进式变革是共同的发展历程。

（六）引入多元化治理主体和社会力量是区域治理的重要趋势

以伦敦大都市区为例，早期跨域治理的主体是地方政府，逐步引入了企业等经济主体、非官方组织和普通公民等参与，每次地方政府峰会都会邀请区域内 11 个地方的企业伙伴参与，这使跨域协同治理更具有开放性和参与性。日本、德国、法国的首都都市圈治理体系，均形成了以中央政府为统筹主导、地方政府协作实施、社会力量广泛参与的多层关系。中央政府的关键作用在于制定基本规则，在具体实施操作层面给予地方充分的弹性空间。在地方政府协同合作方面，德国在特殊问题领域成立了地方联合机构、日

本与法国在相应法律约束下充分鼓励地方自由合作。在有效引导社会力量的参与上，基本都形成了一定的范式并长期稳定地发挥作用，如公私合作提供公共服务、提供关键技术支撑、建立平等对话机制和构建平台更好听取公众意见等。

大都市区治理的这两种趋势与以下两方面原因密切相关：一方面，参与主体和治理方式的多元化与民主趋势相契合；另一方面，城市群协同治理的领域多数集中在具有显著空间外溢性的公共事务和公共服务供给等方面，如环境保护、水治理、公共卫生、城际交通等，随着跨域治理的公共服务领域日趋繁多复杂，导致地方政府无力通过财政方式全部承担，促使政府与社会力量相互合作、采取多元方式来提供城市群发展过程中所需的公共产品。

专题六

以都市圈为战略平台参与国际高水平竞争的案例研究

摘要 ◀

　　在我国城市大型化和城市群发展的同时，都市圈化已成为城镇化空间格局的新特征，以中心城市为核心向周围辐射的都市圈，深刻影响着我国的国际竞争力。本章以纽约、伦敦、东京等全球顶尖都市圈为案例，对全球金融中心、科技创新中心、先进制造中心、贸易航运中心参与国际竞争的发展经验进行梳理。分析中国都市圈参与国际竞争的基础和潜力，认为我国都市圈规模体量进入全球前列，基础设施承载力较大，科技、人才支撑能力增强，产业体系逐步完备，金融服务能力日益提升。本章提出，未来提升我国都市圈国际竞争力，应着力提升都市圈创新能力，促进都市圈产业一体化发展，全面提升对外开放水平，完善都市圈相关政策制度。

21世纪的城市化是经济全球化与信息化推动下的城市化。全球化和信息化将不断增强全球各地区的联系。全球要素流动增长，国家界限逐渐被打破，这使城市在经济全球化中的作用越来越重要，城市间的经济网络开始主宰全球经济命脉。其中，集聚众多生产要素的大都市，在国际竞争中具有更强的竞争力。然而随着城市的不断发展和向外扩张，以中心城市为核心向周围辐射的城市集合体——都市圈，深刻地影响着各国的国际竞争力。

布鲁金斯学会研究显示，全球49.1%的GDP和66.9%的经济增长集中在排名前300的大都市圈。在日益纷繁的国际竞争中，都市圈将自身经济、产业、创新、文化和治理的发展成效扩散和辐射至全球，在提高自身节点地位和管控能力的同时，带动其他各等级节点城市的发展，并成为区域发展、国家发展的增长极，以及参与国际高水平竞争的重要平台。

在我国城市大型化和城市群发展的同时，都市圈化已成为城镇化空间格局的新特征。要素流动正在突破行政边界，人口、就业、空间、产业等多个维度都呈现都市圈化，区域联动性不断增强。本章，我们以国外都市圈为案例，梳理都市圈参与国际高水平竞争的发展经验，为我国都市圈未来发展提供经验和借鉴。

一、区域国际竞争力的决定性因素

在全球一体化的背景下，城市的要素系统相互区别，又快速流动，呈现出动态变化的特点。作为地域生产综合体，城市功能体系在产业结构集聚和优化的基础上不断演进，最终形成城市在全球价值链上的地位。全球城市竞争力是一个城市吸引、转化资源，控制、占领市场，创造财富以及为居民提供福利的能力。

（一）经济实力

城市是地域生产综合体，相比生活舒适性，经济条件仍然是人口迁移的首要因素。伦敦、纽约以及巴黎拥有为世界富人提供消费游乐场的中心城市社区，也是全球经济的主要生产中心。此外，经济和生产的发展对公共服务和城市建设水平的提升具有一定的促进作用，又进一步提高了城市的吸引力。

城市的经济实力不仅与经济规模有关，更与其产业结构相关，产业专业化的层级决定了其在全球价值链的地位。在全球化的今天，聚集在高能级城市的生产性服务业、代表着先进生产力的先进制造业，以及决定着未来发展走向的创新领域，在城市竞争力中扮演的角色越来越重要。

（二）创新能力

第一，创新所带来的技术进步是区域发展的根本推动力。不论是工业革命的英国，还是信息化时代的硅谷，技术进步带来的生产方式和生活方式的改变直接影响着城市以及全球的未来走向，因而创新要素高度密集的"创新尖峰"是新知识、新技术、新产品、新产业的策源地，也是全球发展的"新引擎"。

第二，创新具有边际收益递增的特性，是持续推动区域发展的不竭动力。传统的农业经济和工业经济以稀缺资源为基础发展，存在收益递减和增长极限，如果没有新的资源替代，发展动力具有枯竭的可能。但知识经济不具排他性，随着产品数量的增加，知识产品的成本越低，使用价值越大。因而，知识经济的发展空间更不受限，"创新尖峰"地区的发展也具有更强的可持续性。

（三）制度与文化影响力

一方面，制度和文化影响着本地区的生产方式和社会组织形式。迈克尔·波特认为，社会基础设施和政治制度是影响企业生产率的两个最重要因素。经济市场化政策、对外开放水平、城市化改革措施以及市民精神等都直接或间接地影响着城市的营商环境，进而影响着企业的生存和城市经济的发展。

另一方面，制度和文化因素对于外来人口的迁移意愿和社会融入具有重要的影响。越开放、包容的制度和文化环境对移民的吸引力越大，这也是硅谷地区拥有更多国际移民的重要原因。

（四）规则制定与控制力

对于任何一个区域而言，制度和管理环境都是决定其资源配置能力高低和配置效率的关键因素。换而言之，高能级城市除了需要具备对经济、创新、信息和文化等战略资源的配置能力外，还需要有足够的制度支持和充分的资源配置潜力来确保全球资源配置的成功以及资源配置的可持续发展。

就此而言，制度完善、总部集聚的高能级城市，在资源配置中占优。通过各个企业总部对全球企业具有控制力，进而影响着行业规则的制定、各类要素的流向，从而屹立在全球价值链顶端。

二、国外都市圈参与国际竞争的典型案例

以大城市和超大城市为核心的都市圈，已经成为全球人口最密集、经济最发达的地区，是所在国家或地区经济发展的枢纽和参与全球竞争的制高点。它们在发展过程中所表现出来的特征，以及面对的问题和采取的措施方法，对我国都市圈的发展和规划具有重要的借鉴意义。

（一）全球金融中心

金融业在各国经济中居于主导地位，金融中心指各类金融机构高度集聚的地区。自20世纪80年代以来，随着金融证券化、经济全球化以及金融管制的减弱，跨国性金融市场逐渐形成，金融业的规模、组织形式，以及金融产品与服务的供求，都快速发生着转变。生产的地域分散化和全球一体化使金融、咨询等高级商务服务业集聚在少数高等级城市中。这是因为：一方面，高等级城市大规模的人才储备会为企业寻找高技能人才提供便利；另一方面，金融等服务业对面对面交流的要求较制造业高，集聚的溢出效应也更强。

目前，国际金融中心大致分为全球性、门户型和大陆法系型三类。全球性金融中心的规模、门户作用并重，拥有庞大、全方位的金融服务、现金结算及支付系统中心，并且支持大规模本区域实体经济，以及纵深、流动性金融市场，目前仅有纽约和伦敦。门户型金融中心的通道作用大于规模经济，金融中介的资金大多为周边国家和地区提供，而不是为自身，如中国香港和新加坡。大陆法系型金融中心以大陆法系为基础，银行业间接融资重要性强于资本市场的直接融资，金融服务业规模大，但是对全球金融市场的影响力相对较小，如中国香港、新加坡和迪拜。

2019年金融业世界500强的113家，集中在北美、西欧和东亚三大板块。金融业跨国公司的总部和地区性总部集中在少数几个大城市。GFCI全球金融中心指数报告显示，2019年GFCI 26全球前十大金融中心排名依次为纽约、伦敦、中国香港、新加坡、上海、东京等，其中前两位在GFCI27中没有变化（见表6-1）。考虑到可借鉴性，我们选取纽约、伦敦、东京三大金融中心作为研究对象，对其发展路径进行分析和探讨。

表 6-1 全球金融中心评分及排名

城市	GFCI 27 排名	GFCI 27 得分	GFCI 26 排名	GFCI 26 得分	排名变化	得分变化
纽约	1	769	1	790	→	21 ↓
伦敦	2	742	2	773	→	31 ↓
东京	3	741	6	757	3 ↑	16 ↓
上海	4	740	5	761	1 ↑	21 ↓

续表

城市	GFCI 27 排名	GFCI 27 得分	GFCI 26 排名	GFCI 26 得分	排名变化	得分变化
新加坡	5	738	4	762	1 ↓	24 ↓
香港	6	737	3	771	3 ↓	34 ↓
北京	7	734	7	748	→	14 ↓
旧金山	8	732	12	736	4 ↑	4 ↓
日内瓦	9	729	26	706	17 ↑	23 ↑
洛杉矶	10	723	13	735	3 ↑	12 ↓
深圳	11	722	9	739	2 ↓	17 ↓
迪拜	12	721	8	740	4 ↓	19 ↓
法兰克福	13	720	15	733	2 ↑	13 ↓
苏黎世	14	719	14	734	→	15 ↓
巴黎	15	718	17	728	2 ↑	10 ↓
芝加哥	16	717	16	732	→	15 ↓
爱丁堡	17	716	29	701	12 ↑	15 ↑
卢森堡	18	715	25	708	7 ↑	7 ↑
广州	19	714	23	711	4 ↑	3 ↑
悉尼	20	713	10	738	10 ↓	25 ↓

资料来源：GFCI。

1. 纽约：综合类金融霸主

在 GFCI27 中，纽约以较大优势蝉联全球金融中心榜首，在商业环境、人力资本、基础设施、金融部门、发展和声誉五个因素中均排名第一，可谓全球金融当仁不让的"霸主"。纽约金融业的发展一方面得益于美国强大的国家地位，另一方面得益于纽约服务经济的高度发达，此外也与完善的金融制度密切相关。

"二战"后，美国相对国力迅速上升，成为全球经济实力第一的超级强国。布雷顿森林体系确立了美元的国际货币地位，也进一步确立了纽约作为世界第一国际金融中心的地位。

20 世纪中后期，大型跨国公司开始在全球范围内选址，将制造业部门迁至薪资水平较低的发展中国家，而将金融等总部和研发部门留在人才密度较高的全球城市。纽约的跨国企业总部经济较为发达，特别是以银行为主的金融机构向纽约集聚。以花旗银行、摩根公司为代表的跨国银行，以美林公司、摩根士丹利、野村、纽约人寿、普天寿等为代表的投资银行以及保险公司，都将总部或海外总部设在纽约。统计显示，1965 年纽约制造业贡献了当地约 1/4 的就业人数，1988 年该数值下降至 10% 左右，2000 年时进一步降低至 6.6%。然而同期生产性服务业就业人数却从 95 万增至 203 万，占就业人口的比重从 25% 升至 62%。

此外，在纽约的金融业发展之路上，从来不乏创新的身影。1829 年纽约创立安全基金制度，保护债权人在银行破产时免受损失。1838 年纽约创设"自由银行制"，避免行政审批阻碍银行的发展。1853 年纽约清算公司正式成立，最早建立起方便、快捷、安全的清算制度。20 世纪 80 年代初，为改善"二战"后资金外流的状况，美国建立了离岸金融市场，保持住了美国包括纽约的金融国际竞争力。1981 年底到 1983 年 7 月不到两年的时间，已有 400 多家银行建立 IBFs（International Banking Facilities），其中纽约超过 3/4。

2. 伦敦：外汇与财富管理中心

伦敦是世界上历史最悠久的金融中心，拥有全球最先进的交易设施，大批专业的金融人员，以及相对完善的监管体系，在 GFCI 中排名第二。几乎所有的国际性大银行都在伦敦金融城中设有分支机构。

伦敦是全球最大的外汇中心，也是世界上最早形成和发展的外汇市场。早在"一战"之前，伦敦外汇市场已初具规模。20 世纪 70 年代，英国全面取消外汇管制，伦敦外汇市场迅速发展，到 2016 年，伦敦外汇交易额已占全球市场的 36.9%。伦敦除了是世界上最大的人民币离岸外汇交易中心，也是美元、欧元的全球交易中心。

据金融历史显示，成为国际金融中心需要韧性，从而让投资者确信资产的安全性，这样的韧性来自于强大的国家经济、法治和健全的机构支持。在此方面，英国拥有稳定的宏观经济环境、欧洲经济大国中最低的税率，以及各类官方引资机构，从而能尽可能满足投资者要求。从保护债权人权利的角度，英国在世界上排在第 19 名，法国排在第 79 名，德国排在 28 名。

由于金融发展环境优良，伦敦成为全球投资者和居民满意度最高的城市，拥有大量的高净值人群。据 Wealth Insight 数据显示，2015 年全世界资产净值在 3000 万美元（约合 2070 万英镑，且不包含他们的主要住宅价值）及以上的超级富豪中，有 4400 名居住在伦敦，稳居全球第一（见表 6-2）。一方面，丰富的教育资源、文化娱乐资源，较高的绿化覆盖率、便捷的交通、发达的旅游产业、高品质的医疗服务为全球超级富豪提供了世界一流的生活保障。另一方面，不断流入的高净值人口又能够为全球富豪的资产提供稳定的保值升值后盾。

表 6-2　全世界资产净值 3000 万美元以上（不包含主要住宅价值）富豪排行榜				
排名	城市	2013 年	2014 年	2015 年	2014~2015 年增幅（%）
1	伦敦	4224	4364	4400	0.82
2	东京	3525	3575	3532	-1.20
3	新加坡	3154	3227	3117	-3.41
4	纽约	2929	3008	3028	0.66

排名	城市	2013 年	2014 年	2015 年	2014~2015 年增幅（%）
5	香港	2560	2690	2789	3.68
6	法兰克福	1868	1909	1900	-0.47
7	巴黎	1500	1521	1516	-0.33
8	大阪	1450	1471	1453	-1.22
9	北京	1318	1408	1449	2.91
10	首尔	1302	1356	1365	0.66
11	苏黎世	1314	1362	1350	-0.88
12	台北	1255	1317	1330	0.99
13	圣保罗	1310	1344	1268	-5.65
14	多伦多	1184	1216	1204	-0.99
15	日内瓦	1156	1198	1198	0.00
16	伊斯坦布尔	1110	1153	1169	1.39
17	慕尼黑	1113	1138	1145	0.62
18	墨西哥城	1088	1116	1111	-0.45
19	上海	1028	1095	1104	0.82
20	洛杉矶	950	969	969	0.00

资料来源：Wealth Insight。

3. 东京：大陆法系型区域金融中心

"二战"后日本保持惊人的经济增速，作为 20 世纪 50 年代的亚洲金融中心，东京在 20 世纪 70 年代成为国际金融中心。东京成长为国际金融中心的变革主要基于当时的国际金融活动自由化进程和东京自身资本市场的发展。20 世纪 60 年代，企业的经营活动对资金的需求旺盛，在政府的推动下，大批实力雄厚的银行聚集东京，以之为主要参与者的短期货币市场兴起。自 20 世纪 70 年代起，日本对外贸易和投资规模持续扩大，逐渐放松外汇管制，又开启外国债券发行等业务。20 世纪 70 年代中期的金融自由化改革更是为日本金融市场的繁荣奠定了基础。

但随着 20 世纪 90 年代日本泡沫经济的破裂，东京的全球金融影响力显著下降。一方面，日本的金融体制存在一定缺陷，日本银行业在政府的"精心护航"下垄断地位提升，影响了股市功能的发挥，阻碍了整个金融系统的进步。另一方面，香港、新加坡等其他亚洲金融中心的崛起也对东京金融中心的地位造成了冲击。

综上所述，强大的国家地位、雄厚且多元化的经济基础、优越的地理位置、金融机构人才的大量聚集和政策保障是金融中心形成的重要条件。纽约、伦敦能够遥遥领先其他城市的原因主要有三个方面：一是国际化程度较高，专业化的产品和服务需要更广阔的国际市场支撑；二是专业化的金融服务和产品互相联系、互补，并要求更加专业化的法律咨询和会计产业配套，而伦敦、纽约在语言和法律上都更有优势，此类配套更加完善；三是市场人才的集聚度明显高于其他城市。

（二）全球科技创新中心

创新具有较强的系统性特征。早在熊彼特的"创新理论"中，创新就被认为是一个经济概念而非技术概念，它包括新产品、新生产方法、新市场、新的生产原料供给和新的工业组织形式五种情况。20 世纪 80 年代中后期，创新系统的概念被逐渐关注，学者们普遍认为，创新系统包括主体性要素、资源型要素和环境性要素三类要素。其中主体性要素指政府、企业、科研机构、大学、中介机构等参与技术创新活动的行动主体；资源型要素指技术创新所需的资金、人力和知识资源等要素；环境性要素包括基础设施等硬环境，以及社会文化、市场环境、制度环境等软环境。

然而关于科技创新中心的产生路径，世界经济论坛与麦肯锡基于其 2006 年开始发布的全球创新热力图，并根据城市科技创新的势能与多样性，认为一座城市成长为科技创新中心，可有三种发展路径，分别是以新加坡为代表的政府主导型、以班加罗尔为代表的劳动力密集型和以硅谷为代表的知识密集型。

从澳大利亚智库 2thinknow 发布的全球创新指数排名情况看，纽约、旧金山圣何塞、波士顿一直稳居世界前列，此外伦敦的排名不断上升（见图 6-1）。我们选取硅谷、纽约、伦敦三大科创中心作为研究对象，对其发展特征进行分析和探讨。

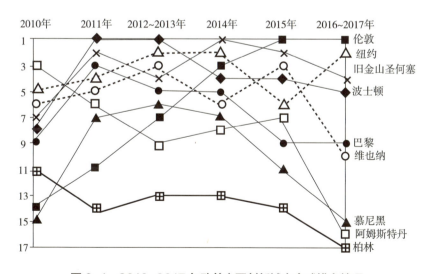

图 6-1 2010~2017 年欧美主要创新城市全球排名情况

资料来源：李炳超等. 欧美和亚洲创新型城市发展及对我国的启示——全球创新城市 100 强分析［J］. 科技进步与对策，2019（15）：43-48.

1. 硅谷：系统完善的技术创新中心

在全球科技创新发展史上，硅谷一直是教科书式的存在，硅谷地区的尖端科技以互联网和生物医药为主，这里拥有着十分完善的创新系统。大学、企业、政府三类创新主体作为驱动要素；风险投资、专业性服务机构、行业协会等构成支撑条件；完善的基础设施和开放包容的文化氛围则为创新提供了良好的发展环境。

首先，硅谷形成了以惠普、苹果、谷歌等"引擎企业"为核心的创新网络。这些企业除具有较大的研发投入和产出，拥有核心技术并主导行业发展外，对周边地区的开放性很强，通过不断研发向市场推出新产品、新技术，同时也不断培养创新人才，是创新网络的核心。

其次，硅谷拥有紧密有效的产学研合作机制。以斯坦福大学为例，它通过成立了斯坦福大学研究所（SRI），向当地公司开放课堂等形式帮助发展硅谷的公司。此外，斯坦福工业园区内的公司常常聘请斯坦福大学的教授和研究生，同时也会参与同公司业务相关的斯坦福大学的科学研究项目。

再次，硅谷不仅有联邦政府的大量资金扶持，还有世界上最密集的风险投资基金、专业性服务机构为创新企业提供支撑。1947~1991年，联邦政府对大学的大量科研投入支持，使大学能专注于基础研究，从而为科技创新提供持续发展的动力源泉。此外，硅谷还拥有众多人力资源服务机构、技术转移服务机构、金融资本服务机构等多种类型科技中介，加强了科技创新专业技术网络的构建，促进了硅谷创新要素的整合，提高了硅谷创新产出的效率。2012年，旧金山都市区的风险投资额高达6471亿美元，占全球风险投资额的15.4%（见表6-3）。

表6-3 2012年全球风险投资最多的20个都市区			
排名	都市区	风险投资（亿美元）	全球风险投资份额（%）
1	旧金山	6471	15.4
2	圣何塞	4175	9.9
3	波士顿	3144	7.5
4	纽约	2106	5.0
5	洛杉矶	1450	3.4
6	圣地亚哥	1410	3.3
7	伦敦	842	2.0
8	华盛顿	835	2.0
9	北京	758	1.8
10	西雅图	727	1.7
11	芝加哥	688	1.6

续表

排名	都市区	风险投资（亿美元）	全球风险投资份额（%）
12	多伦多	628	1.5
13	奥斯汀	626	1.5
14	上海	510	1.2
15	孟买	497	1.2
16	巴黎	449	1.1
17	班加罗尔	419	1.0
18	费城	413	1.0
19	凤凰城	325	0.8
20	莫斯科	318	0.8

资料来源：Rise of the Global Startup City。

最后，硅谷地区完善的创新基础设施和开放包容的文化氛围都为创新的产生提供了条件。硅谷拥有大型科学工程、实验基地、大型科学仪器设备、自然科技资源等科技基础设施。在硅谷，来自不同国家的工程师、科学家和企业家成为联结硅谷与其母国科技中心的纽带，使硅谷企业能够迅速接触到其他地区的技术、人才和市场。

2. 纽约：要素集聚的综合创新中心

自 2008 年金融危机以来，纽约湾区为了挖掘区域发展的新动力，除了继续保持金融领域的绝对优势以外，又再一次推动了产业升级，其中创意产业和科技创新产业成为近年来最亮眼的两大产业。

从创意产业来看，纽约具备其他城市无可比拟的艺术人才资源、资金资源、剧院渠道资源及支持网络，文化产业持续快速发展，从业人员占比不断上升。据统计，2006~2016 年，纽约市创意产业的增速远高于其他行业，全行业平均增速达到 12%，其中电视电影增速更是高达 53%，远高于金融保险的 0.1%。

在科技创新产业方面，最具代表性的是位于曼哈顿的"硅巷"，谷歌、Facebook、微软等科技巨头纷纷在此设立研发机构和业务中心。与硅谷不同的是，纽约的科技创新产业更倾向于通过研发各种信息技术，来为时尚传媒、金融商业等领域提供解决方案，发展出所谓的"东岸模式"。

首先，纽约周边是全球高水平院校和研究机构最为密集的区域，约 50 余所世界著名学府坐落于纽约湾区。这些高等学府除了为纽约都市圈源源不断地培养优秀人才外，还通过产学研合作，为科技成果从实验室迈向市场，提供了非常良好的发育环境。

其次，纽约地区有着密集的全球顶级金融机构。2018 年，纽约湾区风险投资交易数量共计 735 件，吸引了约 130 亿美元的风险投资，规模仅次于旧金山湾区。

最后，政府出台大量激励政策，强化城市创新活力。其中包括各种创新创业优惠、税收减免等直接促进政策，又包括城市改造计划、众创空间计划以及应用科学计划等极大改善纽约创新创业环境的间接促进政策。

3. 伦敦：政府推动下的文化创意中心

创新也是伦敦的核心竞争力之一。1997 年至今，创意产业已成长为伦敦第二大产业部门，产值仅次于金融业，就业人数已超过金融业，使伦敦享有了全球"创意之都"的美誉。目前伦敦已经跻身全球三大广告产业中心、全球三大电影制作中心和国际设计之都的行列。

伦敦的创新根源得益于其深厚的文化基础。维多利亚时期，伦敦就以新古典主义以及世博会为代表的工业文明形成了全球影响力。金融危机后，以"酷伦敦"为代表的城市形象和吸引力，进一步强化了其在全球创意文化中的先锋地位。

此外，政策的推动极大地促进了其创意产业的发展。英国是世界上第一个提出创意产业理念，又是第一个用政策来推动创意产业发展的国家。20 世纪 90 年代，英国经济处于停滞状态，时任首相布莱尔听取"创意经济之父"约翰·霍金斯的建议，将"创意经济"上升为国家战略。在这样的背景下，英国"创意产业特别工作组"诞生，布莱尔亲自担任工作组主席，并专门成立部门分管创意产业。

综上所述，创新对于系统性的要求较高。人才、企业、研发机构、服务机构、政府以及软硬件环境都是创新系统重要的组成部分。值得注意的是，不论是知识创新、制度创新还是技术创新都需要服务型政府，主要通过提供资源和服务支持、帮助企业或其他主体充分发挥各自优势。在此过程中，真正起核心作用的不再是政府及其制度，而是身处创新中心内部的平台及其成员。

（三）全球先进制造中心

全球化发展到今天，顶级都市圈中制造业部门的保留极其有限。然而，制造业尤其是先进制造业的发展对区域竞争非常重要。首先，制造业是经济增长的主要引擎，是研发设计、交通运输、批发零售等许多生产性服务业的基础。其次，制造业是研发创新和效率提升的核心领域，其技术进步速度要远快于服务业，也是经济增长和生产效率提高的关键支撑。最后，制造业是国际竞争的核心领域，制造业出口是各国获取外汇收入进而交换其他资源的主要来源。

自 19 世纪 40 年代以来，制造业经历了几次大规模转移（见表 6-4）。从最初几个工业化强国转向劳动力成本相对低廉的发展中国家，并在近期有向发达国家和地区回流的趋势。这是因为：一方面，制造业对经济的支撑作用越来越得到肯定；另一方面，除了能源、劳动力等要素，知识和技术越来越成为先进制造业选址的重要考量。以信息网络、智能制造、新能源和新材料为代表的技术创新与传统制造业相互渗透、深度融合，正在掀起新一轮的产业变革。此外我们选取东京、慕尼黑两大都市圈作为研究对象，对其发展特征进行分析和探讨。

	发生时间	制造业转移方向	转移制造业类型
第一次	19 世纪 40 年代	从英国转移到美国	纺织、钢铁等
第二次	20 世纪 50 年代	从美国转移到日本、德国等国家	纺织、钢铁等
第三次	20 世纪 60~70 年代	从美国、日本、德国转移到"亚洲四小龙"及部分拉美国家	主要是纺织、玩具、日化、服装等
第四次	20 世纪 80 年代	从美国、欧洲、日本及"亚洲四小龙"转移到中国东部沿海	主要是纺织、服装、玩具、日用工业品、家用电器、普通机械、消费类电子产品等
第五次	21 世纪 10 年代	跨国公司制造业生产呈现向发达国家回流趋势；从中国转移到东南亚及南亚及非洲等	既有低端劳动密集型产业，也有高端技术密集型产业

表 6-4　全球制造业五次大规模转移浪潮

资料来源：叶琪，黄茂兴. 全球制造业转移及其对国际竞争格局变动的影响［J］. 经济研究参考，2018（51）：61-70.

1. 东京：外向型产业分工布局

东京都市圈通过科学的规划，在都市圈内形成合理的产业分工。在制造业方面，东京以都市圈为战略平台，在中心区保留了制造业大企业或企业总部，而将小企业分布在都市圈外围，通过产业链分工和持续创新，有效保障了东京制造业中心地位。在服务业方面，20 世纪 70 年代中期开始，金融业和信息业等生产性服务业向东京集中。20 世纪 90 年代末，东京的服务业吸纳了当地约 2/3 的就业人员，而且作为东京最大的产业部门创造了超过 80% 的产值规模。东京都市圈各区县产业结构如图 6-2 所示。

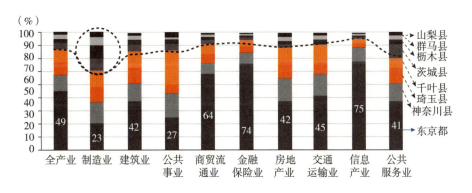

图 6-2　东京都市圈各区县产业结构

资料来源：华夏幸福研究院。

129

首先，东京湾既有首都功能，又有临海优势。在这种优势下新产业层出不穷。"二战"后日本准确判断到能够利用世界的能源和市场，在首都兴建两个大型临海工业带，充分发挥湾区发展现代工业的优势。京滨、京叶两大工业地带以东京为中心，分别向环抱东京湾的两侧延伸。一方面彻底的临海和大规模的集聚，做到了高效率的大进大出，另一方面又与东京腹地的金融、总部、研发等功能紧密互动。东京湾区创造业转移与升级进程如图 6-3 所示。

图 6-3　东京湾区制造业转移与升级进程

资料来源：东京湾区主题系列（三）——产业格局的重塑。

其次，东京都市圈配建了发达的对内对外交通系统，使之有较好的全球化布局基础。东京都市圈拥有横滨港、东京港、千叶港等六大港口，与羽田、成田两大国际机场、新干线以及数条高速公路一起，构成了东京湾区与日本和全球主要城市之间的海陆空立体交通网，为要素的快速流动提供了有力支撑。

2. 慕尼黑：研发制造全产业链集群

慕尼黑是德国第三大城市，是巴伐利亚州首府。慕尼黑高新科技园是德国电子、微电子和机电方面的研发中心，这里集聚了微电子领域的研发制造全产业链集群。

慕尼黑电子工业的发展，首先，得益于慕尼黑高科技工业园的建立。1984 年，慕尼黑市政府和慕尼黑商会共同投资成立慕尼黑高科技工业园，园区内企业数目不断增加，创造了大量的工作岗位，培养了大批电子技术从业者。在巴伐利亚，20 世纪 80 年代末期电子技术工业从业人数达到 24.5 万，占全部劳动力的 25.5%。

其次，研发中心等基础设施配套也促进了慕尼黑电子工业的发展。1992 年慕尼黑高新技术企业孵化大楼建成，配备完善的信息设备，在这里可以了解整个慕尼黑市的产业和科技研究动态。

最后，大量的科研成果和科技人才是慕尼黑电子产业发展的重要动力。慕尼黑大学、慕尼黑工业大学、慕尼黑理工大学等名校都为慕尼黑高科技工业园的发展提供了源源不断的科研成果和科技人才。慕尼黑市所属的许多研究机构，如麦克斯普朗克等离子研究所等众多研究所和研究部也都聚集于此。

（四）全球贸易航运中心

全球贸易航运中心是融发达的航运市场、丰沛的物流、众多的航线航班于一体的功能性区域概念，一般以国际贸易、金融、经济中心为依托。

全球主要的大城市大部分因港口而兴起，但是当今全球城市的繁荣却与港口的相关性大大下降。在经济全球化背景下有四种空间组织形式：出口贸易加工区、离岸金融中心、科技创新中心和全球城市。第一种依托的主要是港口，但是传统的出口加工贸易对应的主要是物流，对城市发展的重要性已大大下滑。

一方面，在全球化背景下，传统的货物贸易对经济贡献逐渐让位于靠互联网"运输"的金融、信息、数据贸易，门户城市的演变升级从劳动密集型、资本密集型升级为知识密集型，从大宗有形货物贸易转到金融、信息等服务贸易（见图 6-4）。另一方面，根据 Scott 的全球城市区域理论，大部分港口城市的发展并没有形成属于自己的经济腹地。

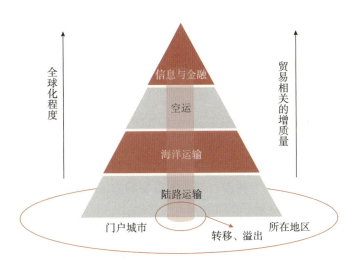

图 6-4　门户城市演化升级模型

资料来源：于涛方等.1995 年以来中国城市体系格局与演变——基于航空流视角［J］.地理研究，2008，27（6）：185-196.

目前全球主要航运中心城市有伦敦、纽约、鹿特丹、新加坡等（见表 6-5）。考虑到都市圈发展的可借鉴性，本节选取纽约和伦敦来做具体探讨。

表 6-5　新华·波罗的海国际航运中心发展指数排名

排名	2019 年	2018 年	2017 年	2016 年
1	新加坡	新加坡	新加坡	新加坡
2	香港	香港	伦敦	伦敦
3	伦敦	伦敦	香港	香港
4	上海	上海	汉堡	汉堡
5	迪拜	迪拜	上海	鹿特丹
6	鹿特丹	鹿特丹	迪拜	上海
7	汉堡	汉堡	纽约—新泽西	纽约—新泽西
8	纽约—新泽西	纽约—新泽西	鹿特丹	迪拜
9	休斯顿	东京	东京	东京
10	雅典	釜山	雅典	雅典

资料来源：华夏幸福研究院。

1. 伦敦：市场交易和航运服务中心

伦敦是国际老牌航运中心的代表，拥有着良好的人文历史条件，如悠久的贸易、航海的传统和文化、众多优秀的海事人才等，是老牌航运中心的代表。目前，伦敦仍以其交易市场、保险服务、海事服务和海事监管等，保持着世界级国际航运中心的地位。据统计，全球有近 2000 家从事航运事务的公司与机构在伦敦设有办事处，20% 的船级管理机构常驻伦敦。此外，50% 的油轮租船业务、40% 的散货船业务和 20% 的航运保险等都在伦敦进行。

2. 纽约：腹地货物集散服务中心

纽约的国际航运中心地位得益于良好的区位条件。美国国土辽阔，资源丰富，市场广大，进出口贸易直接运输量很大，并在北美区域运输中占有重要地位。而且纽约位于哈德逊河口，连接美国内陆与大西洋，是美国重要的海港，具备着庞大的腹地货物集散功能，一度承担了美国外贸运输量的 40%。

三、中国都市圈参与国际竞争的潜力分析

随着综合国力的逐渐提升，中国大都市在全球竞争中正在逐渐崛起。作为全球最大发展中的社会主义国家，中国都市圈在要素条件、自然禀赋和制度文化上都与其他国家

有较大不同。在本部分中，我们将立足中国国情和发展现状，分析中国都市圈的国际地位和发展潜力。

（一）规模体量进入全球前列

目前，中国已形成 30 个不同规模能级的都市圈[①]，覆盖胡焕庸线以东的大部分省会。其中，既包含北京、上海、广州、深圳等在全球经济中排名前列的高能型都市圈，也包括杭州、南京、武汉等国内影响力较大的高潜型都市圈，还有贵阳、南昌、乌鲁木齐这些尚处培育期的都市圈。30 个都市圈更是凭借较强的吸引力，以占全国 4.53% 的土地，集聚了全国 32.06% 的人口，产生了全国 51.61% 的 GDP。

中国总人口众多，都市圈人口体量整体较大。2018 年，我国 30 个都市圈平均人口体量高达 1490.98 万。其中，体量最大的上海都市圈总人口 5023.87 万，远超东京都市圈的 3609 万，以及纽约都市圈的 2268 万。人口体量最小的乌鲁木齐都市圈，也有近 400 万的人口支撑（见图 6-5）。

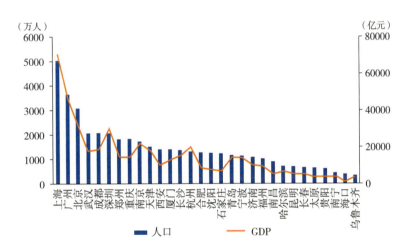

图 6-5 2018 年我国 30 个都市圈 GDP 和人口总量

资料来源：华夏幸福研究院。

部分都市圈经济体量已居全球前列。2017 年，在全球 GDP 前十的城市中，中国占据两席，上海、北京分别以 4150 万亿美元和 3762 万亿美元位居全球第六、第七位（见图 6-6）。2018 年，我国 30 个都市圈平均 GDP 达 1.55 万亿元，虽较发达国家仍有一定

---

① 都市圈识别标准：核心区人口总量 500 万人以上，人口密度大于 2000 人／平方千米，以 2015 年基准年，核心区 GDP 大于 3500 亿元，圈层区大于 1 亿元／平方千米的城镇化范围。30 个都市圈名称：北京、上海、广州、深圳、南京、天津、武汉、青岛、成都、杭州、重庆、西安、沈阳、宁波、郑州、合肥、济南、长沙、厦门、福州、石家庄、贵阳、昆明、南昌、乌鲁木齐、太原、南宁、长春、哈尔滨、海口。

差距，但未来，随着我国经济的进一步发展，人口体量较大、密度较高的都市圈规模经济优势突出，必将释放更大的经济增长潜能。

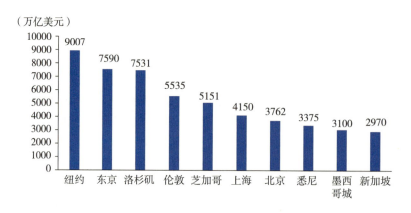

图6-6　2017年全球GDP前十位城市

资料来源：华夏幸福研究院。

　　未来，中国都市圈规模体量将进一步增长。预计到2035年，中国城镇化率将提高至70%，即70%人口将集聚在城市。2017年，都市圈的城镇人口净增量占全国净增量的73%，预计未来仍将维持该比重。各都市圈因其发展能级和阶段的不同，人口空间分布结构和迁移方向存在差异，京沪等特大城市人口向都市圈外圈层流动，中西部省会都市圈核心圈的人口吸引力则不断增强。都市圈腹地区域存在大量的潜在城镇化人口。经估算，我国30个都市圈腹地人口均超千万。2019年30个都市圈所在省份人口及城镇化率如图6-7所示。

图6-7　2019年30个都市圈所在省份人口及城镇化率

资料来源：华夏幸福研究院。

（二）基础设施承载力较大

一批都市圈核心城市空港运量已位居全球前列。在 2019 年全球机场客流量排名中，北京首都国际机场仅次于美国亚特兰大国际机场，排名第二（2019 年机场客货吞吐量前十位城市如图 6-8 所示）。前 20 中上榜的中国机场还有中国香港国际机场、上海浦东国际机场和广州白云国际机场。从机场连通性上讲，上海浦东机场、北京首都国际机场、昆明长水机场国际化程度更高，已经跻身全球连接度前 50 位（见表 6-6）。

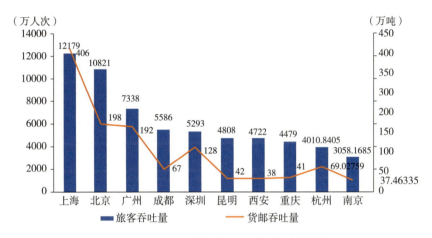

图 6-8　2019 年机场客货吞吐量前十位城市

资料来源：华夏幸福研究院。

排名	机场代码	机场	国家地区	连接度指数
31	PVG	上海浦东	中国	482
47	PEK	北京首都	中国	366
48	KMG	昆明长水	中国	364

表 6-6　2015 年全球最大空港枢纽度指数排名

资料来源：英国欧艾吉航空国际有限公司（简称 OAG）。

以航空、高铁、高速公路为核心的综合交通枢纽也发展迅速。以郑州为例，2019 年新郑国际机场旅客吞吐量近 3000 万人次，货邮吞吐量 52 万吨，此外不论普铁还是高铁，均为国内城市中线路最多、规模最大、覆盖最广，是沟通南北、连贯东西的交通要冲，"米字型"高铁枢纽辐射全国。

在城市内部，都市圈轨道交通建设已全面铺开。截至 2019 年底，我国已有 40 个城市具有在运营的轨道交通，总里程达 6730 千米。其中，28 个都市圈核心城市城轨运营总里程达 5965 千米。起步较早的北京、上海等特大型城市，已基本形成轨道交通网络化系统，日均客运量均在 1000 万人次以上。武汉、天津、成都、南京和重庆等城市也有了较大发展。未来，随着城镇化的进一步发展，城市规模不断扩大，轨道交通在居民出行中的重要性将进一步提升。

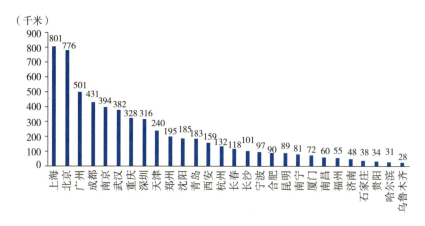

图6-9　2019年28个都市圈核心城市城轨运营里程

资料来源：华夏幸福研究院。

（三）科技、人才支撑能力增强

近年来，中国都市圈创新实力大幅攀升。2019年全球城市创新指数排名显示，共有42个中国城市进入全球"创新城市"前500强。其中一线城市均在全球100强以内，并较2018年排名都有上升，广州更是大幅上升39位，位列全球第74。新一线、二线城市重庆、宁波、天津、武汉、苏州、南京和杭州成功入围前300强，其中宁波的名次上升最快，比去年进步了64名（见表6-7）。

表6-7　中国城市创新指数全球排名			
全球排名	城市	2019创新指数（分）	较2018年排名变化（名）
26	北京	50	11
33	上海	49	2
53	深圳	46	2
56	香港	46	−29
74	广州	45	39
237	重庆	39	44
240	宁波	39	64
242	天津	39	14
243	武汉	39	59
244	苏州	39	−24

续表

全球排名	城市	2019 创新指数（分）	较 2018 年排名变化（名）
269	南京	38	-28
279	杭州	38	20
307	成都	37	-48
308	厦门	37	-23
330	无锡	36	17
333	温州	36	18
336	大连	36	-21
338	青岛	36	-1
339	福州	36	5
343	沈阳	36	30
355	东莞	36	-34

资料来源：2Thinknow。

都市圈中高素质人才数量较多。即使面临人口老龄化，中国的高技术劳动力依然增长较快；过去五年国内大学毕业生近 3400 万，相当于菲律宾、马来西亚和越南的大学生数量的总和。2019 年，30 个都市圈半数大学生人口在 50 万以上，其中广州市高达 108.6 万，排名第一。

人才国际化程度逐渐提高。一方面，都市圈海归人数逐年增加。数据显示，中国出国留学人数逐年增长，2019 年已达 71 万人，连续三年同比增长 8% 以上。与此同时，越来越多的留学人员选择了回国发展，2019 年海归总数近 52 万人次，较 2018 年增长了 8%[1]，其中超过 80% 的海归选择去往二线以上城市就业[2]。另一方面，我国都市圈外籍人才的数量也在增加。以上海为例，目前在沪工作的外国人数为 21.5 万，其中有 55 名荣获中国政府"友谊奖"。

（四）产业体系逐步完备

中国都市圈产业链条更加完整。都市圈内部"三二一"逆序化分布格局基本形成，产业链囊括从研发、生产到销售的全流程。以上海都市圈为例，上海作为核心城市，与周边城市产业有着很强的互补性，上海市现代服务业高度发达，而周边城市制造业发展较好。研发、设计、营销环节在上海，制造生产环节在周边城市的现象，已经十分普遍。

中国都市圈制造业发展优势突出。金融危机后的十年，中国制造业产值从 2007 年的

---

① 全球化智库（CCG）、智联招聘：《2019 中国海归就业创业调查报告》。

② 前瞻产业研究院。

1.15 万亿美元增长到 2017 年的 3.60 万亿美元，占世界的比重从 12.33% 上升到 30%。近年来，中国的研发能力增强。2015 年中国超越美国成为全球最大的新能源汽车生产国。晶硅组件产能和产量都占全球 70% 以上。在 2019 年全球智能制造中心城市潜力榜前 15 位中，中国占据 5 席，其中上海超越旧金山位列全球第二（见表 6-8）。

表 6-8　2019 世界智能制造中心城市潜力榜

排名	城市	主要承载区	国家
1	纽约	布鲁克林区	美国
2	上海	浦东新区	中国
3	旧金山	硅谷	美国
4	伦敦	格劳斯特区	英国
5	深圳	龙岗区	中国
6	洛杉矶	长滩地区	美国
7	东京	京滨工业带	日本
8	苏州	吴江区	中国
9	芝加哥	卢普工业区	美国
10	天津	滨海新区	中国
11	巴黎	塞尔吉新城	法国
12	柏林	克罗伊茨贝格区	德国
13	波士顿	南波士顿地区	美国
14	西雅图	西雅图工业区	美国
15	北京	亦庄	中国

资料来源：《世界智能制造中心发展趋势报告（2019）》，由华夏幸福研究院整理。

中国都市圈港口贸易基础雄厚。中国一直以来都是全球港口贸易大国。据《2019 全球海运发展评述报告》显示，过去十年间中国贡献了将近一半的全球海运贸易。2018 年，中国的海运进口量占到全世界海运贸易的 1/4。2019 年全球前十大集装箱港口中，中国港口占据七席，上海港、宁波舟山港、深圳港、广州港、青岛港等均在列（见表 6-9）。未来，中国集装箱运输的发展仍然是全球稳定发展的重心和基础。

表 6-9　2019 年全球前十大集装箱港口

排名	港口名称	吞吐量（TEU）
1	上海港	4330 万
2	新加坡港	3720 万
3	宁波舟山港	2753 万

排名	港口名称	吞吐量（TEU）
4	深圳港	2577 万
5	广州港	2300 万
6	釜山港	2195.5 万
7	青岛港	2100 万
8	香港港	1836 万
9	天津港	1730 万
10	迪拜港	1930 万

资料来源：港口圈。

（五）金融服务能力日益提升

随着我国经济实力的增强以及人民币国际化程度的加深，中国城市的金融中心地位逐步提升。据 GFCI 显示，2020 年中国共有五个城市跻身全球金融中心前 20 强，北京、上海、广州、深圳均在列。其中，广州排名提升速度最快，较上期跃升了 4 位（见表 6-10），上海超越新加坡高居榜单第四位，且仅次于东京排名亚洲第二，其已经成为外资金融机构在华的主要聚集地。2019 年上海外资金融机构占比超过 30%，大约 501 家。

表 6-10　GFCI 前 20 强中国城市排名

城市	GFCI27 排名	GFCI27 得分	GFCI26 排名	GFCI26 得分	排名变化	得分变化
上海	4	740	5	761	1 ↑	21 ↓
香港	6	737	3	771	3 ↓	34 ↓
北京	7	734	7	748	0 →	14 ↓
深圳	11	722	9	739	2 ↓	17 ↓
广州	19	714	23	711	4 ↑	3 ↑

资料来源：CFCI。

此外，在最具发展潜力的金融科技领域，中国都市圈更是表现亮眼。据《2020 全球金融科技中心城市报告（Global Fintech Hub Report 2020）》显示[1]，全球八大金融科技中心城市分别为北京、旧金山（硅谷）、纽约、上海、伦敦、深圳、杭州、芝加哥，中国城市占据四席。近年来，我国在移动支付、数字金融领域发展迅猛，蚂蚁金服、微信支付等企业积极进行全球化生态建设及技术输出，以杭州为代表的城市通过高度集聚的科技

---

① 浙江大学互联网金融研究院司南研究室联合剑桥大学新兴金融研究中心发布。

要素，超越港口物流和传统金融机构的物理限制，连接散落全球的金融要素，从而逐渐形成新兴的金融中心。

综上所述，在全球城市竞争中，中国的大都市正在逐渐崛起。2019 年，世界 500 强中的中国公司达到 129 家，超越美国的 121 家成为全球第一，其中北京更是以 56 家高居榜首（见图 6-10）。未来，随着中国经济的进一步发展，人口体量较大、密度较高的都市圈规模经济优势更加突出，必将释放更大的经济增长潜能。预计到 2035 年，中国将建成 4~5 个引领全球城市和创新发展的国际大都市圈，20 个左右结构合理、集约高效、产业高端、生态宜居的具有国际影响力的都市圈。

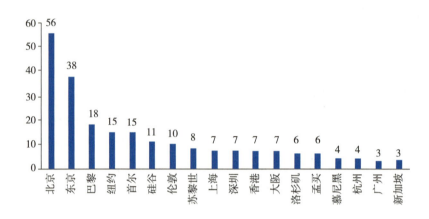

图 6-10　2019 年世界 500 强总部城市分布

资料来源：华夏幸福研究院。

四、都市圈提升国际竞争力的路径研究

立足我国都市圈发展基础，借鉴国外都市圈发展经验，本部分将主要从创新能力、产业发展、对外开放和政策治理四个方面探讨我国都市圈提升国际竞争力的方法路径。

（一）提升都市圈创新能力

1. 创新保障：加大研发投入与政策支持

一方面是激励创新行为，保护创新成果。研究表明，无论是政府的直接补助还是间接补助，都对创新要素投入具有正向的激励作用。因此在政府方面，应加大科学技术研发投入，激励企业加大研发投入，对产值高、研发经费支出高的企业，给予一定的研发补助、税收减免与绩效奖励。加大行业领军企业研发扶持力度，加强重点创新主体的培育。

另一方面是支持创新人才。制定创新人才引进措施，对创新人才给予奖励金支持，并配套创新培育、创业扶持等支撑性、便利化服务。此外对利用市场化手段引进海内外优秀人才的中介机构及用人单位予以支持等。

2. 创新环境：深化都市圈产学研合作机制

以创新创业型大学为核心推动协同创新。提倡科研活动以现实为导向，以项目为依托，开展跨学科跨部门的协作研究；鼓励企业、园区与高校开展合作，将有价值的成果转移到生产部门。

搭建融合各类信息的创新服务平台。一方面，为大学、企业、研究机构提供信息服务，并且向社会提供综合的信息服务以及检索服务。另一方面，通过税收政策、导向型投资、建立孵化器等加强创新网络建设。

完善产学研合作相关政策法规。明确产学研各主体间的利益分配、知识产权归属等问题。健全专业化、市场化技术服务和中介服务体系建设，改善技术成果评价、知识产权交易服务和产权保护执法的环境等，营造良好的产学研创新生态。

3. 创新分工：顺应"创新尖峰+产业高地"的都市圈经济范式

当前，我国都市圈产业空间重构加速推进，产业高附加值环节将主要集中在核心区，但制造业及一般性服务业向外圈层外溢转移，都市圈外围区域迎来加速发展新阶段，形成创新尖峰和产业高地相辅相成的"核心—外围"结构。因此，顺应经济规律，以创新尖峰带动区域整体形成产业发展高地，是都市圈经济的新未来和新范式。

具体来讲，在都市圈核心圈，以风险投资、创业投资、股权投资等资本工具，助力创新型企业成长，以资本链驱动创新链和产业链，来着力放大创新的头部效应。继而通过创新政策、完善机制、强化服务，营造更完善的发展环境，提升整个都市圈的创新浓度、资本厚度、开放力度、服务密度、产业高度和人口热度，从而让都市圈更好地成为新技术、新产业的策源地和孵化器，以促进都市圈在全球价值链中的地位不断跃迁。

（二）促进都市圈产业一体化发展

1. 利税一体：建立利税共享机制

通过税制改革，建立 GDP 分计、税收分享制度，推动区域产业协同。例如，在京津冀协同发展中规定企业迁入地和迁出地在企业所得税、增值税和营业税收入实行"五五分成"，但迁出地区分享"三税"达到企业迁移前三年缴纳的"三税"总和为上限，达到分享上限后迁出地区不再分享。深汕（尾）特别合作区在财政收入、土地收益、GDP 核算及能耗指标等方面制定了成本共担、利税共享机制。都市圈经济时代，要推动区域产业协同发展，必须结合区域实际，建立相关分享机制，有效提升核心城市和周边城镇的合作动力。

2. 要素一体：统一要素市场，清除市场壁垒

推动区域的协同合作，必须打破地域分割和行业垄断、清除市场壁垒，营造规则统一开放、标准互认、要素自由流动的市场环境。从人力资源市场、技术市场、金融服务、

市场准入等的一体化等方面进行区域协同发展的政策制定，如户籍准入年限同城化累积互认，建立技术交易市场联盟，科技创新券的城市间政策衔接、通兑通用，金融基础设施、信息网络、服务平台一体化，审批流程标准化和审批信息互联共享，食品药品联动实时监控，食品安全检验检测结果互认；等等。

3. 发展一体：园区共建和创新异地转化

通过股份合作、飞地自建、托管建设等模式推动异地园区共建，实现产业发展协同和互动共生。由两地政府按一定比例出资，组建开发投资股份公司，负责共建园区的开发运营等工作，双方按照持股比例进行园区相关收益分成。例如，外高桥—启东合作园区，即由上海外高桥保税区联合发展有限公司和江苏启东滨海工业园开发有限公司双方共同成立合资公司，上海、启东各占股本 60% 和 40%，税收收益按照 6∶4 分成。同时，都市圈核心城市加强和外围区域的创新合作，推动创新成果的异地转化，形成长期合作研究机制。

（三）全面提升都市圈对外开放水平

1. 区域开放：以都市圈为核心形成区域开放新高地

以服务贸易为重点推动形成区域开放新高地，释放区域发展新动力。在东部沿海都市圈实施更加高水平的服务贸易开放，提升东部地区在扩大开放中的引领作用，并逐渐扩展到内陆都市圈。例如在广东开展服务业开放先行先试、在上海开展金融开放试点等。

加强国际枢纽门户基础设施和海关特殊监管区建设。机场全面放开国际客货运航权，开展覆盖国内、联通国际的综合枢纽联运机制，争取设立国际邮（快）件运输分拨中心等，并依托各类口岸，按条件和程序设立海关特殊监管区域。

2. 金融开放：以都市圈为抓手推动金融市场国际化

促进金融开放对发展都市圈经济意义重大。其一，都市圈是以服务经济主导的区域，金融服务是服务经济的重要组成部分。其二，资金是企业的生命线，没有强大的金融资本市场，制造业很难进一步发展。其三，金融开放对要素积累、技术进步等都具有积极作用，从而能推动经济进一步增长和经济福利的提高。

因此，应加快推进金融服务业开放，以开放促竞争。一是市场准入；二是金融业务全面放宽；三是信用清算、评级征信等金融基础设施业开放，增强市场透明度和竞争的公平性。此外，优化金融开放布局，依托不同城市的职能和定位，如北京的金融管理中心职能、上海的全球资产管理中心职能，推动不同区域更大范围、更深层次、更宽领域的金融开放。

3. 制造开放：扩大开放领域，提升开放层次

随着我国经济实力的发展，制造业对外开放的步伐开始提速并迎来升级：一方面，扩大高技术制造业的开放领域；另一方面，将制定并完善相关标准体系建设，为推动制造业加快转型升级创造制度环境。

在开放领域方面，在制造业已基本开放的基础上，推动制造业开放向高端迈进。进一步落实汽车、船舶、飞机等行业开放要求，放宽外资股比限制特别是汽车行业外资股比限制。此外，在智能制造标准制定、知识产权等领域广泛开展国际交流与合作。

在政策方面，应把推进先进制造业发展作为一项战略举措，通过减税降费、放宽市场准入、实施公平公正监管、加强知识产权保护等政策措施，为先进制造业发展创造良好环境，推动制造业从中低端向中高端水平迈进，实现高质量发展。

（四）完善都市圈相关政策制度

1. 尊重规律：尊重城镇化规律，制定合理的都市圈规划

遵循城镇化发展规律，顺应产业升级、人口流动和空间演进的趋势，充分考虑不同地区的发展基础和潜力差异，科学确定不同都市圈的功能定位、发展目标和建设路径，因地制宜建设高质量都市圈。

例如，尊重都市圈产业分工布局规律，加快推动中心城市集聚创新要素、提升经济密度、增强高端服务功能。外围地区通过关键共性技术攻关、公共创新平台建设等方式，加快制造业转型升级，重塑产业竞争新优势。整个都市圈以科技研发、工业设计、金融服务、文化创意、商务会展等生产性服务业为重点，推动服务业与制造业深度融合，形成以现代服务经济为主的产业结构。

2. 创新制度：借鉴发达国家经验，完善都市圈治理体系

自上而下、中央政府主导的跨区域协调机制是主体。例如，伦敦各地政府依据法律法规和相关政策指引，在中央政府的调控下，通过举办地方政府峰会、建立政治领导小组等机制，加强跨域协同事务的沟通和组织，各地政府权力清晰，职责明确。再比如，东京都市圈在区域协作方面，仍然以中央政府主导为主，以地方政府为主体的区域联合组织和活动受到诸多行政法令的严格限制。

自下而上、非正式的协调机制成为有益补充。例如，东京都市圈内各地方自治体之间也探索出了一些区域性协作机制，其中跨区域协议会是最具有代表性的形式，如"东京都市圈交通规划协议会""七都县首脑会议""首都圈港湾合作推进协议会"等，这些由地方自发组成的协议会保证了处理具体性区域问题的针对性和灵活性。此外，纽约都市圈内部，为了控制郊区无序蔓延，促进城乡协调发展，涌现出了大量非营利性区域协调组织，如区域规划协会、纽约大都市区委员会等，这些组织的成立并未对地方政府权力造成冲击，反而成为传统体制的重要补充，在跨区域问题解决方面发挥着重要作用。

3. 开放合作：发挥市场力量，建设现代化都市圈

发挥市场力量，在都市圈的建设当中应该得到进一步强化。都市圈行政等级和体系非常复杂，政府建设管控难度较大，仅仅依靠政府，都市圈发展可能需要较长的时间。

因此，应加强对市场力量的运用，鼓励多方参与都市圈建设，包括公共服务、基础设施、产业发展等。政府负责制定规则，加强监管。例如，公共服务资源配置可用 PPP 模式或竞争性采购的方式进行，与此同时，政府应加强价格监管、质量监管等。

21 世纪，都市圈成为各国参与国际竞争的重要平台。立足中国发展，借鉴国际经验，培育发展一批现代化都市圈。明确战略定位，提升区域创新能力，促进产业一体化发展，全面提升对外开放水平，从而形成区域竞争新优势，将成为提升未来中国全球竞争力的重要手段。

专题七

超级大城市跨区域联防联控应急响应机制——以武汉都市圈为例

摘要 ◀

　　本章以武汉都市圈为例，以疫情之下超级大城市的跨区域联防联控应急响应机制为研究对象，重点分析了美国、英国和日本的三大国际跨区域应急空间响应机制的先进经验，并从防控效果、响应机制、空间格局、物资分配、舆情管控和社会统筹六个方面对武汉都市圈防疫应急响应的效果开展后评估，并针对后评估中发现的问题，提出七大对策建议：一是构建区域性的公共资源应急调配机制；二是建设新型都市圈布局，形成资源均衡的网格系统；三是建立智慧应急体系，形成常态化交流机制；四是以都市圈为单位定期开展跨区域联防联控应急演练；五是继续优化完善应急产业园区布局；六是打造应急供应链与产业链；七是保障都市圈应急物资的安全储备。通过七措并举，以期构建一个协整高效、立体联动的区域公共安全保障机制和应急管理机制，保障我国公共安全。

一个有效的都市圈联防联控应急机制，应该包括国际层、国家层、区域层、都市圈层和都市核层的多层次、多领域的横向与纵向互动。应该形成以国家疫情工作小组为领导、以都市圈为主导、以各类国内乃至国际援助力量为协助的危机应对合作伙伴关系网络，提升各组织的危机应对能力，建立都市圈联防联控的有效制度规范，保障跨区域公共危机应对的有效实施。

有鉴于此，本章首先考察跨区域联防联控应急机制国际典型做法，其次以武汉都市圈为例，梳理和反思我国都市圈跨区域联防联控应急机制发展中的现状与存在的问题，最后提出对策建议。

一、国际跨区域应急空间响应机制

（一）美国：联邦、区域、地方三重应急机制体系

美国的公共卫生应急系统是由国家、区域和地方三级所构成，包括：①联邦政府层：联邦疾控中心（以下简称 CDC）的疾病预防控制系统。②大区域层面（类似中国的华东、中南、西南等大区）：城市紧急医疗系统（以下简称 HRSA）。③地方层：各公立医院的应急处置系统（以下简称 MMRS）（见图 7-1）。

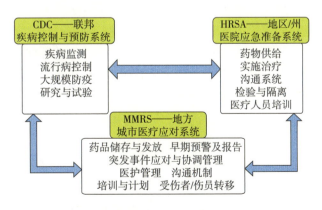

图 7-1　美国突发公共卫生事件应急处置机制

资料来源：陶宁．公共卫生突发事件应急机制研究［D］．成都：西南交通大学，2017.

（1）CDC：主要职能包括但不限于国家疾病预防与控制，公共卫生的监督、预警，应急事件快速响应，应急资源整合，公共卫生人才培养以及国际疾病预防和控制。

（2）HRSA：主要职能包括提高卫生机构的协作能力，提升各个组织机构在应急情况下的组织协调能力，提高辖区内突发应急事件的处置能力等。目前，HRSA在全美十个区域实行区域管理，分别是新英格兰地区、中央平原地区、中大西洋地区、西南地区、阿巴拉契亚山地区、高山地区、东南地区、太平洋沿岸地区、五大湖地区、大本土以外地区阿拉斯加和夏威夷。

（3）MMRS：针对地方发生的突发公共卫生事件应急系统，该系统所涉及的部门包括地方政府、公共安全部门、医疗服务部门、灾害管理部门以及其他各类应急部门。MMRS整合了这些部门在处置突发公共卫生事件时所发挥的功能，增强了各部门的管理和协作，保证了在突发公共卫生事件发生的初期，在联邦应急力量尚未达到前，在地方较小的范围内进行处置和应对。

美国疾控中心（CDC）已经建立起了一套健全有效并且功能强大的公共卫生防护控制系统。国家和地方卫生医疗组织担负着全国的疾病控制工作，包括对于各类疾病的识别、报告及诊断治疗。

当发生重特大突发公共卫生事件时，美国总统可以根据事件的具体情况和严重程度，决定是否宣布国家进入紧急状态，并可采取相应的应对措施和反应预案。在这种情况下，联邦政府能够保证各州和地方得到联邦的协助，以便各地有效开展应对工作。

综上所述，美国的这种联邦—区域—地方三级协调机制在解决美国公共卫生突发事件上发挥着重要的作用，各地具备公共卫生突发事件应急统筹主体，都能够有部门或者组织统筹协调、密切联系医院、交通、运输等部门，对我国跨区域联防联控应急机制的构建具有一定的借鉴与参考。

（二）英国：权责分明的应急管理体系

英国充分调动社会资源，架构应急管理体系。主要在以下三个方面开展行之有效的工作：

（1）不断规范法律法规。英国政府早在2004年制定并通过了《紧急状态法》，目的是提高日常突发事件的预警能力，并及时将突发事件扼杀于萌芽状态，类似于我国的治病于未病。英国政府还在不断对这一法案进行修改，先后出台了《国内紧急状态法》等一系列相关的法案，保证了法案的与时俱进。

（2）不断出台相关政策。为了保证应急管理体系的有效运行，英国政府从战略、战术和执行等多个方面出台了细化的管理规定。例如，卫生部突发事件计划协作机构先后制定了一系列政策，保证了英国国内突发事件应急管理体系的健全。在公共卫生突发事件暴发的第一时间，按照政策要求，各个城市均会向事件相关主体及时进行信息披露，并拉响警报，城市中的各个部门均积极响应、快速反馈，保证受害者和受损建筑、设备都能得到最快的救护与反应。

（3）及时有效的公共安全突发事件的信息披露。英国政府会通过电台、电视台等不同的媒体24小时跟踪报道，根据需要定期或者不定期组织召开新闻发布会，对公共卫生应急事件的发展情况和救援进展情况进行披露。按照规定，应急反应的相关部门也要及时地开通热线和做好网上公开工作，接受民众问询，并积极对事故处理进行正向引导。英国政府强调，要充分发挥媒体的舆论监督作用，而不是仅仅出于对百姓恐慌的担心而进行新闻管制。越公开、越透明以及前期的科普工作越到位，就越有利于社会秩序的恢复以及普通民众信心的重建。

因此，英国政府建立了权责分明的体系化应急事件响应与处理机制，同时有效地保证了新闻的舆论监督作用和公众的知情权，有益于社会秩序的重新建立和民众对政府应急处理能力信心的建立。

（三）日本：以预防为中心的应急管理体系

为了及时有效地应对公共应急事件，日本内阁官房早在1998年就设立了危机管理中心，管理中心的负责人直接由首相任命，并向首相负责。在突发应急事件发生时，日本首相作为国家元首同时也成为了危机管理中的最高指挥官，内阁官房就成了危机管理的总体协调和信息传递单位，并且就具体应急事件类型来确定危机管理机构的具体操作实施。另外，日本还会通过内阁会议、中央防灾工作会议、安全保护工作会议等一系列会议制定和出台危机应对举措（见图7-2）。

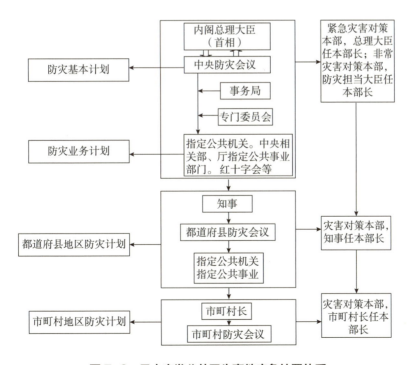

图7-2 日本突发公共卫生事件应急处置体系

资料来源：戴启雪.广州市突发公共卫生事件应急处置机制及优化研究［D］.西宁：青海师范大学，2019.

日本的应急预案是以防为主，所以其特别注重预案体系的建设。日本的应急预案特点强调三个方面，首先，强调建立健全法律体系。日本以法制化建设保障公共卫生突发事件等关乎国计民生的事项应对，先后颁布了《大规模地震对策特别措施法》《地震保险法》《灾害对策基本法》《灾害救助法》《建筑基准法》等多个法案。其次，强调组织建设。日本政府针对应急管理建立了自上到下多层次的组织体系，该组织是以内阁府为大脑，以中央到都道府县再到市町村为躯体，以国土部门、交通部门、消防部门和防灾部门为四肢的完备体系。最后，强调公众的积极参与。日本由于地形地貌原因，地震等应急事件频发，公众危机意识普遍较强，政府也因势利导，通过科普宣传等形式向公众普及防灾避灾知识，提升自救和自我防护能力。政府还定期组织防灾救灾演练与培训，从而使民众对防灾、避灾、减灾、救灾的基本技能都比较熟悉，能够提高民众的自救和互救等能力。

（四）国际启示

通过对国际上的几种代表性的治理框架、模型或做法的梳理，对我国建立跨区域联防联控应急的空间响应机制启示如下。

（1）更加注重跨区域应急法治体系建设。美国以严苛的法律管理公共卫生突发事件，我国也应该继续推动法治中国的建设，做到法治内化于心、外化于行。

（2）更加强调对社会信息公开。英国通过媒体、政府热线和政府网站等在公共卫生事件中的处理方式，值得借鉴。媒体监督和科普后有助于缓解恐慌、稳定社会，我国急需媒体的监督与有效参与。

（3）更加注重信息化建设。美国注重信息系统建设，强调大数据时代的作用，我国在这次疫情中充分应用了大数据的手段，是应急的有效机制之一。

（4）更加注重预防为主、快速反应。美国、日本等都建立了以预防为主的管理理念，我国也应该构建应急管理新模式，发挥预防主导的作用。另外，日本地震频发，因此形成了对突发应急事件的快速反应和快速处理能力。

（5）更加注重公众应急意识培养。借鉴英国、日本经验，通过科普加快公众的参与，让每个人都成为应急中的战士，而不是添乱和恐慌制造者。

二、武汉都市圈防疫应急响应效果评估

（一）在防控效果方面，76 天打赢了抗疫保卫战

新冠肺炎疫情发生以来，党中央、国务院高度重视，调配一切力量，坚决打赢这场疫情防控的人民战争、总体战、阻击战。从武汉的这次防疫应急响应来看，武汉人民、湖北人民的牺牲和奉献为全国、为全世界赢得了宝贵的时间，也阻止了疫情在全国的蔓延。我们按照党中央国务院—国家部委—湖北省—武汉市的防控过程复盘武汉抗

疫战。

1. 党中央国务院响应

2020 年 1 月 7 日，习近平总书记主持召开中央政治局常委会会议，对做好疫情防控工作提出要求。

2020 年 1 月 20 日，习近平总书记对新冠肺炎疫情做出重要指示，要求制定周密方案，组织各方力量开展防控，采取切实有效措施，坚决遏制疫情蔓延势头。

2020 年 1 月 25 日，党中央决定成立应对疫情工作领导小组，向湖北等疫情严重地区派出指导组。

2020 年 1 月 26 日，国务院公布延长 2020 年春节假期的通知。

2020 年 1 月 27 日，李克强赴武汉考察指导疫情防控工作。

2020 年 2 月 3 日，军队抽组 1400 名医护人员承担火神山医院医疗救治任务。

2020 年 2 月 4 日，中央明确再增加 2000 名医护人员支援湖北。

2020 年 2 月 10 日，中央赴湖北指导组约谈武汉副市长等三人。湖北省卫健委党组书记、主任双双被免职，上述两职务由新到任的省委常委王贺胜同志兼任。

2020 年 2 月 13 日，应勇任湖北省委书记，王忠林任武汉市委书记。

2020 年 4 月 4 日，清明节，国旗半垂，全国各族人民深切悼念抗击新冠肺炎疫情斗争牺牲烈士和逝世同胞。习近平、李克强等党和国家领导人在首都北京参加悼念。

2. 国家部委响应

2020 年 1 月 1 日，国家卫健委成立疫情应对处置领导小组。

2020 年 1 月 15 日，国家疾控中心内部启动一级应急响应。国家卫健委发布新冠肺炎第一版诊疗方案。

2020 年 1 月 27 日，国家发改委紧急下达中央预算内投资 3 亿元支持湖北。国家医保局免除个人负担政策扩大至疑似病例。财政部、国家医保局、国家卫健委联合发布通知，明确疫情救治费用个人负担部分由财政给予补助。

2020 年 2 月 8 日，国家卫健委宣布建立 16 省支援武汉以外地市对口支援关系。

2020 年 2 月 16 日，国家卫健委称全国各地疫情防控效果已显现。

3. 湖北省响应

2020 年 1 月 22 日，湖北省启动突发公共卫生事件二级应急响应。

2020 年 1 月 24 日，湖北省启动突发公共卫生事件一级应急响应。

2020 年 2 月 2 日，湖北省新冠肺炎疫情防控指挥部要求，坚决按照"四集中"要求，对所有疑似患者集中隔离。

2020 年 2 月 16 日，湖北要求疑似患者核酸检测当日清零。

2020 年 2 月 20 日，湖北省新冠肺炎疫情防控指挥部发布通告：省内各类企业先按不早于 3 月 10 日 24 时前复工。

2020 年 4 月 2 日，湖北省政府评定 14 名牺牲在新冠肺炎疫情防控一线人员为首批烈士。

4. 武汉市响应

2019 年 12 月底，武汉市疾控中心监测发现不明原因肺炎病例。武汉市卫健委发布情况通报。

2020 年 1 月 21 日，武汉市单日新增病例首次突破 100 人，15 例医护人员感染。

2020 年 1 月 23 日，武汉市新冠肺炎疫情防控指挥部发布 1 号通告，10 时起机场、火车站离汉通道暂时关闭。决定参照北京"小汤山"模式，建设火神山和雷神山医院。

2020 年 2 月 5 日，武汉市方舱医院开始收治第一批患者。

2020 年 3 月 3 日，武汉累计治愈出院数首次超过现有确诊数。

2020 年 3 月 10 日，武昌方舱医院最后 49 名患者康复出院，至此，16 家方舱医院全部休舱待命。

2020 年 3 月 25 日，武汉恢复部分公交线路运营。

2020 年 4 月 8 日，武汉市解除离汉离鄂通道管控措施，有序恢复对外交通。

5. 复盘小结

从疫情复盘的情况来看，针对联防联控应急机制，这次抗疫中出现几个特点：一是中央响应快于区域响应，开始阶段甚至到换帅之前，湖北省和武汉市一直应对失措；二是没有有效地采用都市圈的联防联控机制，封城还是按照行政区开展的，导致疫情初期的快速蔓延；三是目前医疗、卫生、防控、应急等资源配置的模式仍然以城市为主，而不是以都市圈为配置单元，导致资源错配现象严重。

（二）在响应机制方面，跨区域联防联控初见成效

中国的应急管理采用的是统一领导、综合协调、分类管理、分级负责、属地为主的机制，和美国比较类似，中国也是中央—省市区—城市—县的模式，中央和地方的责任各不相同。这次武汉疫情，体现了我国特色应急管理体制在突发事件应对方面发挥出的显著优势。

1. 多部门协调联动，多举措防控疫情

国家卫生健康委组建医疗队，派出督导组。财政部向湖北省下拨补助资金 10 亿元，会同国家医保局确保确诊患者不因费用问题影响就医。国家发展改革委下达 3 亿元专项补助武汉火神山和雷神山医院项目建设。中央组织部从代中央管理党费中给 31 个省区市、中央有关部门（系统）划拨专项资金 10800 万元，用于支持各地开展疫情防控工作。科技部抓紧推动新型冠状病毒感染的肺炎疫情防控应急科技攻关。工信部积极动员，保障疫情物资供应。海关总署要求对专门疫情防治用品实现"零延时"通关。国办通知延长 2020 年春节假期至 2 月 2 日。民政部要求各城乡社区组织在疫情解除前不举办各类人员聚集性活动。

2. 多方医疗力量紧急驰援响应

在国家的统一调配、统一指挥下，国家卫生健康委充分考虑疫情现状、人力资源储备及受援地市医疗资源缺口等情况，在原有外省医疗队支援的基础上，按照原有关系不变、应补尽补的原则，统筹安排 19 个省份对口支援湖北省除武汉市外的 16 个市州及县级市，确定以下对口支援关系：重庆市、黑龙江省支援孝感市，山东省、湖南省支援黄冈市，江西省支援随州市，广东省、海南省支援荆州市，辽宁省、宁夏回族自治区支援襄阳市，江苏省支援黄石市，福建省支援宜昌市，内蒙古自治区、浙江省支援荆门市，山西省支援仙桃、天门、潜江 3 个县级市，贵州省支援鄂州市，云南省支援咸宁市，广西壮族自治区支援十堰市，天津市支援恩施土家族苗族自治州，河北省支援神农架林区。

3. 应急物资储备，全球支援、跨区域保障

自 2020 年 1 月 23 日接到联防联控机制转来武汉物资需求清单后，工信部立即向武汉紧急调用了防护服 1.4 万件、医用手套 11 万双；通过协调紧急采购，为武汉落实各类口罩货源 300 万个，落实防护服货源 10 万件，落实护目镜 2180 副；帮助武汉对接了 84 消毒液、二氧化氯泡腾片等消杀用品和正压式送风系统、手持式红外线测温仪、喷雾机等专用设备货源；对全自动红外体温监测仪和负压救护车等订单式生产的设备，组织整车（机）和关键零部件厂商复工复产，全力保障武汉防控订单需求。2020 年 1 月 24 日，再次下发通知，督促要求相关省（区、市）组织本地区企业立即复工复产，紧急组织医用防护服支援武汉，全力保障武汉医用防护服等物资需求。另外，全世界华人行动起来，以买光全球的架势，紧急支援武汉应急物资，确保了这场抗疫战的"弹药供给"。

4. 火神山、雷神山、方仓医院，全国援建

全国 31 个省、自治区、直辖市宣布启动重大突发公共卫生事件 I 级响应。作为疫情的重灾区，武汉市疫情防控指挥部 2020 年 1 月 23 日发布通告，全市公交、地铁、轮渡、长途客车暂停运营，没有特殊原因市民不能离开武汉，同时机场、火车站离汉通道暂时关闭，高速公路也逐渐关闭。武汉要求对所有发热症状的市民及时预检分诊，对所有患者进行集中隔离救治，对所有密切接触人员采取居家医学管理，并分三批征用 24 家综合医院，临时改造为收治发热病人的专门医院，争分夺秒建设两座收治病患抗击疫情的医院——火神山和雷神山医院。

（三）从空间格局方面，疫情暴露医疗资源分布不均衡的现状

1. 超大城市城区间资源分布不均衡

按照国家《医疗机构设置规划指导原则（2016–2020 年）》，全国省级区域应该每 1000 万人口规划设置 1~2 个综合医院，全国地市级区域每 100 万 ~200 万人口设置 1~2 个地市办综合医院，服务半径一般为 50 千米左右，全国县级区域应该设有 1 个县办综合医院、1 个县办中医类医院，超过 50 万人以上县可适当增加县级公立医院数量。然而这

次疫情充分暴露了武汉都市圈的医疗资源分布极不均衡的现状。武汉市共有三级医院 46 家，院区 72 个。不论是医疗资源的总量，还是人均拥有医疗资源，武汉优质医疗资源在全国排名都较靠前，但是城区之间医疗资源分布很不平衡，80% 以上三级医院集中在中心城区。即使在中心城区，医疗资源分布也并不平衡。武汉一些新的人口聚集区如南湖、白沙洲等地区医疗机构配建还不到位。

2. 都市圈内部中心和外围城市资源分布不均衡

从武汉都市圈周边来看，以与武汉毗邻的黄冈市为例，黄冈处于武汉一小时高铁圈层，有超过 750 万人口，每天会接纳超过 25% 的外流人员。百度地图慧眼的百度迁徙大数据显示，自疫情暴发以来，从武汉出发抵达的热门目的地中，孝感市、黄冈市分别位列前两名，但黄冈仅仅有 1 家三甲医院，在疫情中指定的市区三家定点医院条件均极为有限：黄冈市惠民医院是很小的社区医院，成为定点医院后，临时改造出一个隔离区以增加床位。医护人员团队也是临时从市中医院以及一些县级医院的呼吸科、ICU 抽调组建。黄冈市传染病医院条件也极为简陋。第三家定点医院是黄州区龙王山老年公寓，临时开辟为隔离区。

（四）在物资分配方面，从指定机构到专业组织的反思与改进

疫情暴发以后，李克强总理赴湖北专门强调，要搞好平衡状态下的医疗物资分配，精准调配各项医疗物资、防护设备，既保武汉重点需求又兼顾全省各市需求，加快物资分配节奏，确保满足各地真实需要，确保满足保护好医护工作者的需要。武汉此轮应对疫情经历了从前期混乱不堪到后期按需有序分配的转变。

1. 指定组织，混乱不堪

抗疫初期，举国关注。但在 2020 年 1 月 30 日，湖北省红十字协会第一批捐赠物资的使用情况公示中，瞬间引发热议。按照其公示明细，抗疫工作的主力军武汉协和医院仅分到口罩 3000 个，且型号并不完全匹配抗疫需求。同时，此间还屡屡爆出救援物资援助通道发生阻滞等问题。

2. 专业机构，有序分配

疫情暴发以后，专业医药物流公司九州通紧急接手，受武汉新冠肺炎防控指挥部指派，于 2020 年 1 月 31 日中午 12 点正式启用 A2、A3 馆，负责武汉红会捐赠物资的物流运营管理。九州通公司进场后，完成了捐赠物资的入库、仓储和信息录入的工作，紧急的医药物资两个小时内就可以完成从到货到分配的过程。所有捐赠品的卸货由武汉城投负责；入库商品的分类堆码由九州通负责；商品质量和是否医用由市场监督管理局派驻人员清理；产品数量是市统计局派驻人员在统计。及时让专业的机构做专业的事，实现了物资有序分配。

（五）在健全舆情管控方面，从前期滞后封闭到后期公开透明的转变

1. 前期信息共享的碎片化

各级政府在疫情应急中，对信息进行搜集、分析、管理是关键。区域信息不能及时、有效共享和传递导致区域间与各地方政府做出的决策缺乏准确性，进而对公共危机的处理结果造成影响。跨域危机治理中呈现出信息"碎片化"趋势，信息"碎片化"不仅降低了治理效率，提高了治理成本，更阻碍了最优决策的形成。

2. 后期大数据手段助力信息公开透明

疫情下的网格化管理和社交平台搭载的"健康码"保证了有限可控的人流、物流，保障了社会的基本运行。随着社会运行的闸门开启，健康码成为人们进入重返社会的"绿色"通道。中国历经20多年的互联网快速发展，构筑了信息化、数字化、智能化的公共基础设施，让社会和国民在重大突发事件中保持坚韧和安全。这个体系赋能了社会的公开透明，让人民与国家保持同步，也赋能了国家用较低的代价，从新冠疫情的创伤中迎来复苏。

3. 向国际信息共享开放，反对有罪推定

疫情发生以来，中国始终本着公开、透明、负责任态度，不断规范和完善信息发布机制，踏踏实实发布抗疫信息，分享科学数据和防控经验，积极与世卫组织合作，及时向世卫组织及国际社会通报疫情，邀请国际专家，与国际社会共享信息，包括第一时间分享病毒基因序列。即使在以美国为首的西方国家，要对中国进行国际调查的背景下，中国也明确表态：中国愿意接受相关国际独立调查，但我们拒绝在没有任何证据的前提下就把中国送上被告席。

（六）在社会统筹方面，社区防控和志愿者机制发挥了至关重要的作用

1. 社区防控筑牢最后防线

在这次疫情中，武汉市积极落实习近平总书记的重要指示精神，将社区作为防控疫情的战斗堡垒，紧紧依靠人民群众，群防群治、联防联控，坚决打赢疫情防控阻击战。武汉充分发挥了社区在疫情防控中的阻击作用，全力筑牢社区疫情防控第一道防线，并将社区防控贯穿于疫情防控始终，使其在疫情防控过程中发挥基础性、关键性作用。武汉社区实施了封闭式管理、地毯式排查，并通过及时隔离患者及密切接触者、积极开展健康宣传教育等方式，有效切断了病毒传播的链条，筑牢了疫情防控的最基层防线。

2. 志愿服务成为中坚力量

广大社区志愿者是社区防控的重要力量。在这场全国性的疫情防控阻击战中，各行业领域的志愿服务组织和志愿者积极响应号召，投身疫情防控工作，用实际行动展现出了专业担当和奉献精神。武汉志愿者承担了高速路口执勤、联络救援物资、搬运捐赠物

资、组织联络志愿者、接送医护人员、为患者送药等一系列急难险重的任务，极大地减轻了政府各有关部门的压力。另外，志愿者们还及时反馈一线信息，转发官微真实消息，在线上虚假消息辟谣中发挥了重要的作用。

三、对策建议

一个有效的都市圈联防联控应急机制应该形成以国家疫情工作小组为领导、以都市圈为主导、以各类国内乃至国际援助力量为协助的危机应对合作伙伴关系网络，提升各组织的危机应对能力，建立都市圈联防联控的有效制度规范，保障跨区域公共危机应对的有效实施（见图7-3）。

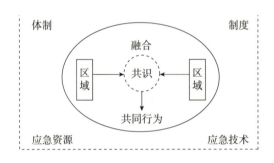

图7-3 跨区域应急协调机制

资料来源：作者自行整理。

在应对公共卫生和灾害联防、重大公共安全事件联动、区域金融风险联控上，地方政府职能部门能够快速响应，启动区域卫生应急联动机制，按照属地为主的原则，由事件发生地为主成立现场联合指挥部，各都市圈协作区联合发挥安全线和防火墙作用。为此，提出如下对策建议：

（一）构建区域性的公共资源应急调配机制

在应对突发性公共灾害时，需要打破传统上以行政区划和行政等级为基础的公共资源调配机制，构建更加快速、更加高效的区域性公共资源应急调配机制，通过快速、高效、集中调整公共应急资源，避免灾害和风险扩散化。在突发事件卫生应急工作中，密切配合，相互提供装备、技术和物资等应急支持，并强化培训工作合作交流，在应急管理干部、应急救援力量、知识培训方面实现共享共用。

（二）建设新型都市圈布局，形成资源均衡的网格系统

打破原有的"城市中心—近郊新城—远郊乡村"型的布局，向"一个产业功能区就

是一个城市社区"的"葡萄串"结构转换。在这种全新的结构下，每一个葡萄串就是一个有机功能区，在单个功能区内实现工作、生活、商务以及产业的协同，而功能区之间通过生态廊道等联通，实现跨区域联防联控难度大幅下降。

（三）建立智慧应急体系，形成常态化交流机制

围绕应急管理全链条，在都市圈层面，加快建设应急管理综合应用平台，编织全域覆盖的感知通信"一张网"和预测预警预报综合防控"一张图"，打造扁平高效和移动便捷的管理服务工具，构建快速响应和综合协调的应急指挥体系，打造共建共治共享共创的应急管理信息化新模式。

都市圈城市间建立常态信息交流机制，及时、准确通报突发事件信息、卫生应急工作信息。同时，建立联席会议制度，每年召开1~2次联席会议，分析研判都市圈公共卫生安全形势，研究决定卫生应急合作事项；在突发事件信息、应急平台互通、应急保障能力建设等常态工作方面开展长期交流，推动城市基层政府和相关部门建立应急合作机制。

（四）以都市圈为单位定期开展跨区域联防联控应急演练

通过演练，完善指挥机制和处置程序，提高快速反应能力，为跨省联合应对重大突发事件的处置积累经验，有效提升四省跨区域综合救援的能力，确保重大突发事件发生时特别是在交通、能源、通信中断等极端条件下，国家卫生应急队伍能高效有序地开展卫生应急处置。

（五）继续优化完善应急产业园区布局

2020年1月8号，工信部、国家发改委、科技部联合公布第三批国家应急产业示范基地名单，河北省唐山开平应急装备产业园等八个基地入选。自此，我国国家应急产业示范基地名单已获批三批，共计20家。经过多年的发展，我国应急产业发展力量不断壮大，部分地区打造区域性应急产业基地，产业规模呈现快速增长态势。应急产业支撑保障能力进一步增强，相关应急科技、产品和服务在应对地震、人感染禽流感疫情等突发事件中发挥了积极作用。不过，应当看到由于应急产业涵盖面广，除个别领域发展初具规模外，整体上处于"散、弱、小"状态，问题比较突出，与我国面临的公共安全形势和人民群众不断增长的安全需求不相适应。因此，应该进一步优化完善全国应急产业园区布局，形成产业的集聚发展，实现生产要素最优配置和提高能源资源利用效率，为国家处置突发事件提供综合产业支撑。

（六）打造应急供应链与产业链

应急产业是为适应我国各类突发事件而兴起的战略性新兴产业。此次疫情充分暴露

了目前我国的应急产业还不成熟，存在集聚程度不高，产业链和供应链整合动力不足，协同发展不明显等问题，供应链交易成本高，产业链运作成本高，市场反应力弱。因此，应响应中央号召夯实基础，强化应急管理装备技术支撑，优化整合各类科技资源，推进应急管理科技自主创新，提升创新能力，推动集群发展，打造高效产业链，壮大优势企业，鼓励和引导形成应急企业与上下游供应链、产业链良好合作、合理分工、有效集成的新格局。

（七）保障都市圈应急物资的安全储备

应急物资包括关系国计民生的重要物资、应急处置装备和基本生活物资三大类，是应对突发事件的重要保障。应加快建立健全都市圈层级的应急物资安全储备系统，以都市圈中心城市为枢纽，以市、县两级应急物资保障系统为支撑，建立规模适度、结构合理、管理科学、运行高效的应急物资储备体系，完善重要应急物资的监管、生产、储备、调拨和紧急配送体系，有效满足处置突发事件的需要，确保自然灾害发生24小时之内，受灾群众得到食物、饮用水、衣物、医疗卫生、临时住所等方面的基本生活救助。

专题八

都市圈——连接中心城市和城市群的关键环节

摘要 ◀

2019年12月16日，《求是》杂志刊发习近平总书记重要文章《推动形成优势互补高质量发展的区域经济布局》（以下简称《推动》）。在《推动》中，习近平总书记对我国区域经济发展形势提出新认识和新研判、对促进区域经济协调发展构建了新思路和新举措。

自中华人民共和国成立以来，中国城镇化发展经历了小城镇、中小城市，再到大城市的演化过程，时至今日，随着都市圈特征的日益显著，作为中心城市向城市群发展的重要空间载体，都市圈正在发挥极为重要的作用，可以说中国已经进入都市圈时代。

本部分针对《推动》一文所反映的中国城镇化发展思路和空间管理逻辑进行探讨，认为现阶段的都市圈具备真实有效投资需求、潜在人口增长潜力和经济要素集聚效率，建议以都市圈为抓手推动城市群集约化高质量发展，形成优势互补、竞争引领、质量驱动的区域经济发展新格局。

一、中国已经进入都市圈时代

自中华人民共和国成立 70 多年来，特别是最近的 20 多年来，随着我国经济发展速度的不断加快，城市得到了迅猛发展，城镇化水平（城镇化率）明显提速，到 2019 年全国整体城镇化率已经达到 60.60%，首次越过 60% 大关。1999~2019 年，城镇化率提高了25.82 个百分点，年均增长率为 2.82%，而 1949~1999 年，年均复合增长率为 2.40%（见图 8-1）。发达国家的经验表明：当城镇化率达到 75%~80%，城镇化进程才进入尾声。中国城镇化率逐步跨过中低收入国家、中等收入国家和全球平均水平（55%），但距中等偏上乃至高收入国家（日本 91.62%，美国 82.26%）仍有较大的差距，未来依然存在至少 10~15 个百分点的提升空间。

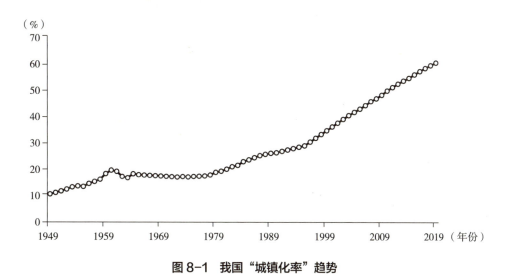

图 8-1　我国"城镇化率"趋势

资料来源：国家统计局。

虽然我国整体城镇化水平迅速提高，但由于我国幅员辽阔，受经济发展水平、地形地貌条件、城市发展历史等多因素影响，城镇化水平在各地区的发展参差不齐。2018 年城镇化水平较高的几乎都是大城市，特别是在长三角地区和珠三角地区的城市，城镇化水平都相当高（见图8-2）。这种高城镇化率集中在大城市的现象引发了新的思考：我国城市发展有着怎样的演进过程。

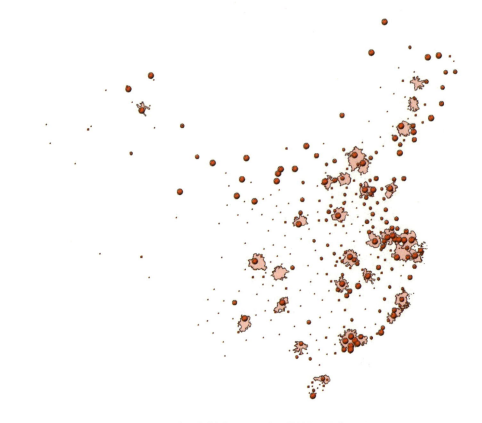

图8-2　我国各城市2018年"城镇化率"分布

注：浅红色底为我国30个都市圈范围；红色球形代表城镇化率，越大代表城镇化率越高。

资料来源：华夏幸福研究院。

（一）中国的城镇化发展演变历程：小城镇—小城市—中城市—大城市

我国的城市建设要从中华人民共和国成立前夕说起。1949年3月，七届二中全会提出党的工作重心必须从农村转移到城市，毛泽东同志提出："必须用极大的努力去学会管理城市和建设城市。"由此，我国城市发展的大幕正式拉开。

然而，我国城市建设并不是一帆风顺的。正如图8-1显示的那样，1960~1963年，我国的城镇化率是下降的，也就是说我国的城镇化进程是倒退的。原因在于，1959年以后，我国主要农产品和不少主要轻工业品的产量大幅下降，为此1961年的八届九中全会做出指示：一定要缩短重工业和基本建设战线，延长农业和轻工业战线。1962年5月27日，中共中央、国务院做出"关于进一步精减职工和减少城镇人口的决定"。这是中国城市发展历史上最为特殊的时期，但城镇化作为社会进步的标志，是国民经济和社会发展的必然趋势，短暂的挫折无法阻挡我国城镇化进程的不断推进。

1978 年 3 月，国务院第三次全国城市工作会议制定的《关于加强城市建设工作的意见》（中共中央 1978 年 13 号文件，以下简称文件）经党中央批准印发。文件提出："大城市的规模一定要控制。今后，各城市都要有人口和用地规模的控制指标。百万以上人口的特大城市，今后不要再在市区和近郊安排新的建设项目和大的扩建项目。进行必要的扩建和生产调整，应当做到企业有增有减，人口有进有出，从全市来讲不扩大人口和用地规模。要把那些易燃易爆、污染严重和直接为农业服务的企业、事业单位，有计划地迁出市区和近郊。在远郊建设新项目、小城镇，应严格防止与市区及近郊连成一片。50 万以上人口的大城市也要严格控制，切实防止膨胀成新的特大城市。中等城市要避免发展成大城市。"这是我国首次明确提出城市发展规模方面的方针，但该方针强调的是"控制大城市规模，多搞小城镇"。

1980 年 12 月，国务院批转了国家建委 10 月的《全国城市规划工作会议纪要》（国发〔1980〕299 号），该纪要提出："控制大城市规模，合理发展中等城市，积极发展小城市，是我国城市发展的基本方针。国内外经验证明，城市规模过大，带来许多难以解决的弊端。我们一定要严格控制大城市的人口和用地规模。今后，大城市和特大城市原则上不要再安排新建大中型工业项目。"这是 20 世纪 80 年代我国实行的城市发展方针，这一时期我国的城市得到了很快的发展，城镇化水平得到了较大的提高，十年间从 19.4% 提高到了 26.4%。

1990 年 4 月 1 日开始实施的《中华人民共和国城市规划法》第四条明确规定："国家实行严格控制大城市规模、合理发展中等城市和小城市的方针，促进生产力和人口合理布局。"20 世纪 90 年代，我国城市进入了迅速发展的阶段，到 2001 年，城镇人口从 1978 年的 1.72 亿人增加到了 4.81 亿人，城镇化水平提高到了 37.7%。可以发现，这几次城市发展方向的调整针对的都是城市规模问题，而不是城市的经济社会发展问题。

随着城镇化进程的不断加快，大批农村人口进入城市，可能会导致诸如交通拥挤、住房紧张、环境污染等所谓的"大城市病"。这是城镇化进程中客观存在的事实，而这归根结底是城市的基础设施建设和住房保障建设的滞后所致，世界城市经过近百年的发展，都很大程度上解决了"大城市病"。因此，我国城市建设不应该以控制城市发展规模为目标，而应该着眼于经济社会发展。

2001 年 3 月，第九届全国人大第四次会议通过了《我国国民经济和社会发展第十个五年计划纲要》（以下简称《纲要》），《纲要》明确提出："推进城镇化要遵循客观规律，与经济发展水平和市场发育程度相适应，循序渐进，走符合我国国情、大中小城市和小城镇协调发展的多样化城镇化道路，逐步形成合理的城镇体系。"经过半个世纪的探索，我国城市发展方针第一次和经济社会发展规律联系在了一起，遵循客观规律，大中小城市和小城镇协调发展，逐步形成合理的城镇体系。

21 世纪之前的 50 年，我国的城镇化道路可以总结为：从逆城镇化，到大力发展小城镇，再到限制大城市发展同时合理发展中小城市。我国城镇化的曲折道路终于在进入

21世纪后发生了改变，走上了"大中小城市和小城镇协调发展"的道路，以大带小、大中小城市协调发展成为了21世纪以来城镇化发展的主旋律。

（二）中国当前的四大都市圈化特征

2019年2月21日，国家发展和改革委员会发布了《关于培育发展现代化都市圈的指导意见》（以下简称《意见》）。《意见》明确提出："都市圈是城市群内部以超大特大城市或辐射带动功能强的大城市为中心、以1小时通勤圈为基本范围的城镇化空间形态。"未来，在培育壮大城市群的过程中，以大城市、中心城市为核心的都市圈将扮演着"引擎"的作用。在城市向大型化、中心化发展的过程中，都市圈化已成为中国城镇化空间格局的新特征。行政边界的限制逐渐被打破，各要素通过有序流动实现合理布局，人口、空间、产业等多个维度均呈现显著的都市圈化特征，高度网络化的城镇体系正在形成。

1. 人口增长呈现都市圈化：人口加速向核心圈以外溢出

随着城镇化水平的提高，人口不断向大城市集聚，受制于核心圈有限的发展空间和承载能力，人口由中心向外围溢出，外圈层的人口加速增长，与核心圈的人口密度落差逐渐缩小。外圈层逐渐成为未来城市新增人口的主要承载地，预计未来将吸纳都市圈内超过70%的新增人口。

以北上广深四个成熟都市圈为例，2001年至今，北京市区人口从增速放缓到呈现负增长，2016~2019年北京市常住人口连续3年下降，从2172.9万人减少至2153.6万人；外围区县人口加速增长，增速提高至4%，外圈层已出现广阳、固安等在北京发展腹地中起到关键支撑作用的节点性城市。长三角地区人口以上海、杭州为核心集聚连片分布，上海都市圈核心圈在2010~2017年人口增量为64万人（从1316万人增长至1380万人），同期外圈层人口增量接近核心圈增量的2倍，高达125万人（从3152万人增长至3277万人），昆山、江阴等节点性城市人口均超过150万人。珠三角地区同样呈现出人口加速外溢的特征，人口在广州、深圳间连绵分布，外围的东莞、中山等均为百万人口级城市。

2. 就业通勤呈现都市圈化：跨行政区通勤已成规模

随着中心城市与周边邻接城镇社会经济联系的日渐紧密，跨行政区通勤已成规模。核心城市辐射范围内的卫星城成为吸纳人口和产业的重要载体，大量劳动力由于工作地点和居住地点的分离，往返于都市圈中心和外围圈层之间。

以北京都市圈为例，通勤联系已突破行政边界，超过36万人工作在北京、居住在环京，其中三河、固安、广阳人数最多；近11万人居住在北京、工作在环京，其中三河、香河、广阳占比最大。可见，行政边界和通勤距离对劳动力的制约正在削弱，都市圈一体化进程使人流、物流、资金流在更大范围内自由流动。

3. 空间扩张呈现都市圈化：外围节点城市开始网状化发展

都市圈在空间维度上呈现明显的圈层特征，除核心城市之外，外围节点性城市加速发展，从各城市自我循环的封闭式发展模式逐渐向大中小城市各具活力、结构合理的多级网络化城镇体系转变。

以上海、北京两个成熟都市圈为例，上海都市圈的多级城镇体系初步形成，除1000万人口以上的核心城市外，人口超过100万、20万~100万、5万~20万的外围节点性城市分别有5个、12个、10个。北京都市圈城镇体系建设相对滞后，但与过去相比，仍明显呈现良性发展态势，7个外围城市人口超过20万。可见，区别于以往的单中心模式，特大城市空间规划正在向郊区新城、卫星城组团式多中心发展模式过渡，在分工合作、优势互补的基础上，形成联动发展的都市圈"共生体"（见表8-1和图8-3、图8-4）。

4. 产业联系呈现都市圈化：按价值链分布形成良性合作

城镇体系的演变带来了产业布局的重构，城市间互补性的增强打破了行政分割，由于都市圈内外圈层的联系不断加强，从而更大范围地有序转移和合理分布价值链不同环节的产业，进而更大程度地发挥区域发展的规模效益和集聚优势。

表8-1 北京、上海都市圈不同人口规模的城市（镇）数量

	总人口（万人）	1000万以上	500万~1000万	300万~500万	100万~300万	50万~100万	20万~50万	5万~20万
北京都市圈	3141	1	0	0	0	1	6	7
上海都市圈	5093	1	0	1	4	3	9	10

资料来源：珞珈一号、华夏幸福研究院。

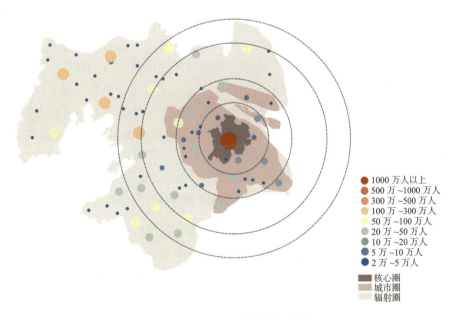

图8-3 上海都市圈城镇体系分布

资料来源：珞珈一号、华夏幸福研究院。

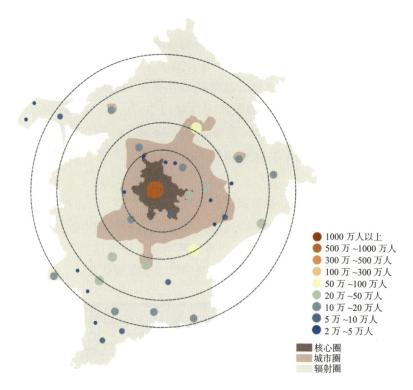

图 8-4　北京都市圈城镇体系分布

资料来源：珞珈一号、华夏幸福研究院。

　　以上海都市圈为例，上海老牌的汽车产业集群不断演变和拓展，逐渐形成覆盖全价值链的产业体系，并在空间上有序分工。下游零部件企业大规模向外围布局，总部、研发中心等关键职能则向核心圈集中，由中心向外围覆盖价值链不同环节：核心圈层集聚了总部管理与商贸功能；30 千米圈层的企业集中在技术研发、学校培训、汽车博览等领域；50 千米圈层在紧密零件、发动机等零部件生产环节更具优势；80 千米圈层主要提供物流、测试场、内饰生产等服务；120 千米圈层主要负责物流运输、发动机及整车生产。各圈层充分发挥各自优势、形成良性合作。

（三）未来将有少部分都市圈进入城市群阶段

　　城镇化发展的更高级形态是具备成熟网络化特征的城市群。在城市网络化的初级阶段，总体而言属于点状发展模式，区域内只有唯一的中心城市作为增长极，经济引力和聚集效应相对突出，周边城市的要素资源不断涌向中心城市，却极少发生回流现象，导致中心城市发展较快与外围城市发展滞后相并存的空间结构，形成中心城市一览独大的现象。

　　相对于初级阶段而言，城市网络化发展的中级阶段属于线状发展模式。中心城市的扩散效应有所体现，不再是单纯的经济引力和集聚效应。由于中心城市发展相对迅速，开始带动周边城市的发展，区域内不再是仅存有的一个中心城市，而是形成了多个次中心城市。

城市网络化发展的高级阶段将构成网状的城市群发展模式，相对于点状和线状而言，该种模式更能够提升城市经济网络的承载能力和负荷能力，对于城市一体化实现和空间格局优化具有重要参考价值。在高级阶段，由于城市集聚和扩散效应的存在，区域内形成了各个层级的中心城市和次中心城市，而且出现了各类型城市的网状运行格局，重点发展轴线相对明显。在整个区域内的产业结构日趋合理化和高度化，交通网络体系日趋完善化和立体化，这大幅提升了城市间的联系密度和强度，特别是次中心城市和节点城市的核心优势和纽带作用越发凸显，并与上一级的中心城市、下一级的城镇联系度越来越大，带动了各类型城市的高效快速发展。总之，在城市网络化的高级阶段，新旧点轴不断渐进扩散和经纬交织，网络层次逐步加深，大中小城市均衡协调发展的网络体系已经形成，且成为城市网络化发展的终极目标，这就是城市群。

目前来看，我国有可能在较短的时间内形成城市群的区域或许只有长三角、珠三角和京津雄等少数区域。

二、都市圈是中国未来一段时期城镇化发展的主体形态

2019 年 12 月 16 日，《求是》杂志刊发习近平总书记重要文章《推动形成优势互补高质量发展的区域经济布局》(以下简称《推动》)，《推动》提出：当前，我国区域发展形势是好的，同时出现了一些值得关注的新情况新问题。一是区域经济发展分化态势明显；二是发展动力极化现象日益突出，经济和人口向大城市及城市群集聚的趋势比较明显。北京、上海、广州、深圳等特大城市发展优势不断增强，杭州、南京、武汉、郑州、成都、西安等大城市发展势头较好，形成推动高质量发展的区域增长极。三是部分区域发展面临较大困难。总的来看，我国经济发展的空间结构正在发生深刻变化，中心城市和城市群正在成为承载发展要素的主要空间形式。我们必须适应新形势，谋划区域协调发展新思路。

从数据看，我国 GDP 和人口分布是由一系列"尖峰"组成的，这些"尖峰"实际上就是 30 个都市圈和区域性中心城市，也正是这些"尖峰"构成了我国城镇化的基本骨架。整体来看，我国 30 个都市圈以占全国的 4.5% 的国土面积，集聚了全国 32% 的人口，同时产出了 52% 的 GDP。

《推动》一文表明：经济、人口的"尖峰"还将继续隆起。一方面，未来中国经济发展的优势区域在都市圈。都市圈城市功能体系更完善、空间组织形态更高级、就业机会更丰富，对人口的吸引力和承载力更强，如北上广深平均每新增 1 平方千米建成区面积就多承载人口 4213 人，是全国平均数据的 5 倍。另一方面，中国经济增长的结构性潜

能也在都市圈。在全国城镇固定资产投资中，与都市圈密切相关的投资占 57%，而在这 57% 的投资中有 44% 在都市圈范围内，也就是说，1/4 的城镇投资是跟都市圈范围内的投资直接相关。

（一）人口向都市圈聚集的趋势不断强化

人口密集地区（Densely Inhabited District，DID）源于 1960 年的日本人口普查，指的是人口规模超过 5000 人，密度大于 4000 人/平方千米的基本调查区所构成的邻接区域。DID 本质上是一种偏重人口密度的指标，有利于定量化识别城市地域、监测城镇化发展动态，对于大尺度的空间研究具有重要参考价值。在人口总量、开发规模相对稳定的情况下，扩大 DID 空间范围，增强更大区域的人口承载力，是实现集约式、可持续发展的一个优先选项。

从都市圈尺度来看，中国都市圈人口集聚仍有较大提升空间。从集聚强度来看，2015 年北京都市圈 DID 面积是 1248 平方千米，平均人口密度为 9951 人/平方千米，东京都市圈达到相同 DID 体量是在 1965 年，数值为 1252 平方千米，与北京相差无几，但彼时东京的 DID 人口密度已高达 12503 人/平方千米。从集聚规模来看，北上广深都市圈 DID 人口体量均小于 2000 万，面积体量均小于 2100 平方千米，人口占比均小于50%，但东京都市圈 DID 人口规模已经达到 3236 万，面积已经扩展到 3365 平方千米，人口占比甚至高达 90%，如果我们把东京作为未来发展的参照，我国都市圈人口密度仍存在较大提升潜力，而这个潜力就体现在都市圈外圈层。

从增长率看，1990~2016 年，核心圈的人口增长率是下降的，而城市圈和辐射圈是上升的；从绝对量看，2003~2016 年，北京都市圈核心圈人口在 2014 年后有一个明显的下降，而外围圈层（城市圈和辐射圈）的人口增量则反向上升（见图 8-5、图 8-6）。

这表明：DID 区域扩展的主要区域就在都市圈外围圈层，亦即人口向都市圈聚集的趋势将不断强化。

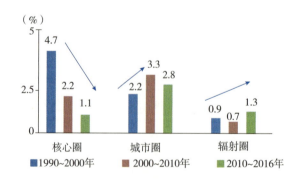

图 8-5 北京都市圈各圈层人口复合增长率

资料来源：第五次、第六次人口普查，统计年鉴，华夏幸福研究院。

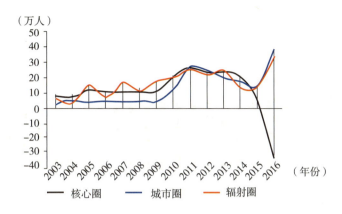

图8-6 北京都市圈各圈层人口增量分布

资料来源：第五次、第六次人口普查，统计年鉴，华夏幸福研究院。

（二）都市圈产业的空间协同与重构不断深化

2015年，我国服务业占GDP比重首次突破50%，2017年服务业占比达到了51.6%，服务业就业人员占全部就业人员的比重为44.9%，对国民经济增长的贡献率高达58.8%，可以说，我国整体已经迈入服务经济发展阶段。都市圈层面看，我国28个都市圈的第三产业占比远高于全国平均水平，占据了发展先机，其中，排名前20位的核心城市如表8-2所示。

	核心城市	都市圈		核心城市	都市圈
北京	80.23	72.23	厦门	58.57	49.87
海口	76.35	67.03	南京	58.39	54.44
乌鲁木齐	70.18	55.75	沈阳	57.30	58.82
上海	69.78	58.49	贵阳	57.06	55.06
广州	69.35	55.69	昆明	56.73	55.68
太原	62.57	61.38	天津	56.44	52.58
西安	61.17	48.38	长春	55.27	53.93
杭州	60.89	54.56	青岛	54.73	57.67
深圳	60.05	54.78	成都	53.11	49.22
济南	58.90	57.67	武汉	52.84	47.31

表8-2 排名前20位的核心城市及其都市圈第三产业发展占比　　单位：%

在"人随产走，产随人兴"的城市发展逻辑下，大国大城的创新规模优势突出。从全球看，纽约、东京、巴黎、伦敦、洛杉矶在"全球创新创业中心综合评价排名"中排名前5位，北京排名第6紧随其后，深圳第9、香港第11、上海第13、广州第19、台北第 21、武汉第 29。出现在这份榜单中的都是"大城市"。回看国内也是如此，北深上广杭分列前五位，排名靠前的也都是"大城市"（见图 8-7 和图 8-8）。

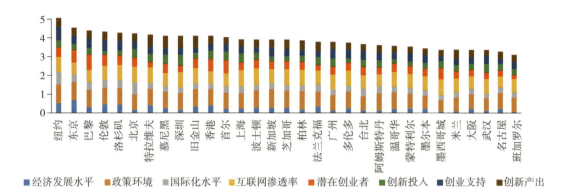

图 8-7　全球创新创业中心综合评价

图 8-8　我国创新创业中心综合评价

随着高端人口向都市圈核心圈的不断涌入，都市圈产业的"三二一"逆序化分布日益显著。以北京都市圈为例，核心圈第三产业占 90.2%，城市圈第三产业占 50.5%，辐射圈第三产业占 43.8%。经验显示：城市核心区 35 千米范围内以大型功能性副中心和居住型卫星城为主，35~80 千米范围以承接人口和产业转移的综合产业型卫星城为主，80~120 千米范围以单一产业型卫星城和产城融合的独立新城为主。

除了产业的"三二一"逆序化分布以外，都市圈产业价值链的分布是沿"中心—外围"由高到低梯度分布。产业按附加值圈层式梯度外拓，城市间的紧密联系打破了行政分割，在都市圈范围内更大程度地发挥产业集聚优势。以上海市汽车产业为例，汽车下游零部件企业已大规模向外围布局。

（三）都市圈城镇化空间实体地域不断网络化

城镇化空间实际建成区范围（也叫实体地域或景观地域）定义为以城市活动为主的

人群实际覆盖的连续建成区域。这个区域范围的识别不同于行政区县界，比街道、乡镇，甚至社区边界等更精确，更有利于统计研究和商业应用。当然，随着城市扩张和人类活动重心迁移，这个范围也是动态演进的，需要不断跟踪更新。

考虑到数据可得性，城镇化空间实体地域识别使用的主要数据为珞珈一号（2018年，分辨率130米）夜间灯光数据集，同时使用高德人口（设备）分布和通勤数据集（2018年，1×1千米或半径200米）、七大类（咖啡厅、餐饮相关场所、购物相关场所、商务住宅相关、学校、交通站点相关、公司企业）POI（Point of Interest，兴趣点，下同）分布数据集（2018年，1×1千米或半径200米）、基于GF-1宽幅宽16米影像的都市圈建成区提取数据集（2017年）、高德影像地形图及百度在线地图数据等进行校核。

实体地域识别遵循的原则：每一个被识别出的斑块在地理空间上应是相对独立未连片的。依据国际经验，原则上每个独立斑块人口规模不低于2万（由于我国村庄人口通常在5000人以下，但多村连片也不少见，再考虑到数据可获得性，最终将独立斑块人口最低档定为2万人）、面积不小于5平方千米，即人口密度不低于4000人/平方千米的DID（Densely Inhabited District，人口密集地区）综合区域。在具体方法选取上，这里分别用局部等值线树法、自然断点法和人口密度法对北京都市圈进行实际建成区初步识别。通过比较，自然断点法和人口密度法是针对全局的方法，存在"一刀切"的问题，而局部等值线树方法对空间是进行多区域独立搜索，从算法上来看更优，最终选取局部等值线树法。

通过对比北京都市圈、上海都市圈和东京都市圈的实体地域发现：北京都市圈整体分布呈"中心—外围"的单中心极核结构，上海都市圈则初步呈现多中心网络状连绵分布，而东京都市圈已经呈现出显著的圈层化、多中心网络状连绵区结构。参考东京都市圈，可以发现以北京都市圈和上海都市圈为代表的我国都市圈核心区已经形成一定的规模，而外围节点城市和微中心较少而且分散，没有像东京都市圈那样形成一个较为完善的网络体系，但其已经在向网络化发展逐渐靠拢，相信不久的将来我国都市圈也会形成高度网络化的空间形态（见图8-9）。

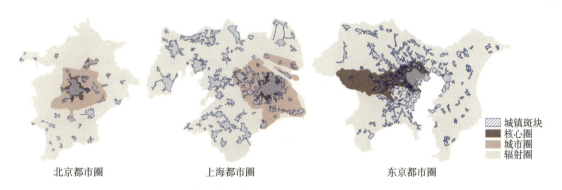

图 8-9　三大都市圈实体地域示意图（等比例尺）

资料来源：华夏幸福研究院。

随着发展动力极化现象凸显，经济和人口向大城市集聚，大城市将进一步成为推动高质量发展的区域增长极。根据《推动》提出的在新形势下促进区域经济协调发展思路：按照客观经济规律调整完善区域政策体系，发挥各地区比较优势，促进各类要素合理流动和高效集聚。预计当前发展阶段，我国的区域政策体系将以城市群内部的大城市和围绕大城市的都市圈为精准化治理的空间单元和核心载体，通过分类精准施策，进一步激发大城市的比较优势和规模效应，不断吸引经济和人口高质量集聚；同时借助于大城市的溢出效应和经济空间重组，辐射带动与之有着紧密经济联系的都市圈协同发展。最终形成以大城市、都市圈和城市群为尺度的三大空间治理单元和区域政策载体，推动形成优势互补、高质量发展的区域经济布局。

三、都市圈是当前更具科学性和可操作性的城镇化空间载体

（一）中心城市承载有限，都市圈已经成型

近年来，随着中国参与全球化程度的深化，全球舞台上的中国产业经历着新一轮次的动能调整、结构优化和技术升级过程，科技和创新要素成为塑造企业核心竞争力的关键。大城市具备更优质的产业集群基础，更密集的人才、技术、知识等创新要素和更充分的参与全球化产业分工机会。因此，在中国经济转向高质量发展的关键阶段，在产业结构变迁和新旧动能转换的新时代背景下，《推动》对我国的区域发展格局做出了新认识和新研判"经济和人口向大城市及城市群集聚的趋势明显，发展动力极化现象日益突出"，具备比较优势的大城市客观上成为中国城镇化发展的重点区域，特别是中心城市正日渐成长为中国的创新尖峰、产业高地和经济支柱。在此基础上，我国的区域发展思路也做出了重大调整，即"增强中心城市和城市群等经济发展优势区域的经济和人口承载能力，增强其他地区在保障粮食安全、生态安全、边疆安全等方面的功能，形成优势互补、高质量发展的区域经济布局"。

都市圈是介于大城市和城市群之间、以社会经济联系为基础构建的空间尺度。根据中国地方行政体制，中国城市实质为行政城市，城市边界是基于行政区范围界定的。但是随着极化现象的日益突出，部分中心城市的资源承载能力已到达或接近上限，城市经济发展和城市资源外溢，部分大城市，特别是中心城市的经济活动已经跨越了城市行政区边界，基于行政空间的治理模式已无法满足跨行政区发展的城市经济空间治理需求。

目前，我国已经形成或正在形成 30 个都市圈，按能级可以分为：高能型都市圈、高潜型都市圈以及培育型都市圈。其中，高能型都市圈有北京、上海、广州、深圳、南京、杭州、成都、天津、武汉、重庆，高潜型都市圈有长沙、郑州、厦门、宁波、青岛、济南、西安、福州、合肥、沈阳、石家庄，培育型都市圈有哈尔滨、长春、昆明、南昌、贵阳、太原、乌鲁木齐、南宁、海口（见图 8-10 和表 8-3）。

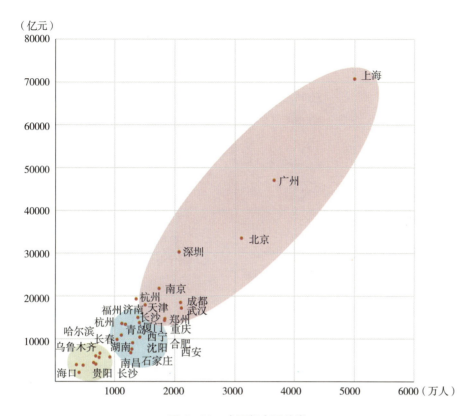

图 8-10　中国都市圈分类

资料来源：华夏幸福研究院。

层级	都市圈	人口（万人）	GDP（亿元）
	上海市	5023.87	70987.63
	广州市	3686.58	47209.81
	北京市	3117.6	33606.72
	深圳市	2079.98	30332.31
高能型	南京市	1749.59	22002.51
都市圈（10）	杭州市	1361.39	19584.14
	成都市	2099.54	18850.94
	天津市	1520.96	18227.47
	武汉市	2109.98	17526.04
	重庆市	1836.8	14629.47

表 8-3　中国都市圈分类

续表

层级	都市圈	人口（万人）	GDP（亿元）
高潜型 都市圈（11）	长沙市	1399.24	15174.63
	郑州市	1842.26	15095.44
	厦门市	1414.84	14115.79
	宁波市	1135.56	13721.48
	青岛市	1180.59	13643.00
	济南市	1108.6	10886.41
	西安市	1421.02	10479.87
	福州市	1053.67	10190.69
	合肥市	1303.72	9197.68
	沈阳市	1294.66	7873.41
	石家庄市	1276.5	6998.70
培育型 都市圈（9）	哈尔滨市	759.56	6912.89
	长春市	689.2	6200.26
	昆明市	742.62	5983.89
	南昌市	937.96	5983.42
	贵阳市	662.81	4571.64
	太原市	671.4	4323.88
	乌鲁木齐市	368.81	4109.35
	南宁市	474.63	4030.04
	海口市	405.46	2201.84

资料来源：华夏幸福研究院。

（二）城市群发展超越了当前的发展阶段

长三角、珠三角等生产要素高度密集地区在空间上呈现出多城市有序集聚、连片发展特征。2006年"十一五"规划提出"把城市群作为推进城镇化的主体形态"，用以带动区域协同发展。2011年的"十二五"规划进一步指出"要以大城市为依托，以中小城市为重点，逐步形成辐射作用大的城市群"。在2016年的"十三五"规划中，提出建设以京津冀、长三角和珠三角所引领的19个国家级城市群。2018年11月18日，中共中央、国务院发布的《中共中央 国务院关于建立更加有效的区域协调发展新机制的意见》明确提出，以"一带一路"建设、京津冀协同发展、长江经济带发展、粤港澳大湾区建设等重大战略为引领，以西部、东北、中部、东部四大板块为基础，促进区域间相互融通补充，推动国家重大区域战略融合发展，建立以中心城市引领城市群发展、城市群带动区域发展新模式，推动区域板块之间融合互动发展。以北京、天津为中心引领京津冀城市群发展，以上海为中心引领长三角城市群发展，以香港、澳门、广州、深圳为中心引领粤港澳大湾区建设，以重庆、成都、武汉、郑州、西安为中心，引领成渝、长江中游、中原、关中平原城市群发展。

城市群作为城镇化发展的更高级阶段，是城镇化发展的必然趋势，但通往城市群之路道阻且长，就我国现阶段而言，也只有长三角区域和珠三角区域可以被分别称为城市群和城市带。2012 年，《2010 中国城市群发展报告》称长江三角洲城市群已跻身六大世界级城市群。2015 年，世界银行报告显示，珠江三角洲城市群成为世界人口和面积最大的城市带。

（三）都市圈是当前更具科学性和可操作性的城镇化空间载体

在当前发展阶段，基于社会经济真实联系所构建的都市圈区域是更具科学性和可操作性的城镇化空间演进方向。

从经济视角来看，目前我国的中心城市正处于产业结构优化升级和新旧动能转换的关键时期，在优质的高质量生产要素向中心城市高效集聚的同时，生产环节和基础性生产要素开始向城市外围近域溢出，预计中心城市将逐渐形成以服务经济为主体的城市经济形态。除长三角、珠三角等城市群发展成熟地区外，其他城市群内中小城市受限于资源禀赋、产业基础以及与中心城市经济联系相对有限，难以高效承接中心城市就近溢出的经济资源。因此，以更小空间尺度的都市圈为抓手，通过中心城市和都市圈内中小城市的有序链接，有利于形成优势区域内要素合理流动和高效集聚的经济空间新格局，在增强中心城市创新发展动能、推动形成服务经济为主的经济业态同时，通过产业体系和组织的空间重构带动周边中小城市协同发展，最终形成以都市圈为经济空间载体的高质量发展动力系统。

从人口视角来看，目前我国中心城市在承接外来人口的同时，需考虑城市功能定位、资源条件和空间效率，既要以集约化的城市空间来高效承载城市人口，同时要避免交通拥堵、资源紧张、环境恶化等"城市病"问题。目前除长三角、珠三角等城市群发展成熟地区外，其他城市群内的中小城市在基础设施和公共服务上还存在明显短板，与中心城市的通勤联系超出合理范围，短期内难以承接中心城市的就近外溢人口需求。因此，以更小空间尺度的都市圈为抓手，基于中心城市和周围地区的合理通勤范围和密切的产业联系，构建都市圈内交通一体高效、公共资源集约均衡的城镇网络体系，以城镇网络体系内的节点城市和微中心为重点吸纳新增城镇人口，可在提升优势地区整体人口承载能力的同时，推动形成更富效率、更具活力和更加集约的城镇化空间发展格局。

四、培育发展现代化都市圈面临的问题与挑战

(一) 都市圈内行政分割严重

我们能在市面上看到形形色色的以城市为对象的排名，如全国城市 GDP 排名、常住人口排名、宜居城市排名。因为城市竞争力是在社会、经济结构、价值观念、文化、制度政策等多个因素综合作用下创造和维持的，是城市为其自身发展在区域内进行资源优化配置的能力。

这种城市竞争思维根深蒂固，也是都市圈内城市间协调发展最大的绊脚石，在这种城市竞争思维的牵引下，各城市的领导干部往往只会为追求政绩而以本市发展为分内之事。行政区划犹如一堵"看不见的墙"。其中在墙内，地方政府为追求地方经济利益的最大化，采取行政手段强烈干预区域经济运行，从而导致地方保护主义盛行，企业跨区域发展受到严重限制。在行政边界的阻隔下，各行政层级地区间来往存在严重的行政壁垒，导致基础设施、生产要素、服务体系、物流等方面都是"背靠背"地向着本省中心地带，而边界区则发挥着"隔离带"的作用。

在强行政的资源分配逻辑下，中心城市对资源的吸附效应愈加显著，整个都市圈的要素流动是一种向心的模式。在行政分割的情形下，空间规划受限于行政区划分割。例如，都市圈交通体系发育不全，"断头路"仍然是普遍现象；连接通州与大厂的厂通大桥迟迟不能开通；等等。空间规划一体化，是区域经济一体化发展的重要基础，但目前国土空间规划编制和实施框架都是在行政区划范围内实行的，比如北京市国土空间规划总体框架，并没有提到北三县等的协同发展问题。未来的都市圈城镇体系规划，需要逐步淡化行政级别影响，从城镇功能和居民需求出发，实现从传统上的"中心—腹地"结构向"网络—枢纽"的城镇化体系转变。

(二) 都市圈空间结构不合理

通过对比北京都市圈、上海都市圈和东京都市圈，我们发现以下三大特征。

特征一：在空间布局方面，北京都市圈整体分布呈中心外围的极核结构，上海都市圈初步呈现多中心网络状连绵分布，东京都市圈则呈现显著圈层化、多中心网络状连绵区结构（见图 8–11）。

具体来看，通过对比可知，北京都市圈外围城镇沿主要廊道聚集现象显著，实际建成区人口平均密度超过上海都市圈，是其 1.4 倍，整体分布呈极核结构，次中心、重点城镇量少、分布松散，即便考虑到地形因素，城镇体系空间分布仍明显失衡，东北部与西南部城镇聚集度差异过大；上海都市圈外围节点分布更均匀，已呈现多中心发展态势，正在向更高水平的网络状连绵区演进，地均人口密度还有提升空间；相比之下，东京都市圈实际建成区在空间分布上更细、小、碎，已呈显著放射状、块状、带状和环状等多

北京都市圈	上海都市圈	东京都市圈

█ 城镇斑块

图 8-11　三大都市圈实际建成区识别示意图

资料来源：华夏幸福研究院。

形态的多核多圈层网络状连绵区结构。此外，我们用核以外的实际建成区两两中心间距离的平均值除都市圈总面积来衡量都市圈的相对集聚程度，结果显示东京都市圈最高，其次是上海都市圈。

特征二：在城镇规模方面，东京都市圈节点总数为 129 个，节点密度分布是北京都市圈和上海都市圈的 7.4 倍和 3.4 倍。东京都市圈人口超过 3/4 分布在实际建成区，上海都市圈实际开发的面积占比最高，是北京的近 3 倍，略高于东京都市圈（见表 8-4）。

表 8-4　北京都市圈和上海都市圈建成区基础数据比较			
实际建成区	北京都市圈	上海都市圈	东京都市圈
总数（个）	37	78	129
节点密度（个/万平方千米）	13	28	96
都市圈面积（万平方千米）	2.85	2.82	1.34
建成区总面积（平方千米）	1796	5087	1901
面积占比（%）	6.30	18.04	14.19
都市圈总人口（万人）	3118	5024	3613
总人口（万人）	1505	3348	2809
人口占比（%）	48.29	66.64	77.74
都市圈总 GDP（亿元）	33607	70988	102800
总 GDP（亿元）	19085	43527	—
GDP 占比（%）	56.79	61.32	—
人均 GDP（万元/人）	7238	21687	—

资料来源：根据珞珈一号（2018）、《2017 年中国统计年鉴》、东京都统计局、高德整理。

　　具体来看，虽然北京、上海都市圈总面积都约为 2.8 万平方千米（东京都市圈仅为 1.34 万平方千米），但上海都市圈节点密度比北京都市圈多 1.2 倍，建城区人口达到 2.12 倍，建成区总面积和人均 GDP 是北京都市圈的近 3 倍。北京都市圈和上海都市圈建成区承载的人口和 GDP 占比都在近 50% 及以上。上海都市圈建成区总面积占比最高，为 18.04%，是北京的近 3 倍。东京都市圈实际建成区人口占比最大，达到 77.74%，说明东京都市圈人口超过 3/4 分布在实际建成区（见表 8-4）。

　　特征三：从规模结构来看，北京都市圈和上海都市圈对比东京都市圈，在微中心的数量上差距巨大。

　　具体来看，相比之下，北京与上海都市圈城镇等级规模差异过大，城镇体系规模结构不完善，中间位序节点城镇发育薄弱，承接疏解能力有限，辐射带动能力不足。微中心（中小城镇）规模严重不足，尤其是东京都市圈微中心与北京、上海都市圈之比为 105∶28∶53（见图 8-12），具体构成如表 8-5 所示。

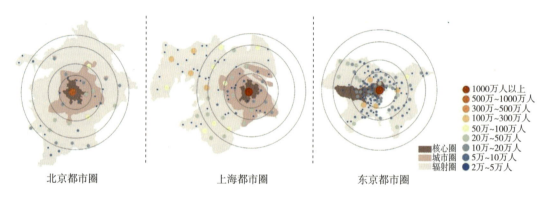

图 8-12　三大都市圈城镇实际建成区体系分布对比示意图（等比例尺）

资料来源：华夏幸福研究院。

表 8-5　三大都市圈城镇实际建成区人口规模结构对比

分类标准	核心城市	节点性城市			次节点性城镇		微中心		
实际建成区	总人口（万人）	1000万以上	500万~1000万	300万~500万	100万~300万	50万~100万	20万~50万	10万~20万	5万~10万	2万~5万
北京	1505.41	1	0	0	0	2	6	10	6	12
上海	3348.09	1	0	0	4	8	12	4	8	41
东京	2808.62	1	0	0	4	1	13	27	38	45

　　注：考虑到本书颗粒度细到类似建制镇级别，2014 年国务院印发《关于调整城市规划分标准的通知》中分类标准显得过于粗疏，故对国家分类标准做了适当的调整。

　　资料来源：根据《2017 年中国统计年鉴》、东京都统计局、中国城市和小城镇改革发展中心整理。

可以发现，与东京都市圈相比，以北京都市圈为例的国内都市圈城市功能高度集中于中心城区（北京核心圈 GDP 占 65.28%），而在外围区域则缺乏次一级的中心城镇，外围节点性城市和微中心密度不够，发育不成熟且落后，对中心城区无法形成有效的"反磁力"，主动吸引和留人的能力不足。另外，TOD、SOD 等先进发展模式尚未真正作为新城发展的基本原则。以 TOD 为例，目前国内对于 TOD 导向的城市开发模式仍然是研究做得多，实际落实少，按照 TOD 模式进行一体化开发的站点比例偏低，与城市功能布局的关系仍不够紧密。

（三）都市圈内外圈层公共服务落差过大

在都市圈化发展过程中，公共服务资源在空间上呈现圈层化递减特征，在时序上滞后于人口流动，叠加行政区划分割，内外圈层间落差更为显著，已成为制约都市圈高质量发展的突出短板。

由于内外圈层供给能力及需求大小的差异，都市圈内教育文化、医疗卫生、生活服务等公共服务资源向城市核集聚，越向外围的圈层，公共服务供给数量越少，水平越低。

全国医疗资源普遍向都市圈集聚，都市圈内向城市核集聚，且相较于普通医疗资源，优质医疗资源集中度更高。以北京都市圈为例，94% 的三甲医院集中在核心圈。

教育文化资源同样高度集中于城市核。在全国主要都市圈中，布局于城市核的幼儿园、高等院校、图书馆占总数比重分别达 36%、64%、49%。以北京都市圈为例，40% 的小学、47% 的中学分布在城市核。

除了空间分布上的不均衡，公共服务资源外溢还表现出时序上的滞后。由于公共品之间的竞争性和随之而来的歧视性供给，公共服务资源从中心向外围的溢出通常滞后于人口溢出。地区间公共品供给的总量和结构存在很大差距，鉴于户籍制度等因素，各种公共福利供给并不公平。在行政考核机制中对经济增长指标的偏向，会强化地方政府促进经济发展的积极性，相应弱化对文化、教育、卫生等公共服务性支出的关注，进而降低基础教育、公用设施等供给规模和质量。

以北京都市圈外圈层的固安县为例，尽管固安近年来加快建设产业新城，在公共服务设施建设方面取得显著成效，但与全县总体经济增长和人口增加相比，仍有较大提升空间。2003~2016 年，固安人口从 39.5 万增长至 51.1 万，年均增速达 2%，同期医疗技术人员数量和病床床位年均增速分别为 1.62% 和 0.56%，均低于人口增速，人均医疗设施和服务水平有所下降。可见，公共服务外溢滞后于人口外溢，外圈层尚不能提供城市核同等水平的公共服务。

五、中国新型城镇化发展未来展望

(一) 形成"超级经济区—都市圈—区域性中心城市—中小城市"的多层级区域发展格局

在"优势互补"的区域经济布局新导向下，预计未来中国将形成"超级经济区—都市圈—区域性中心城市和其他城镇化地区"所构成的多层级、广域化城镇空间形态。基于对中国区域经济发展基础、要素条件和经济空间的研判，我们研究认为现阶段都市圈具备真实有效投资需求、潜在人口增长潜力和经济要素集聚效率。建议以中心城市为依托，以都市圈为抓手，推动形成优势互补高质量发展的区域经济新格局。

对于城市群发育较为成熟的优势地区，如长三角核心区，已由两个或两个以上的都市圈相互联结交融，形成在城镇化空间上连绵成片、难以分割的都市连绵区形态。未来随着"优势互补"区域经济导向的具体政策落实和全国范围内系统性推进生产要素自由流动，兼具比较优势和规模效应的长三角都市连绵区，将进一步实现高素质人口和高技术产业的规模化、高能级集聚，具备更为广阔的"优化发展"前景。截至2018年，长三角都市连绵区共计1.1亿人口，GDP达到1.97亿美元。美国的波士华都市连绵区共计4800万人口，GDP为3.4万亿元。预计未来以中国为广域经济腹地的长三角都市连绵区，将进一步成长为全球舞台上比肩波士华大都市区的全球超级经济圈。

对于城市群发育还不成熟的后发地区，现阶段仍需以都市圈为抓手，以都市圈一体化交通体系为先导，基于产业联系和人口通勤的客观经济规律，以"中心城市—节点城市—微中心"为主体框架，构建有序链接的都市圈城镇网络和高效衔接的广域都市空间。除硬件设施外，都市圈内应该着力提升制度软环境，基于常住人口构建空间均衡的都市圈公共服务体系，引导人口在都市圈内有机分布。同时，着力打造都市圈内创新微中心，营造有利于创新创业的文化制度软环境，引导创新创业人才在都市圈内的高效集聚，实现创新驱动下产城融合发展新态势。最终，通过城市群内都市圈的先导发展，引导城市群走向集约化、高质量、可持续的发展道路。在培育发展现代化都市圈过程中，需要注重中心城市和都市圈区域的协同发展节奏，根据中心城市的能级体量和空间结构，结合都市圈的圈层廊道特征，分阶段、有重点地研判都市圈的开发时序和建设强度。此外，考虑到我国资源配置中的行政化特色，以单中心省会城市为核心的省会都市圈，如成都都市圈、西安都市圈等，将更具区域性的极化发展潜力。

对于未纳入城市群范畴的区域性中心城市，如徐州等市，虽然区域整体人口呈现外流态势，但区域内农村人口众多、经济腹地广阔，仍然存在着较大规模的本地人口城镇化需求，区域内新增城镇人口发展态势良好。以徐州为例，2018年底，户籍人口1044.7万，远超880.2万的常住人口，全年城镇化率提升1.3个百分点，据此测算新增城镇人口约14万。从区域城镇人口集聚角度来看，区域性中心城市在优势互补的区域经济发展格局中仍然具备区域性的比较优势和发展空间。因此，区域性中心城市需要着力提升政策开放度，特别是加快放开户籍制度，盘活区域存量资源优势，以本地人口就地城镇化为抓手，创造城镇化发展新机遇。

（二）建成一批结构优化、布局合理、资源集约的高质量都市圈

1. 空间体系结构合理

目前，在我国法定规划体系中的城市总体规划、城镇体系规划等一般均是在行政区范围内开展，而地方政府往往局限于各自的行政范围内求出路、谋发展。未来，我国应积极探索都市圈规划的编制机制，把微中心建设作为重要的抓手来完善城镇体系，在完备的纵向控制体系中，建立横向协调对话机制。将都市圈内的中心城市、节点城市、次节点城市和微中心形成一张布局合理、联系紧密的空间网络体系，是形成一批高质量都市圈的关键。

2. 基础设施有机耦合

良好的基础设施尤其是交通基础设施，对提高都市圈整体效率，解决远距离通勤问题意义重大，是都市圈一体化的必要基础。我国应高度注重综合交通体系建设，构建以城际铁路、市郊铁路和市域轨道为主体覆盖都市圈的综合交通网络，做好不同运输方式的衔接换乘，并推行交通基础设施的互联互通，以消除"断头路"为突破口，完善区域高速公路网。此外，在建设过程中，应鼓励多方资本介入，利益共享、风险共担。

3. 公共服务均质均等

首先，要以改革户籍管理制度为起始和指引，配合社会保障、住房保障、教育、医疗等政策的同步或逐步的阶段性改革和完善，消除限制人口自由流动的障碍。其次，要建立都市圈公共资源共享机制。在管理模式方面，可开展多层次多模式合作办学办医；在配置机制方面，应逐渐从按行政等级配置向按常住人口规模配置转变；在对接体系方面，加快推进社会保险体系对接，逐步实现社会保障"一卡通"，完善都市圈住房规划和用地供应机制；在供给主体方面，增加健康、养老、家政等服务多元化供给，鼓励都市圈城市联建共建养老机构，推动博物馆、剧院、体育场馆等共建共享。

4. 产业逆序梯度分布

总体而言，区域价值和成本差异将推动都市圈形成"三二一"逆序化的产业分布规律：依赖于高精尖人才与面对面沟通的金融、商贸、总部经济等高附加值产业，将重点分布在中心城市核心区；制造业依照对核心区的依赖度与对土地空间的需求度，从内而外按产业附加值由高到低梯度布局，如都市圈30千米圈层附近布局研发型轻型制造、市场营销、孵化中试等小规模高价值生产、服务环节；50千米圈层范围内布局都市型工业、极端制造及关键部件生产、物流配送与仓储等生产环节；80千米圈层布局大规模的加工制造及组装集成环节等。但核心区规模大小不同，圈层半径会存在一定差异。

5. 治理机制开放包容

近年来我国都市圈治理中出现了越来越多超出地方政府管辖界限和政府部门职能界限的公共问题。为了解决这些问题，政府部门间跨越彼此界限，跨越不同政府层级，跨领域合作的案例也越来越多。从国外都市圈的治理过程来看，北美、欧洲、亚洲的很多国家都经历了构建大都市区政府、废除大都市区政府和区域治理运动三个阶段。在我国，京津冀、长三角、珠三角等都市圈的水资源分配、空气污染、跨界河流污染等问题，使都市圈府际间协作成为区域内各级政府必须面对的议题。如何有效地推进都市圈地方政府的协作治理，已经成为当前我国区域协同发展中的关键问题。

（三）以公共服务均等化为目标，推进区域中心城市和中小城市高质量发展

提供高水平、均等化的公共服务是都市圈高质量发展的内在要求，"均衡普惠、整体提升"，这是培育发展现代化都市圈的重要导向，也是我们希望看到的城镇化未来。

1. 理念先行：公共服务规模和质量是决定区域价值的核心因素

随着城镇化进入下半程，不同于以往的人随产走，追求优质生活对人口迁移的影响日益扩大。公共服务规模和质量已成为决定区域价值的核心因素，不再只是城市功能的配套。

主动引入和集聚优质公共服务资源、促进城市核功能向外扩散日渐成为撬动人口导入、产业重构及区域整体价值提升的有效途径。以优质医疗资源为例，其数量与房价呈现高度重合性，三甲医院分布密集的地区，房价相对较高，这在都市圈尺度上体现为城市核与外圈层的巨大落差，为了享受高质量的医疗服务，人们需要且愿意付出更高代价。

现代化都市圈的培育发展需要重点关注公共服务的规划与配置，充分考虑市政基础、公共服务设施、生活配套等空间分布与功能优化，为人口流动、产业重构等创造条件，以优质公共服务打造特色磁极，强化外圈层节点城市对目标导入人口的吸引力，带动都市圈整体发展。

针对不同类型不同发展阶段的都市圈，需因地制宜，采取最适宜的培育思路，最终实现产城人融合发展。对于存量新城，需倾斜公共服务配给，为已有人口和基础产业配套足够的公共服务资源，吸引和承载新增人口及产业。针对增量新城，则应秉持和落实SOD发展理念，以公共服务作为发展驱动要素，引导产业和人口的导入。

2. 制度创新：一体化机制是都市圈协同发展的制度保障

完善的都市圈公共服务配置格局不可能自发形成，需要在充分发挥市场配置资源决定性作用的同时，发挥政府在体制机制改革等方面的作用，使都市圈建设成为市场主导、自然发展的过程，成为政府引导、高质量发展的过程。

创新性地建立城市间多层次合作协商机制，探索设立都市圈发展及重点领域协调推

进机制，推动落实都市圈一体化发展重大事项。

围绕提升都市圈发展质量和现代化水平，健全规划协调机制。探索编制都市圈发展规划或重点领域专项规划，强化都市圈规划与城市群规划、城市规划的有机衔接，确保协调配合、同向发力。

强化政策协同机制。积极构建都市圈互利共赢的税收分享机制和征管协调机制，加强城市间税收优惠政策协调。鼓励社会资本参与都市圈建设与运营。允许都市圈内城乡建设用地增减挂钩节余指标跨地区调剂。健全都市圈商品房供应体系，强化城市间房地产市场调控政策协同。

广泛听取社会意见建议，主动接受社会监督，及时回应社会关切，完善社会参与机制。鼓励智库参与都市圈建设决策咨询，建立健全第三方评估机制。加强舆论引导，创新宣传方式，营造有利于都市圈建设的氛围，增强都市圈内社会各方的认同感和积极性，汇聚形成共同参与和支持都市圈建设的强大合力。

3. 政策接轨：政策有机衔接是都市圈同城化的重要推动力

制度创新推动政策接轨的实现。通过都市圈范围内的统一规划引导和促进都市圈内公共服务资源分布与人口、产业等核心要素的演变相互适应。

作为未来新增人口的主要承载地，外圈层亟待提升公共服务供给水平。但目前的行政分割制度壁垒给公共资源配给带来极大障碍，都市圈外圈层行政区归属和功能区归属不一致，公共服务配给严重不足。

都市圈范围跨越多个行政区划，上级政府隶属不同，合作事项的沟通协调成本高、难度大。医疗卫生资源难以共享，以京津冀为例，河北卫生资源配置效率最高，天津次之，北京最低，执业（助理）医师、注册护士投入冗余，医疗卫生机构跨区域布点需进一步加强。优质教育资源不能够且自由流动困难重重，学生基础教育需到户籍地就学，师资流动性差，升学选拔差异化等问题致使都市圈外围城市人口较难以享受核心区优质教育资源。社保的跨城市管理和社保通用也存在障碍是一大难点，目前我国还有 30% 的地区仍旧不支持社保卡全国通用。

打通行政分割壁垒、促进各地政策接轨衔接是实现都市圈同城化的必要条件。建设都市圈统一信息平台，在异地信息交换、资格认证模式、结算统筹对接等方面打通跨行政区壁垒，推动政务服务联通互认，健全跨行政区社会治理体系，积极利用信息技术手段推动都市圈治理精细化。

4. 共建共享：统筹推动都市圈公共服务均衡普惠、整体提升

理念转变、制度创新、政策接轨为最终实现都市圈公共服务资源共享奠定了坚实的基础。

在管理模式方面，开展多层次多模式合作办学办医。支持有条件的中小学和三级医院推进集团化办学办医，开展远程教学医疗和教师、医护人员异地交流，支持中心城市三级医院异地设置分支机构。在都市圈内率先实现与产业链相配套的中高职学校紧缺专

业贯通招生。推动病历跨地区、跨机构互通共享，推动医学检验检查结果跨地区、跨机构互认。

在配置机制方面，逐渐从按行政等级配置向按常住人口规模配置转变。允许镇区人口10万以上的特大镇按同等城市标准配置教育医疗资源，鼓励有条件的小城镇布局三级医院，降低与大中城市公共服务落差。

在对接体系方面，推进社会保险体系对接，逐步实现社会保障"一卡通"，完善都市圈住房规划和用地供应机制，推动居住证互认，探索跨行政区开发建设保障性住房。

在供给主体方面，增加健康、养老、家政等服务多元化供给，鼓励都市圈城市联建共建养老机构，加快城市设施适老化和无障碍改造，推动博物馆、剧院、体育场馆等共建共享。

专题九

改革土地管理制度，提高优势区域承载力

摘要 ◀

当前，我国区域发展战略出现重大调整，旗帜鲜明地提出了要发挥比较优势，增强中心城市和城市群等经济发展优势区域的经济和人口承载能力。这是符合区域发展规律和城镇化发展格局的客观选择。我国城镇化呈现出"都市连绵区—都市圈—区域性中心城市—中小城市"为主体形态的空间格局，以中心城市为核心的城镇化发展正在向都市圈化形态过渡，并最终形成大空间尺度的城镇群。都市圈正在加速成为我国经济和人口发展的优势承载力区域。

土地资源是重要的生产要素之一，我国土地资源配置制度与区域承载力之间存在着错配，土地资源配置的刚性与城镇化发展的弹性之间存在着矛盾。在资源配置制度中，区域间要素配置的政策工具是多元的，包括财政政策、税收政策、固定资产投资政策、产业政策、基础设施建设和公共服务补短板政策等。土地资源配置只是其中一种资源配置方式，在协调区域间发展关系的政策工具包里，可以有多种政策组合选择。从改革土地管理制度，增强优势区域承载力方面，本部分提出了推动土地管理向土地治理转变，以及土地资源配置上人地适配、空间适配、结构适配、分配适配、用途适配和跨区补偿等政策建议。

土地管理制度改革是推动我国城镇化高质量发展的重要保障。习近平总书记在《求是》发表重要文章指出，"按照客观规律调整完善区域政策体系，发挥各地区比较优势，促进各类要素合理流动和高效集聚，增强中心城市和城市群等经济发展优势区域的经济和人口承载能力，增强其他地区在保障粮食安全、生态安全、边疆安全等方面的功能，形成优势互补、高质量发展的区域经济布局。""要加快改革土地管理制度，建设用地资源向中心城市和重点城市群倾斜。在国土空间规划、农村土地确权颁证基本完成的前提下，城乡建设用地供应指标使用应更多由省级政府统筹负责。要使优势地区有更大发展空间。"

习近平总书记的重要论断和中央的重大部署直指土地管理制度改革，这与当前中国城镇化发展面临的一些突出矛盾密切相关。以中心城市为核心的城镇化发展正在向都市圈化形态过渡，并最终形成大空间尺度的城镇群。作为承载增量人口、代表中国参与国际竞争的中心城市及其所形成的都市圈，正在加速成为我国经济和人口的优势承载力区域。必须从土地管理制度这个关键环节入手，促进都市圈高质量发展，推动中心城市向城市群有序演进。

在推进城镇化发展和统筹区域协调发展过程中，如何最优化土地利用的效率和公平问题。自 2020 年 1 月 1 日起，新版《土地管理法》开始实施。2020 年 3 月 12 日，国务院发布了《关于授权和委托用地审批权的决定》。2020 年 4 月 9 日，中共中央、国务院发布了《关于构建更加完善的要素市场化配置体制机制的意见》，土地作为五大要素之首，指出了今后一段时期市场化改革的方向和蓝图。2020 年 6 月 2 日，自然资源部发布《关于 2020 年土地利用计划管理的通知》，明确指出"改革 2020 年土地利用计划管理方式，以真实有效的项目落地作为配置计划的依据"。制度改革的走向逐步明晰。土地资源配置作为重要的生产资料之一，应当优先向优势城镇群倾斜、向高潜力都市圈倾斜、向都市圈的微中心节点倾斜，同时建立不同区域土地指标条件的利益补偿模式，增强优势地区的承载能力。

一、空间战略再优化：从均衡回归非均衡

我国幅员辽阔，资源禀赋、人口分布、经济水平在区域间发展不平衡问题突出。统

筹区域发展是我国宏观调控政策体系的一部分，是我国长期坚持的国家战略之一。统筹区域发展并非使各区域平均发展，而是通过区域经济政策的实施，使宏观经济表现最优，并使各区域达到相对均衡的综合福利水平。当前，我国区域发展战略出现重大调整，旗帜鲜明地提出了要发挥比较优势，增强优势区域的人口和经济承载能力，这既是符合客观规律，也是符合当前发展实际的。

（一）区域发展非均衡理论

新古典经济理论认为，在完善的市场经济体制下，生产要素和商品自由流动，最终将实现区域的均质化。然而，现实情况是，由于生产要素具有不完全流动性，经济活动具有不完全可分性，商品和劳务的流动需要成本，所以区域均质化不可能实现。

区域经济不平衡发展理论主要包括："增长极"理论，"缪尔达尔——赫希曼"理论、"梯度推移"理论、弗里德曼的中心—外围论、威廉姆逊的"倒U曲线"理论。各理论的核心思想是，发展本身就是一种不平衡的连锁反应过程，由于禀赋条件的差异，在发展中会首先形成"增长磁极"，并通过"前向联系"和"后向联系"带动周边区域发展（赫希曼）。增长极具有"支配"和"创新"效应，对周围区域发生"支配"作用，即吸引和扩散的作用，其具体有四个方面，一是技术的创新与扩散作用；二是资本的集中与输出作用；三是获取巨大规模经济效益的作用；四是产生"凝聚经济效果"的作用（弗朗索瓦·佩鲁）。在国家经济发展的早期阶段，区域间成长的差异将会扩大，随着经济成长，区域间不平衡程度趋于稳定。当到达发展成熟阶段，区域间成长差异将渐趋缩小，倾向均衡成长（"倒U型"理论）。

（二）区域发展非均衡态势

统筹区域发展是我国宏观调控政策体系的一部分，是我国长期坚持的国家战略之一。统筹区域发展并非使各区域平均发展，而是通过区域经济政策的实施，使宏观经济表现最优，并使各区域达到相对均衡的综合福利水平。自中华人民共和国成立以来，我国先后实施了三线建设、沿海率先开放、西部大开发、东北振兴、中部崛起等区域政策，近年又推动实施了京津冀协同发展、长江经济带发展、粤港澳大湾区建设、长三角一体化发展、黄河流域生态保护和高质量发展等重大战略，区域协调发展虽取得一系列历史性成就，但也存在一些问题，当前值得关注的现象有：

（1）区域发展差距仍在拉大。自中华人民共和国成立以来，各省经济发展水平差距一直在拉大，改革开放更是加快了差距拉大的速度。"允许一部分地区先富起来"，先发地区快速奔跑，后发地区虽然也在奋力追赶，但还不够快。对比美国各州，从20世纪末开始，美国各州经济发展差距已经逐渐收敛，近年甚至还有下降的趋势。按照"倒U型"理论，因为我国仍然处于高速到中高速增长区间，经济发展的势能尚未完全释放，优势地区在经济发展中还处于主导地位，极化功能还在加强，而美国已经进入了发展稳定期，到达了"U 型"的底部平台，区域差距趋于平缓（见图 9–1 和图 9–2）。

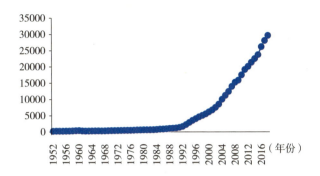

图 9–1　我国各省人均 GDP 标准差

资料来源：Wind。

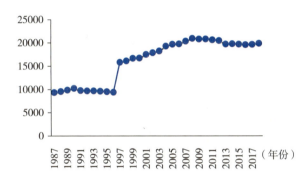

图 9–2　美国各州人均 GDP 标准差

资料来源：Wind。

（2）分化方向重构。长三角、珠三角等地区已初步走上高质量发展轨道，一些北方省份增长放缓，全国经济重心进一步南移。2018 年，北方地区经济总量占全国的比重为38.5%，比 2012 年下降 4.3 个百分点。南北差异超过了东西差异，成为我国区域经济发展的新特点。各板块内部也出现明显分化，有的省份内部也有分化现象。

（3）发展动力极化现象突出。经济和人口向大城市及城市群集聚的趋势比较明显。北京、上海、广州、深圳等特大城市发展优势不断增强，杭州、南京、武汉、郑州、成都、西安等大城市发展势头较好，形成推动高质量发展的区域增长极。都市圈经济、省会经济现象突出。

（4）人口流动和经济发展同步共振。东北地区、西北地区发展相对滞后，东北和西北也一直面临着人口流出的困境。2012~2018 年，东北地区经济总量占全国的比重从 8.7%下降到 6.2%，常住人口减少 137 万，多数是年轻人和科技人才，各路人才纷纷"孔雀东南飞"，涌向发展机遇和城市配套更为完善的大都市圈、省会城市、新一线城市等，这些城市也表现出更强劲的经济活力。

总体上看，我国宏观经济仍然处于中高速上行区间，还未到达"倒 U 型"的平台阶段，这一时期，区域差距仍将不断扩大，这是客观规律决定的。我们应当正视这个发展差距问题，对于拥有不同的禀赋条件，处于不同的发展阶段的地区，不能用相同的标尺去要求，要通过不同的发展着力点和扶持政策，一区一策，区别对待。

（三）区域战略重大调整：从均衡到优势集中

当前，我国区域发展战略出现了重大调整，新的政策强调客观规律和发挥各地区比较优势，增强中心城市和城市群等经济发展优势区域的经济和人口承载能力。

在资源总体有限的前提下，发展要素向优势区域倾斜，是效率优先，兼顾公平的最优选择。在中国进入到经济发展转型期，国内大循环和国际大循环的双循环背景下，区域发展中南北差距、土地财政、民生保障等问题已经成为制约中国区域经济高质量发展的关键环节。中国区域经济发展亟待从传统的要素驱动型增长动力模式转向以提高质量和效率为主的新增长模式。根据《全国国土空间规划纲要（2016—2030 年）》，到 2030 年，全国国土开发强度不超过 4.62%，城镇空间控制在 11.67 万平方千米以内。在国土空间开发资源总量有限的前提下，确保产出效益的最大化，最优策略就是将土地资源配置到产出效率高的区域，同时兼顾落后地区的发展和民生需求。

在区域发展动力集聚的现状上，发展要素向优势区域倾斜，是符合客观规律的最优选择。当前，我国区域经济发展表现出明显的动力集聚特征，经济和人口向大城市及城市群集聚的趋势比较明显。北京、上海、广州、深圳等特大城市发展优势不断增强，杭州、南京、武汉、郑州、成都、西安等大城市发展势头较好，形成推动高质量发展的区域增长极。与此同时，东北、西北，以及一些资源枯竭型城市，人口流出，出现了一些"收缩型城市"，收缩型城市并非坏事，有的地区不适宜承载过多的人口，产业投资回报不高。

在当前我国经济发展方式的转型基础上，优势区域是引领经济高质量发展的动力引擎。优势区域经济发达，人均收入水平高，高净值人群多，购买力强，能有效扩大内需空间，为国民经济发展提供持续内生动力。北京、上海、江苏、浙江、广东五省市的社会消费零售总额占到全国社会消费零售总额的 1/3 左右。优势区域同时也是消费升级的主平台，新消费、新模式、新场景不断涌现，与新技术、新产业、新业态共振融合，不断激发出新的经济活力。优势区域城市功能体系更完善、空间组织形态更高级、就业机会更丰富，对人口的吸引力和承载力更强。

二、城镇化空间格局视角下，优势区域的特征和分布

中央的重大部署明确了要增强经济发展优势区域的经济和人口承载能力。根据党

的十九大报告精神和习近平总书记关于区域发展体系建设的有关论述，在新形势下促进形成优势互补、高质量发展的区域经济布局，要按照客观经济规律调整完善区域政策体系，发挥各地区比较优势，促进各类要素合理流动和高效集聚，增强创新发展动力，加快构建高质量发展的动力系统。这种优势区域实际上是我国城镇化的关键核心区域。

（一）看待我国城镇化格局的两种维度

总体上看，我国城镇化经历了初始发展、快速发展和提质发展的过程。截至 2019 年，城镇常住人口达到 84843 万，城镇人口占总人口比重首次突破 60% 大关。随着人口和产业不断向重点城市集中，城市规模不断扩张。重点城市空间形态呈现大型化、中心化、跨城化特征。我国的城镇化格局可以从两种维度来分类，一种维度是中心城市—都市圈—城市群，另一种维度是都市连绵区—都市圈—区域性中心城市—其他城市化地区。在城镇化过程中，我国形成了经济基础和基础设施相对完善的超级经济区板块，如长三角、珠三角地区，城市实际经济板块的跨行政区发展在更大的区域范围内实现了资源的优化配置和生产空间重组，提升了区域整体的发展质量；形成了一系列具有强大的中心城市与周边辐射城镇的都市圈，形成了一批对周边区域具有辐射带动作用的区域性中心城市，在城市向大型化、中心化发展的同时，都市圈化已成为中国城市化空间格局的新特征。

（二）我国优势区域的基本特征

根据党的十九大报告精神和习近平总书记关于区域发展体系建设的有关论述，新形势下促进形成优势互补、高质量发展的区域经济布局，要按照客观经济规律调整完善区域政策体系，发挥各地区比较优势，促进各类要素合理流动和高效集聚，增强创新发展动力，加快构建高质量发展的动力系统。这种区域发展体系至少应该具有四个基本特征：

（1）经济基础较好，能支撑并带动腹地范围经济发展。上海 2019 年的 GDP 达到 38155.32 亿元，在全球城市中排名第八。上海作为长三角的龙头城市，也是我国重要的经济中心、贸易中心、金融中心、科技教育文化中心及全国重要的交通枢纽，其经济发展对我国经济发展有重要作用。罗芳等（2019）应用计量经济分析工具，研究了上海对周边城市经济增长的影响作用，结果表明上海经济发展对周边城市的经济发展有明显的"反哺"效应。栾强等（2016）认为上海在半径 300 千米的范围，北京在半径 200 千米的范围，两者辐射强度相当。

（2）要素密集程度较大，投资强度大、土地产出率高。用单位面积土地上国民生产总值可以表征城市单位面积上经济活动的效率和土地利用的密集程度。2019 年全国城市地均 GDP 排名，第一名是深圳，13.48 亿元 / 平方千米，前十名分别是：深圳、上海、东莞、广州、佛山、无锡、苏州、北京、南京、武汉。

（3）以大城市和特大城市为核心，形成连绵的城市群落。以我国规模最大，一体化程度最高的城市连绵区——长三角都市连绵区为例，长三角都市连绵区以上海为支点，沪宁、沪杭（甬）两条主廊道串联起江浙沪 15 个地级市，常住人口接近 1.1 亿，DID（人口集中地区）人口规模超 1 亿，GDP 规模接近 13.4 万亿元，经济体量和人口规模均远超粤港澳、京津冀。

（4）区域发展相对均衡，区际发展差距较小。区域均衡度是经济发展质量的一个重要体现。在全国，浙江和福建是区域均衡度最高的两个省份。2019 年，在浙江 11 个地市中，人均 GDP 最高的是杭州，达到 15.25 万元，最低的是丽水，为 6.69 万元。福建省内人均 GDP 最高的是计划单列市厦门，为 14.27 万元；最低的是闽北山区的南平，为 6.26 万元，是厦门的 43.87%。福建的中心城市首位度不高，也是较早实施山海协作的省份，沿海地市对山区市的反哺很多，比如厦门、泉州的很多企业到龙岩投资。再加上海外侨商资源多，整体经商意识浓厚，区域发展也就比较均衡。

按照以上优势区域的特征，在全国层面首先形成了京津冀、长三角、珠三角三大经济板块。三大经济区域有不同的定位和各自优势。粤港澳大湾区重在发挥港澳融入国家发展大局的积极作用，发挥在"一带一路"建设中的重要节点和重要枢纽作用，发挥在打造世界级城市群中的支撑、引领和示范作用。长三角区域一体化面向更大的亚太市场，协同解决长江经济带纵向发展问题。然而京津冀协同发展，旨在建设以首都为核心的世界级城市群，带动环渤海地区协同发展。

（三）优势区域在都市圈

如果我们再深入来看，在经济板块内部，起到引领区域发展作用的龙头是"增长极"——都市圈。由于大城市的经济实力和辐射扩散能力不断增强，地域范围日益扩展，在人口增长、就业通勤、空间扩张、产业联系等层面已经打破行政边界，在核心城市周边已经形成了若干圈层化、网络化的城镇体系，都市圈是优势区域经济发展的核心抓手。

根据华夏幸福研究院用大数据方法识别出的 30 个都市圈来看，30 个都市圈总面积之和占全国的 4.53%，GDP 之和占全国的 51.61%；常住人口之和占全国的 32.06%，GDP 占比达到 47%。都市圈已成为各类发展要素在空间上聚集的主要载体。五大典型特征表明中国已进入都市圈化时代：①人口加快聚集。以北京都市圈为例，2000~2017 年，廊坊人口增长 96 万。②职住跨城通勤。以北京都市圈为例，超过 36 万人工作在北京、居住在环京；超过 11 万人居住在北京、工作在环京。③空间呈现廊道圈层分布，都市圈外围节点城市规模和数量不断提高，圈层分布特征日益明显。④产业梯度布局。以上海汽车产业为例，汽车下游零部件企业已大规模向外围布局。⑤区域联动发展。北京、上海都市圈外圈层城市房价已高于部分三四线和省会城市。因此，都市圈已经成为引领和支撑我国经济高速增长的主导地区，成为我国参与全球化竞争的全新地域单元。

三、土地资源配置制度与区域发展势能存在错位

习近平总书记指出，要加快改革土地管理制度，建设用地资源向中心城市和重点城市群倾斜。土地资源是重要的生产要素之一，在土地资源总体有限的前提下，根据各地比较优势，建设用地资源向经济和人口密集地区倾斜，赋予优势地区更大的发展空间，更灵活的决策权，赋予其他地区在保障粮食安全、生态安全、边疆安全等方面的功能，从而实现土地资源利用效益的最大化，形成优势互补、高质量发展的区域经济布局。

（一）土地资源配置制度的基本逻辑

当前我国土地资源配置制度主要由三大制度框架构成：

（1）国土空间规划制度。国土空间规划是对一定区域国土空间开发保护在空间和时间上做出的安排，包括总体规划、详细规划和相关专项规划。经依法批准的国土空间规划是各类开发、保护、建设活动的基本依据，土地开发保护建设活动应当依据国土空间规划。国土空间规划中涉及土地管理的内容包括国土空间格局、规划用地布局和用途管制要求等内容，明确建设用地规模、耕地保有量、永久基本农田保护面积和生态保护红线等要求，提高土地节约集约利用水平，保障土地的可持续利用。

（2）土地计划供应制度。土地利用年度计划是国家对计划年度内新增建设用地量、土地整治补充耕地量和耕地保有量的具体安排。土地利用年度计划指标包括：①新增建设用地计划指标。包括新增建设用地总量和新增建设占用农用地及耕地指标。②土地整治补充耕地计划指标。③耕地保有量计划指标。④城乡建设用地增减挂钩指标和工矿废弃地复垦利用指标。国土资源部会同国家发展改革委根据未来三年全国新增建设用地计划指标控制总规模，结合省、自治区、直辖市和国务院有关部门提出的计划指标建议，编制全国土地利用年度计划草案，纳入国民经济和社会发展计划草案，报国务院批准，提交全国人民代表大会审议确定后，下达各地执行。全国土地利用年度计划下达到省、自治区、直辖市以及计划单列市、新疆生产建设兵团。

（3）土地用途管制制度。《土地管理法》明确规定，国家实行土地用途管制制度。国家编制土地利用总体规划，规定土地用途，将土地分为农用地、建设用地和未利用地。严格限制农用地转为建设用地，控制建设用地总量，对耕地实行特殊保护。

总的来说，我国的土地资源配置制度是通过自上而下层层分解的指标配额，实现用地资源的划分。土地资源配额是通过土地用途分类并将耕地保有量、城乡建设用地规模、基本农田保护任务等六个约束性指标由中央政府层层分解到地方，同时辅之以"三界四

区"①约束用地空间布局。实施的政策工具则包括建设项目用地预审、年度土地利用计划和用地审批等作为行政审批手段。

（二）土地资源配置与区域承载力的错配

土地指标尤其是建设用地规模指标分配面临着上下级地方政府间，以及同级地方政府间的冲突和竞争。由于地方政府土地需求的不对称，造成了优势区域发展面临土地不足的局面，导致产业发展和城市地价过高，扭曲了产业资源和人口资源在空间的合理分布。当前，长三角、京津冀、珠三角、中部城市群、中原城市群、成渝城市群发展势头良好，对土地资源的需求相对旺盛，但受制于土地指标供给的非效率性因素，导致城市土地价格较高，与土地相关的资源配置也受到诱致性影响。

（三）土地资源配置刚性与城镇化发展弹性的矛盾

在我国快速城镇化发展进程中，城市的经济实力和辐射扩散能力不断增强，地域范围日益扩展，在人口集聚、就业通勤、产业联系等层面不断出现空间的重构，落实到土地上，体现在用地资源的弹性需求与刚性管制之间的矛盾。相对于固定的产业聚集地、商业聚集地、住宅社区，人口的流动性相对较强，由此在一定程度上打破了城市空间规划的均衡性，城市人口的流动以及流动人口的潮汐效应，让城市空间规划所规划的固定式空间功能供给与人口分布的流动式功能需求存在不匹配。特别是产业迁移的动态性，让人口的流动变得更为频繁，随着人口分布的动态性变化，商业功能等需求的起落也推动着商业功能布局的动态性需求不断攀升。由此，城市空间规划的刚性与人口流动带来的功能布局弹性需求之间的矛盾始终存在，而城市土地用途规划管制则成为都市圈发展越来越严重的制约。

（四）土地资源与其他要素资源配置制度相匹配

区域间要素配置政策工具可以是多元的，包括财政政策、税收政策、固定资产投资政策、产业政策、基础设施建设和公共服务补短板政策等。土地资源配置只是其中一种资源配置方式，在协调区域间发展关系的政策工具包里，可以有多种政策组合选择。

比如，财政转移支付政策是一种区域间统筹发展差距的常用工具，我国除广东、上海、北京、江苏、浙江、山东、天津、福建八个省市税收净转移支付为负值以外，其他省市都不同程度地享受了财政转移支付政策，税收净转移支付排在前几位的有四川、黑龙江、河南、新疆、甘肃、贵州等省份。

---

① "三界"是指城乡建设用地规模边界、扩展边界和禁止建设边界；"四区"是指允许建设区、有条件建设区、限制建设区和禁止建设区。规模边界：依规划确定的城乡建设用地规模指标划定的允许建设区的范围界线。扩展边界：规划确定的可以进行城乡建设的最终范围界线。由允许建设区和有条件建设区共同形成。

比如，"飞地经济"作为一种跨区域合作模式，也是区域间协调发展要素的配置工具。上海市作为总部经济集聚区，发展"飞地经济"有利于形成更多的产业集聚，将产业链往周边地区延伸，实现多赢格局。以上海张江高科园区为例，"一区二十二园"遍布上海17个区县，面积达到了531平方千米；位于上海市金山区枫泾镇与浙江省平湖市新埭镇的交界处的张江长三角科技城则进一步打破了传统地方行政区划格局，上海与浙江两地政府通过资源共享、优势互补、协同发展等措施创建了中国第一个跨省市、一体化发展的实践区。

再比如，生态补偿制度以保护生态系统为目的，以经济手段为主调节相关者利益关系，也是一种协调区域间发展资源的制度安排。2011年，财政部、环保部在新安江流域启动了全国首个跨省流域生态补偿机制试点，试点期为三年。新安江流域治理涉及安徽和浙江两省，安徽省黄山市是新安江流域上游的水源涵养区，浙江省杭州市是流域下游的受益区。按照流域补偿方案约定，只要安徽出境水质达标，浙江每年补偿安徽1亿元。试点之后，新安江的水质连年达标，取得了显著的成效。

四、改革土地管理制度，增强优势区域承载力的政策建议

2019年底中央经济工作会议提出"改革土地计划管理方式"。自2020年1月1日起，新版《土地管理法》开始实施，在土地征收方面，首次明确界定"公共利益"，并完善了征地程序，改革了征地补偿制度；在集体经营性建设用地入市方面，清除了入市的法律障碍，明确了入市的条件和程序，并明确了使用者再转让的权利；在宅基地方面，下放了宅基地的审批权、增加了户有所居的规定，并鼓励宅基地有条件流转。2020年3月12日，国务院发布了《关于授权和委托用地审批权的决定》：一是将国务院可以授权的永久基本农田以外的农用地转为建设用地的审批事项，授权各省、自治区、直辖市人民政府批准；二是试点将永久基本农田转为建设用地和国务院批准土地征收审批事项，委托部分省、自治区、直辖市人民政府批准。这是呼应新版《土地管理法》，进一步深化"放管服"改革，赋予省级人民政府更大用地自主权的一项举措。此外，自然资源部在2020年的工作思路里还明确了两项工作内容：一是改革土地计划管理方式，不再采取因素法分解指标，实行土地要素支撑跟着项目走；二是各地要按照住宅用地公告供应量和住宅用地完成交易量双口径统计的要求，准确反映政府土地供应和市场供需关系，合理增加住宅用地公告供应量。

落实向优势地区倾斜资源，增强中心城市和城市群等经济发展优势区域的经济和人口承载能力，适应我国城镇化从初级阶段向以都市圈为主要形态的中高级阶段发展过程要求，土地管理制度应该做出相应的调整，提出以下建议。

（一）理念转变：土地管理制度变迁要从管理到治理转变

当前的土地管理制度以指标管制和土地用途管制为核心，国家开始改革土地管理制度，有限度地向地方和市场部分放权。2020年3月，将国务院可以授权的永久基本农田以外的农用地转为建设用地审批事项授权各省、自治区、直辖市人民政府批准。2020年6月，自然资源部印发了年度工作计划，提出在控制总量前提下，计划指标跟着项目走。我国土地"管理"逐渐转向土地"治理"，这个演变还处于初始阶段。在下一步改革中，应当进一步抓住明确土地管理制度变迁中的核心问题，也就是市场作为资源配置的手段，而不能把市场作为资源配置的工具来使用，要进一步强化各类主体特别是社会资本在资源配置中的积极性，进一步加强社会参与治理力量建设，使市场在土地资源配置基础中起到决定性作用，从而提高土地资源配置的效率和公平。

（二）人地适配：土地配置向优势城镇群倾斜、向高潜力都市圈倾斜

在当前土地指标配额管控向更好的动态优化机制调整过程中，土地资源配置应当坚持市场在资源配置中发挥决定性作用这一核心原则，必须把效率作为土地资源配置的优先原则。当前，我国人口迁移已经呈现明显的都市圈化特征，也就是新增人口主要向长三角、珠三角、京津冀、中三角、成渝、中原等核心城市群转移。这些核心城市群代表中国参与全球化竞争，体现了国家核心竞争力，无论是产业竞争力，还是城市竞争力，都是具有世界级城市的潜力。因此，必须充分尊重土地市场的规律，发挥市场在土地资源配置中起决定性的作用，国家层面上的土地指标配置应当优先向这些区域倾斜。

（三）空间适配：土地配置向都市圈的微中心节点配置

中心城市是城镇群的核心节点。目前，中心城市发展大多呈现都市圈化特征，中心城市—都市圈—城镇群将会成为我国城镇群发展的确定性路径。在都市圈化发展过程中，都市圈外围圈层的微中心是都市圈化的重要载体和组成部分，是未来中心城市发展的动力和源泉之一，其承载着产业高地和新兴居住社区的主要功能。因此，在推进城镇化建设过程中，应当高度重视都市圈外围圈层的微中心建设，包括都市圈城际铁路轨道交通节点、产业发展集聚区、特色资源集聚区等。在土地资源配置过程中应优先配置土地指标，给予足够的发展空间，为中心城市向都市圈化发展提供新的平台和载体。从目前来看，中心城市内部的高密度建设占据了过多的土地指标资源，短期内发挥了土地价值，但从长远来看不利于都市圈外围圈层的微中心发展，不利于微中心加速承载产业功能和城市功能，也不利于微中心吸纳新的城市居民。与此同时，在空间规划上，要给予微中心空间规划更大的调整弹性，微中心不同的节点功能，如商业、工业、交通枢纽、旅游等，对用地的规模和类型都不一样，在空间规划过程中要预留足够的弹性空间。

（四）结构适配：土地配置优先向微中心的产业和住宅倾斜

微中心是中心城市向都市圈化发展的重要载体和组成部分，但都市圈微中心的发展路径与中心城市早期的城镇化发展路径截然不同。中心城市在推进城市化和工业化进程中，大多以产业优先，通过配置更多的产业用地来带动人口聚集，城市公共服务功能、居住功能和商业功能则由中心城市核心城区原有的供给来实现。随着工业聚集区的不断拓展，不断强化工业集聚区的居住功能、商业功能和公共服务供给，也就是先产后城模式。当前，微中心距离中心城市的核心区较远，难以借助核心区的城市公共服务功能、商业功能和居住功能。在微中心节点建设过程中，必须改变以往的土地资源配置模式，要按照城市优先的原则，在前期满足居住功能、商业功能和一定规模的城市公共服务功能基础上，同步推进产业功能。因此，在土地资源配置过程中，土地产业指标、商业指标、住宅指标要做到均衡化供给，才能实现微中心的综合性功能。

（五）用途适配：土地用途管控弹性调整机制

随着都市圈核心区土地资源稀缺性的增加，以及商业业态的不断创新，土地的单一用途功能越来越难以满足产业业态的持续变革，必须提升土地用途管制的弹性，为土地的最大化合理利用提供基本遵循。为推动新旧动能转换和经济结构升级、保障民生服务设施建设，自然资源部印发了《产业用地政策实施工作指引》(2019年版)。浙江、广东、海南等地区针对产业发展的最新动向，对产业用地管理出台了新政策，一方面对产业用地进一步细分，推动土地供应管理朝着精细化方向发展；另一方面针对新产业、新业态的不断涌现，不断增加新的用途分类和新的管理方式。

（六）跨区补偿：建立不同区域土地指标条件的利益补偿模式

国务院颁布的《全国主体功能区规划》将我国国土空间划分为优化开发、重点开发、限制开发和禁止开发四个功能区，其中限制开发区是我国的粮食主产区，而禁止开发区是生态保护区。对于生态保护区的限制开发，应当进一步加大转移支付力度，在过渡期内给予生态保护区财政转移支付以及合理的产业转型补贴，加快推动这些地区实现发展模式转型，从而推进城镇化红利在全国范围内的共享共荣。对于粮食主产区，建议根据粮食产量和耕地面积的规模，适当增加对粮食主产区的财政转移支付，使粮食主产区政府的财政收入（加上中央政府的转移支付后）不低于全国平均水平，一方面可以保障国家粮食安全；另一方面也推动地方政府加大对耕地的保护力度。除了土地指标交易的补偿机制，在土地指标市场化交易方面，探索省际之间的指标交易平台，实现土地"增减挂钩"在全国范围内的市场化水平，从而提高欠发达地区的土地指标价值。

专题十

我国副省级以下城市航空通达性战略研究

摘要 ◀

　　十九届五中全会要求"推动区域协调发展，推进以人为核心的新型城镇化"。习近平总书记始终强调突出交通基础设施网络建设的重要性和先导性，并把"基础设施通达程度比较均衡"作为我国新时代区域协调战略的一个重要目标。航空运输作为速度最快的交通运输方式，是长距离出行及自然地理条件复杂、人口分散地区的骨干运输方式，其通达程度关系到人员、货物、资本、信息等要素资源的流通效率和集聚方向，在拉动内需、改善民生、支撑产业、促进区域协调发展等方面具有明显的"乘数效应"。当前，我国中心城市①航空通达性具有全球竞争优势，但副省级以下城市航空运输短板明显、空间分化趋势加剧，亟须凝聚各界共识，强化交通运输统筹规划职能，打破副省级以下城市航空通达性发展瓶颈，发挥航空网络整体效用，更好地服务国家战略、满足民生需求。

---

　　① 　分别为31座省、直辖市、自治区行政首府及五座计划单列市（深圳、厦门、青岛、大连、宁波）。

一、改善我国副省级以下城市航空通达性的背景与意义

（一）航空通达性的概念

从几千年前沿河而居的水运交通，到工业革命与近代的陆地铁路、公路交通，以及现代综合立体交通，交通运输的每一次重大变革都深深影响着人类文明的进程。航空运输正在成为继海运、河运、铁路、公路之后，驱动经济发展的"第五冲击波"。作为度量航空运输供给质量的指标，通达性一直受到国内外学者的广泛关注，其数值高低体现了区域间相互作用和联系的便捷程度，对经济社会要素集聚与扩散具有空间溢出效用。

参考国内外学术研究进展、行业专家观点及企业实践，本书对航空通达性概念界定为：利用安全、便捷、高效、经济的现代化航空运输服务体系，增强航空网络有效衔接水平，满足旅客顺畅便捷空间位移需求、体现网络关键节点城市航空辐射能力的程度，集中反映城市航空运输供给质量水平。

（二）我国航空通达短板在副省级以下城市

作为速度最快的交通运输方式，自改革开放以来我国航空运输取得了突飞猛进的发展，1978~2019 年，我国民航旅客运输量由 230 万人次提升至 6.6 亿人次，连续 15 年位居世界第二，成为名副其实的航空大国；在国家综合交通体系中的比重也由 1.6% 提升至33%，成为一种大众化的交通工具。受益于经济带动及需求市场支撑，我国中心城市的航空运输发展水平较高，航空通达性具备全球竞争优势，然而副省级以下城市航空运输发展仍存在较大提升空间，短板明显。

1. 副省级以下城市大众出行普及率不高

民航大众化要求提高民航服务覆盖能力，使社会大众能够享受到安全、便捷、经济的航空运输服务。《新时代民航强国建设行动纲要》（2018 年）要求，"全面实施基本航空服务计划，实现老少边穷地区航线网络基本通达，打造更加协调的民生航空服务体系"。但据统计，中国还有 10 亿人没有坐过飞机，占全国总人口的 71%。就人均年乘机

次数而言，2019 年我国仅为 0.47 次，与美国的 2.6 次、加拿大的 2.4 次、澳大利亚的 3.0 次存在较大差距。

2. 副省级以下城市航空网络覆盖率不足

目前，我国现代化机场体系布局合理、初具规模，副省级以下城市机场已成为我国航空运输网络的重要力量，但在覆盖范围、航线数量方面依然存在短板。按照规划，"十三五"末，我国民用运输机场数量达到 260 个，地面 100 千米覆盖所有地级行政区。但截至 2019 年底，我国 238 座颁证民用运输机场仅能覆盖全国 91.7% 的地级行政区，还有 28 座地级行政区没有被覆盖；从航线数量看，2019 年冬春航季，我国境内航线共 3311 条，其中中心城市之间的航线数量 746 条，占比 22.5%；中心城市和副省级以下城市之间航线数量 2140 条，占比 64.6%；副省级以下城市之间的航线数量仅有 425 条，占比为 12.8%。

3. 副省级以下城市机场容量饱和度较低

近年来，中国民航业持续快速发展，运输机队规模连年扩大，旅客吞吐量逐年攀升，民航航班持续高位运行。2019 年，36 个中心城市机场旅客吞吐量高达 11 亿人次，占全国机场旅客吞吐量的 81.5%。业务量的迅速增长，导致中心城市航空资源供给瓶颈日益突出，空域限制、时刻严控、机位数量饱和、候机楼面积有限等因素对其业务量的进一步增长、运行效率的进一步提高形成了严重的制约。与此同时，副省级以下城市机场通航率较低、航班少、机场容量饱和度低，下辖 199 座民用运输机场仅贡献 18.5% 的旅客吞吐量。其中，支线机场 164 座，占全国民用运输机场总量的 69%，所在城市人口达 8.4 亿、全国占比 60%，但旅客吞吐量仅为 9249 万人次、全国占比 6.8%，不及一个首都机场的吞吐量。

4. 副省级以下城市支线模式创新力薄弱

从需求端看，我国副省级以下城市航空市场长期存在"小流量、高离散"的现实特点，客观上不具备中心城市以自我为中心、点对点开通到各城市航线的客源基础，运营不经济，无法长久；从供给端看，由于当前我国干线机场时刻、空域资源几近饱和，开通大量城市点对点直飞航线比较困难，副省级以下城市即便有足够的客源，也无法开通足够航线满足人民的航空出行需求。

（三）改善我国副省级以下城市航空通达性的重大意义

在"十三五"规划目标即将完成、全面建成小康社会胜利在望之际，开展我国副省级以下城市航空通达性战略研究，贯通航空运输网络堵点，强弱项、补短板，精准改善我国航空运输效能，既是更好地服务国家发展战略、满足人民美好生活追求的客观需要，也是提升城市流通效能、改善航空运输品质的内在要求。

1. 有利于构建"双循环"新发展格局

当今世界正经历百年未有之大变局,十九届五中全会要求"加快构建以国内大循环为主体、国内国际双循环相互促进的新发展格局,推进国家治理体系和治理能力现代化,为全面建设社会主义现代化国家开好局、起好步"。这是顺应当前全球增长模式周期性改变的大势,把国内大循环放在开放的世界经济循环视野中,把对外开放立足于提升国内大循环效率基础之上的战略安排,其具有鲜明的时代特征,将推动我国经济行稳致远,实现经济高质量发展。

自改革开放 40 多年来,中国经济社会与航空运输相互促进、共同发展,GDP 由 1978 年的 0.4 万亿元增至 2019 年的 99 万亿元,年均增速 9.5%;航空旅客运输量从 1978 年的 230 万人次增长至 2019 年的 6.6 亿人次,年均增速 14.4%。在改革开放初期,我国集中力量让"一部分地区、一部分人先富起来",资源汇聚在少数大城市,经济腾飞带动航空运输业蓬勃发展,构建起我国最初的"干干"航空运输网;随着"先富带动后富",中国城镇化进程加快,大城市的辐射扩散效应逐渐增强,丰富了"干干""干支"航空运输网络结构。当前,在"双循环"战略指引下,重点研究补足副省级以下城市与中心城市之间以及副省级以下城市之间的航空通达性短板,打通航空运输网络堵点,畅通资金、人才、科技等现代化要素流通体系,有利于支撑国内大循环;同时,不断满足人民日益增长的高品质航空出行需求,带动消费升级,既是在深度挖掘国内大市场潜力,又是在培育我国参与国际合作和竞争新优势,助力中国经济进入新开放格局。

2. 有利于构建高质量发展的国土空间布局

十九届五中全会提出"优化国土空间布局,推进区域协调发展。坚持实施区域重大战略、区域协调发展战略、主体功能区战略,健全区域协调发展体制机制,构建高质量发展的国土空间布局和支撑体系"。研究改善副省级以下城市航空通达性,用一张通达顺畅的航空运输网代替单一航线,不断提升城市航空通达性,有利于改善西部边远落后地区营商环境、引资引智;有利于集聚人才等各类创新要素,促进东北老工业基地萌发机遇;有利于完善中部地区贯通南北、连接东西的现代立体交通和现代物流体系,有序承接产业转移;有利于增强东部地区辐射带动能力;还有利于加强"一带一路"、京津冀、长三角区域、粤港澳大湾区的引领带动作用,构建高质量发展的国土空间布局和支撑体系,推动区域协调发展。

3. 有利于新型城镇化培育新增长极

十九届五中全会要求"推进以人为核心的新型城镇化",《2020 年国务院政府工作报告》把新型城镇化建设纳入投资重点的"两新一重"建设。新型城镇化是我国现代化建设进程中的重大战略和历史性任务,是扩大内需的长期动力,是我国从经济大国向经济强国迈进的"王牌"引擎。目前世界发达国家城镇化率都在 80% 以上,2019 年我国城镇化率为 60.6%,预计到 2030 年,这一比率将达到 70%。

新型城镇化带来的最大变化是大型城市群的出现和中小城镇数量的增加，必然会引导人口和资源要素在大城市与周边城市和小城镇之间有序转移，进而促进人口集聚和产业集群化发展。大力发展航空运输产业，积极改善副省级以下城市航空通达性，提高流量经济、速度经济效能，一方面可以加快形成高质量投资与消费升级双轮驱动，加快城镇化进程；另一方面可以平衡航线两端城市功能的势能差距，提高城市的生产活力、改善市民的生活品质，进而有效提升副省级以下城市的综合竞争力。

二、副省级以下城市航空通达性研究对象与指标

（一）副省级以下城市概念及分类

副省级以下城市是指我国境内除直辖市、省会城市、自治区首府，以及副省级城市之外的地级行政区城市，共有 301 座。所辖机场 192 座，分布于 166 座地级行政区。除副省级以下地级行政区以外，还有七个省级行政区直管的县级行政区拥有 7 座机场，如海南琼海、重庆万州。

根据本地级行政区有无民用运输机场及其 100 千米范围内是否有枢纽机场[①]两个维度，将我国副省级以下地级行政区以及七座拥有机场的县级行政区分为有机场有枢纽、无机场有枢纽、无机场无枢纽、有机场无枢纽四类。本书重点研究对象是有机场的副省级以下城市航空通达性，即第一、第四象限内下辖199座民用运输机场的202个城市（见图 10-1 ）。

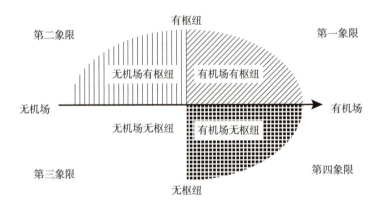

图 10-1　我国副省级以下城市分级分类

---

① 2016年12月，中国民用航空局、国家发展和改革委员会、交通运输部联合印发的《中国民用航空发展第十三个五年规划》中明确，我国国际枢纽为北京、上海、广州、成都、昆明、深圳、重庆、西安、乌鲁木齐、哈尔滨十个机场城市；区域枢纽为天津、石家庄、太原、呼和浩特、大连、沈阳、长春、杭州、厦门、南京、青岛、福州、济南、南昌、温州、宁波、合肥、南宁、桂林、海口、三亚、郑州、武汉、长沙、贵阳、拉萨、兰州、西宁、银川29个机场城市。

（二）航空通达性指标体系

本书从旅客视角出发，以旅客通达体验度来反映城市和机场的航空通达程度，具体包含通达时间、网络覆盖度、有效通达机会、航班均衡度四个子指标（见表10–1）。

表 10–1　中国副省级以下城市旅客通达体验度指标体系

指标名称	四个子指标	权重（%）
旅客通达体验度	通达时间（小时）	55
	网络覆盖度（个）	15
	有效通达机会（班次）	15
	航班均衡度	15

通达时间，指某城市每周 7 天，每天旅客从 6 点（含）到 24 点（不含）[①]，每一个整点由该城市出发，通过直达、经停、中转（含通程航班[②]）等方式，到达目的地交通时间的算术平均，单位为小时。

网络覆盖度，即连接目的地城市的数量。具体指某城市周一到周日通过直飞、经停和通程航班的方式能够到达且不重复的航点数量，是通航点概念，单位为个。

有效通达机会，指始发城市从 6 点（含）至 24 点（不含），通过直飞、经停及通程等旅客体验较为顺畅的方式，到达目的地城市的一周内每日航班量的算术平均，单位为班次。中转航班，由于缺乏有效的衔接服务，不计入有效通达机会。

航班均衡度，指始发城市从 6 点（含）至 24 点（不含），通过直飞、经停及通程航班的方式，到所有目的地一周内每日航班均匀程度的算术平均。

三、我国副省级以下城市航空通达性现状

随着民用运输机场数量不断增多、航线网络逐步完善，中国副省级以下城市航空旅客通达体验度整体水平逐年提升，旅客出行更加顺畅、便捷，但地区分化、发展不均等特征也较为明显。2019 年我国副省级以下城市航空旅客通达体验度排名具体见附图。

---

①　基于旅客体验和各城市航班时刻排布综合考虑，选择6:00至24:00作为出行时间来评测中国副省级以下城市的航空通达时间。

②　通程航班是直达、中转之外的第三类标准化航班，指航空公司自身或不同航空公司通过合作向当日中转旅客提供一次值机、行李直挂、中转机场免二次安检等全流程服务，或向次日中转旅客提供食宿保障等服务的航班。

（一）整体表现：稳步增长，中位集聚

1. 旅客通达体验度年均增长 5%

我国副省级以下城市旅客通达体验度整体稳步增长。2019 年副省级以下城市旅客通达体验度为 42.6，较 2014 年的 33.3 提升 27.9%，年均增速为 5.0%（见图 10-2）。

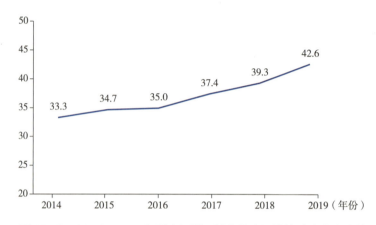

图 10-2　2014~2019 年副省级以下城市旅客通达体验度稳步改善

2. 旅客通达体验度中位集聚

副省级以下城市航空旅客通达体验度的结果分布呈现两头少、中间多的特征，但低位区间城市数量逐年减少、高位区间城市数量逐年增加。2019 年，旅客通达体验度集中在（40，60］区间的副省级以下城市数量占比达到 39%，较 2014 年提升了 21.5 个百分点；旅客通达体验度集中在（20，40］区间的副省级以下城市数量占比为 39.5%，较 2014 年下降了 24.1 个百分点（见图 10-3）。

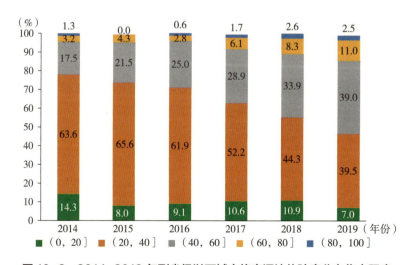

图 10-3　2014~2019 年副省级以下城市旅客通达体验度分布集中程度

（二）空间特征：不同城市，反差巨大

我国副省级以下城市空间分布广泛，资源禀赋不同，地理环境各异，航空旅客通达体验度表现迥异，中心城市与副省级以下城市、胡焕庸线东西两侧呈现明显的分化特征。

1. 通达时间"反差"：中心城市与副省级以下城市

从通达时间看，副省级以下城市远长于中心城市，未来较长一段时期难以弥合。2019 年中心城市通达时间为 5.3 小时，较 2014 年的 5.8 小时缩减 0.5 小时，降幅为 8.6%。副省级以下城市 2019 年通达时间为 14.4 小时，较 2014 年的 16 小时缩减 1.6 小时，降幅为 11.1%（见图 10-4）。

图 10-4　2014~2019 年副省级以下城市与中心城市航空通达时间对比

朝发夕返①是体现城市航空运输效率的高层次标准。从可实现朝发夕返的城市数量占比看，副省级以下城市与中心城市间存在巨大差距。2014~2019 年，中心城市中除拉萨外，已全部实现朝发夕返，占比达 97.2%；而副省级以下城市 2019 年只有 25 座城市可实现朝发夕返，占比仅为 12.5%，较 2014 年提升 5.4 个百分点（见图 10-5）。

2. 地理区位"反差"：胡焕庸线东西两侧

以胡焕庸线②为界，东、西两侧副省级以下城市航空旅客通达体验度表现截然不同，且差距有所扩大。东侧 2019 年副省级以下城市旅客通达体验度为 45.0（见图 10-6），较 2014 年增长 27.8%，而西侧 2019 年为 36.0，较 2014 年增幅 20.4%。

---

① 朝发夕返是指早上 8:00 至 11:00 之间出发去 36 个中心城市，并可在凌晨 24:00 前返回始发地的情况。

② 即黑龙江省黑河市至云南省腾冲市连线，系中国地理学家胡焕庸在 1935 年提出的划分我国人口密度的对比线，先后改称"爱辉—腾冲一线""黑河—腾冲一线"。

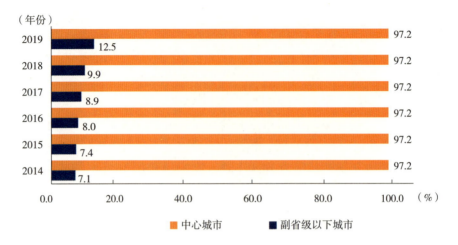

图 10-5　2014~2019 年副省级以下城市与中心城市朝发夕返数量占比

图 10-6　2014~2019 年胡焕庸线东西两侧副省级以下城市旅客通达体验度

（三）区域分化：发展不均，差异显著

1. 四大地区旅客通达体验度东北最低

2019 年，我国不同地区间的副省级以下城市旅客通达体验度分布广度、密度不同。东部地区强弱分化明显，旅客通达体验度最高达到 95（珠海），最低仅为 8.3（三沙）；中部地区中位聚拢，除张家界旅客通达体验度为 66.3 之外，其他 29 个城市旅客通达体验度均在 20~60 紧密排布；西部地区高低均衡排布，旅客通达体验度平均分布于 8~85；东北地区低位集中，旅客通达体验度最高仅为 41.6，整体处于较低水平（见图 10-7）。

2. 七大区域旅客通达体验度增长高低分化

从各区域近五年增幅来看，华北、新疆、西北、中南、华东、西南六大区域城市旅客通达体验度的年均复合增速均高于全国水平，处于"高档"；东北区域年均复合增速仅有 1.2%，低于全国平均水平，航空运输水平发展迟缓，长期处于"低档"（见图 10-8）。

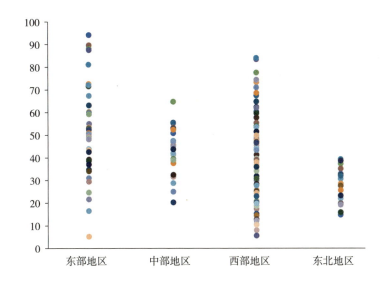

图 10-7　2019 年四大地区副省级以下城市旅客通达体验度分布

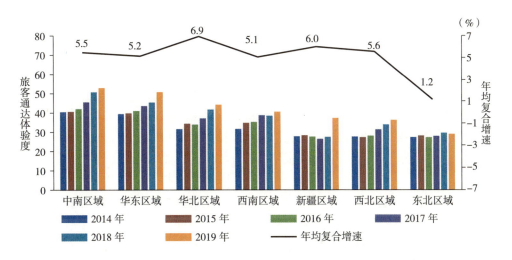

图 10-8　2014~2019 年七大区域副省级以下城市旅客通达体验度对比

（四）城市排名：头尾分布，常年稳定

1. 前五位城市地位稳固

烟台、珠海、三亚、温州、桂林五个经济 / 旅游强市，垄断了 2017~2019 年副省级以下城市旅客通达体验度排名前五的位置，已积累一定先发优势，短期内地位被撼动的可能性不大。

2. 末位城市多位于西部

我国旅客通达体验度排名靠后的副省级以下城市多位于西部经济欠发达、交通基础设施薄弱的边远地区，如阿里、富蕴等。2014~2019 年，排在末位十名的城市中，西部地区占比高达 83.3%；其次是东北地区，占比 6.7%；东部地区和中部地区占比均为 5.0%。

四、我国副省级以下城市航空通达性提升路径

交通的本质是通达。针对我国副省级以下城市航空通达性发展不均衡、增长乏力等问题，直接开通"点对点"直飞航线理论上可以提升通达水平，但却面临支线市场航空客源"小流量、高离散"、全民航时刻和空域资源紧张等现实困难。以"网带线"取代"点到点"，把副省级以下城市与周边枢纽城市、支线城市有效连接，通过网络化运营，是实现副省级以下城市顺畅通达、满足人民高质量便捷出行需求、服务国家战略的有效发展方式。

（一）加快修通副省级以下城市"天路"

"要想富，先修路。"立足副省级以下城市，架设一条条通达全国的"天路"，成为改善通达性的重要前提。

1. 加大投资建设"天路"力度

由于副省级以下城市航线运营成本高，市场培育难度大，仅靠市场机制发展将困难重重，加之民航的公益属性要求，长期以来民航资金补贴在建设副省级以下城市航空运输网络方面发挥了巨大的作用。未来应进一步完善国家财政部、交通部以及各级政府的资金支持机制，持续加大航空补贴力度，充分发挥民航补贴的引导效应，有效聚集社会各界资源共修"天路"，不断开辟完善副省级以下城市到中心城市、副省级以下城市之间的"天路"。

同时，基于副省级以下城市架设"天路"的民生要求与现实困难，为进一步鼓励多方积极参与共建，需实施必要的差异化配套政策。一方面，区别对待骨干航路与小流量航线、繁忙时段与非繁忙时段，结合各地区实际运行品质和保障资源能力，实施差异化航班时刻供给与配置措施，做到"运行总量精准控、航班时刻精细调"。另一方面，充分考虑副省级以下城市支线机场的运行条件、保障能力，对运输企业的四率（公司原因运输航空事故征候万时率、公司原因航班不正常率、旅客投诉万分率、定期航班计划执行率）实施差异化考核。

2. 加速推动通航短途运输发展

通航短途运输具有"小机型、小航线、小航程"特点，是航空运输网络的自然向下延伸，是人民获得民航运输服务的最近入口。当前我国通航短途运输发展尚处于起步阶

段，全国运营航线不足 50 条，具有巨大发展潜力。一方面需要完善通航短途运输相关政策，设立通航短途运输专项补贴、通航飞机租赁专项资金，统一并降低机场保障费用，激发市场活力；另一方面要将通航短途运输客票销售整合进入中航信订座系统，实现通用航空与运输航空的销售结算一体化，加速通航短途运输网与周边的支线网、干线网有机融合、顺畅衔接。

（二）构建多级航空融合网络

1. "干支"连接增强城市功能

随着产业和人口向优势区域集中，我国基本建立了以"21"大城市群为主体、大中小城市和小城镇协调发展的新型城镇化格局。通过加强"干支"航线的顺畅连接，将副省级以下城市快速接入周边枢纽城市成熟、高频的干线网络，可以迅速改善副省级以下城市航空通达性，且连接航班越多、频次越高，由接驳带来的航空通达性提升就越明显。

通过"干支"连接，不仅可以提升航线两端城市航空通达程度，还可以强化大城市的辐射带动作用，提升其枢纽中心地位，促进大城市与周边城市错位发展、分工协作，实现城市群总体价值最大化。同时，以城市群内部枢纽城市为核心，"干支"衔接将提升区域之间"干干"航空网络的覆盖广度，更好发挥各区域比较优势，优化生产力布局。

2. "支支"环飞发挥协同互补优势

城市群是经济发展的重要增加极，但内部分工协作不够、集群效率不高。整合城市群内部副省级以下城市客源，将城市群内部、区域邻近的副省级以下城市之间通过"支支"航线环起来，打造副省级以下城市自身的"支支网络"，从而将副省级以下城市的"支线航点—干线网络"连接，升级为"干线网络—支线网络"，实现城市群内部多个副省级以下城市"干支"网络的共享。

"支支"环飞，不仅可以发挥各副省级以下城市客源互补、网络互补优势，聚集更大市场客源需求，还可以促进城市群内部城市的基础设施互联互通、公共服务共建共享，有利于消除大城市病、拓展城市发展空间、释放城市发展潜力，推动城市群内外生产要素的自由流动和配置优化（见图 10-9）。

3. "干支通"互联延伸航空网络

对于部分地域广袤、地面交通不畅的副省级以下城市以及没有民用运输机场的广大城市而言，发展通航短途运输，并接驳进入支线、干线航空运输网络，可实现对干线、支线网络在更下一层级"毛细血管"的延伸，填补航空运输"最后一公里"空白，构建"干—支—通"深度融合、互补循环的航线网络，为更多副省级以下城市及周边城镇人民提供便捷的航空运输服务（见图 10-10）。

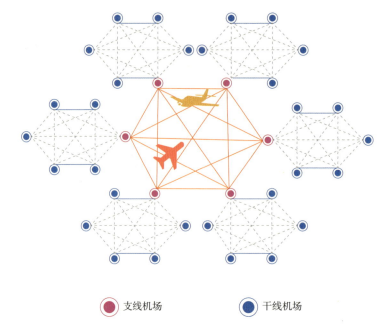

● 支线机场　　　● 干线机场

图 10-9　支支网络互补示意图

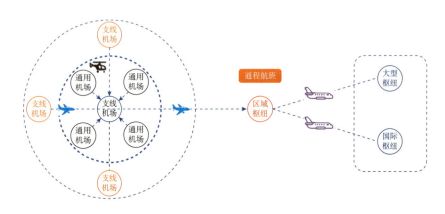

图 10-10　"干—支—通"三网融合示意图

（三）强化航空运输网络节点衔接能力

相比于点到点的通道，网络化运输的关键在于节点的衔接强度和效率，可谓"无衔接、不网络"。受限于各家企业经营理念、服务标准、信息系统等自身差异，传统航线网络局限于单家航空公司、单座机场，全国民航"一张网"整体价值挖掘不足，长期以来无法形成跨航司、跨城市网络的有效衔接。经过多年探索，民航创新推出通程航班模式，具有"一次值机、一次安检、行李直挂、航变无忧"的独特优势，是解决不同航线间中转难、方案少、体验差问题的有效方案，未来应以通程航班为契机，强化全民航"一盘棋"意识，增强航空运输网络节点衔接水平。

1. 加快推进通程航班模式的标准化、制度化

加强行业统筹规划职能，加快建立标准化通程航班流程，打通干线航线与支线航线、全服务航企与低成本航企、保障标准不同的各机场间的衔接壁垒。推动各航空承运人深度合作，增强一体化运输服务能力，联合开发更多广覆盖、快衔接的通程航班组合产品，为社会公众提供统一标准的服务产品。

2. 建设完善通程航班配套服务能力

在销售系统方面，放开通程航班数量限制，开发支持航空公司多元化产品的结算方式，确保旅客信息在不同机场及航空公司之间安全、便捷传递。在服务方面，全面升级改造旅客保障流程，增强线上、线下服务能力，扩大服务范围，推动"干支通"三级网络衔接的标准统一、信息共享、管理协同。

五、我国副省级以下城市航空通达性改善的实践案例

通过发展航空网络化运营，部分副省级以下城市的航空通达性取得了明显的提升，并衍化出次枢纽群、高频快线等模式。

（一）新疆次枢纽群模式

在乌鲁木齐机场时刻及保障资源紧张的状态下，为进一步改善新疆地区航空运输效率，华夏航空在库尔勒等疆内副省级以下城市陆续开通疆内支线 76 条，连接疆内支线机场 18 个，日均航班达 1.2 班，促使"疆内环起来"，打通区域内城市客货流通渠道，为内循环发展格局奠定坚实交通基础；疆内各支线航点的客源汇聚，吸引众多干线航空运输企业新开或加密各城市至中心城市的航班，促使"疆外快起来"，培育形成南疆航空次级枢纽群，有效分担了区域航空枢纽功能。

其中航空通达性改善效果最显著的是库尔勒，2017~2019 年，库尔勒航空网络覆盖度由 11 提升至 153，其中 3 小时内衔接的网络航点达 33 个；通达时间由 12 小时缩短至 10.3 小时，降幅 16.5%；旅客吞吐量由 128 万人次提升至 220 万人次，年复合增速 31.1%，高于全民航 22.8 个百分点（见图 10-11）。

（二）兴义高频快线模式

在贵州省建设贵阳枢纽、实现"一干十六支"机场布局的大背景下，华夏航空于 2015 年在兴义推出单点高频（平均每日 7 班，最高峰时达到一天 8~10 班）航空快线模式，使用支线客机执行兴义至省内枢纽机场贵阳的高频航班，以"短途快运"的形式接入贵阳的干线网络，通过联程或跨航空公司联运的合作创新，实现兴义到全国主要城市的快速、高质量通达。

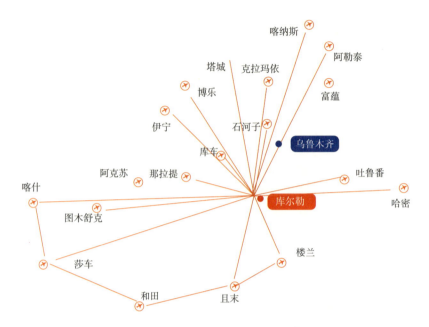

图 10-11　库尔勒次枢纽航线网络

2014~2019 年，兴义的航空网络（见图 10-12）覆盖度由 5 个提升至 101 个，其中 3 小时内衔接的网络航点达 46 个；通达时间由 11.3 小时缩短至 8.8 小时，降幅达 28.4%；旅客吞吐量由 17.4 万人次提升至 139 万人次，年复合增速 51.5%，高于全国 41.2 个百分点。

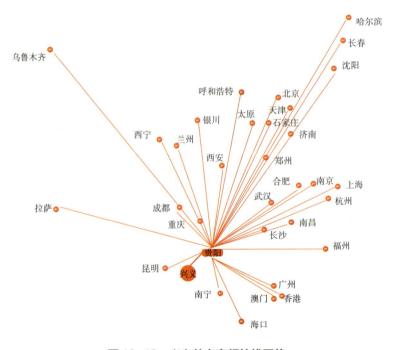

图 10-12　兴义单点高频航线网络

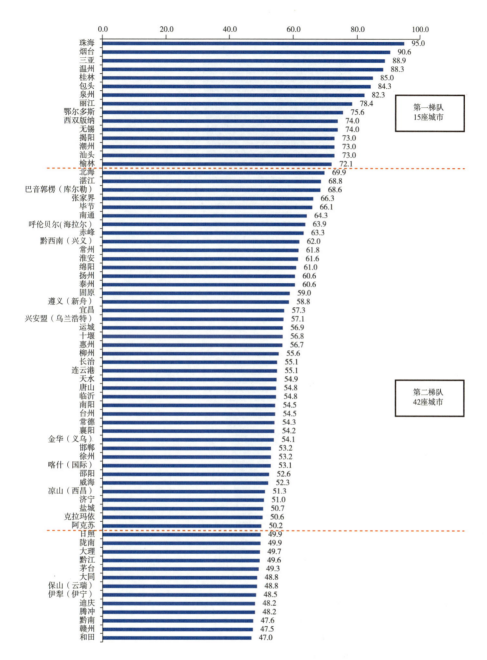

附图　2019 年我国副省级以下城市航空旅客通达体验度排名

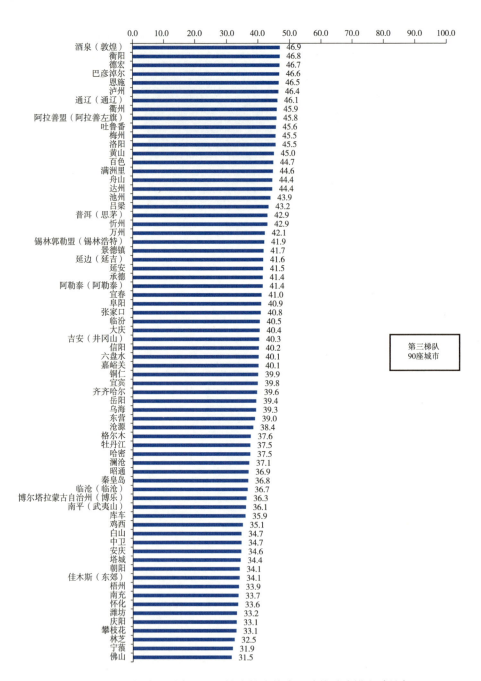

第三梯队
90座城市

附图 2019 年我国副省级以下城市航空旅客通达体验度排名（续）

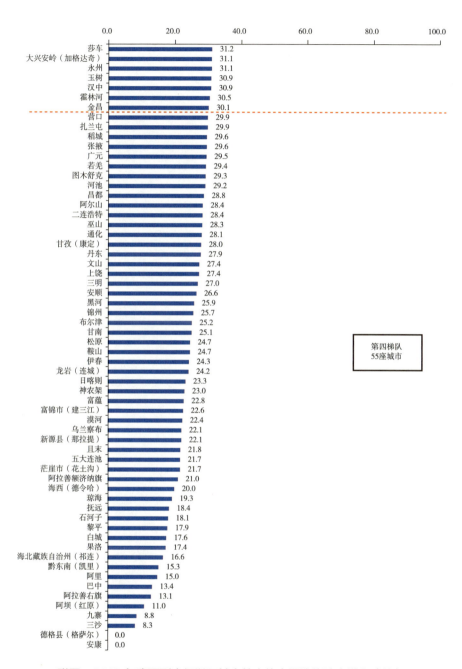

	第四梯队 55座城市

附图　2019 年我国副省级以下城市航空旅客通达体验度排名（续）

参考文献

［1］Alonso W. Location and Land Use : Toward a General Theory of Land Rent ［J］. Economic Geography, 1964, 42（3）: 11–26.

［2］Au C. C., Henderson J. V. Are Chinese Cities Too Small?［J］. The Review of Economics Studies, 2006, 73（3）: 549–576.

［3］Cervero R. Efficient Urbanisation : Economic Performance and the Shape of the Metropolis［J］. Urban Studies, 2001, 38（10）: 1651–1657.

［4］Davidson K. B. Accessibility in T ransport/ Land–Use Modeling and Assessment ［J］. Environment and Planning A, 1997, 9（12）: 1401–1416.

［5］Frideman J. Regional Development Policy : A Case Study of Venezuela ［M］. Cambridge, Mass and London : MIT Press, 1966.

［6］Hansen W. G. How Accessibility Shapes Land Use ［J］. Journal of the American Planning Association, 1959, 25（2）: 37–41.

［7］John Aitken, John Boland, Dan Boxwell, et al. 2020 Silicon Valley Index ［R］. San Jose, California : Joint Venture Silicon, Silicon Valley Institute for Regional Studies, 2020.

［8］Johnston R. J. Dictionary of Human Geography（Third Edition）［M］. Oxford : Basil Blackwell, 1994.

［9］Koenig J. G. Indicators of Urban Accessibility : Theory and Application ［J］. Transportation, 1980, 9（2）: 145–172.

［10］Lee B. "Edge" or "Edgeless" Cities? Urban Spatial Structure in U.S. Metropolitan Areas, 1980 to 2000［J］. Journal of Regional Science, 2007, 47（3）: 479–515.

［11］Lee B. Urban Spatial Structure, Commuting and Growth in US Metropolitan Areas ［D］. A Dissertation Presented to the Faculty of the Graduate School, University of Southern California, 2006.

［12］Moseley M. J. Accessibility : The Ruralchallenge ［M］. London : Methuen, 1979.

［13］Owen S. H., Daskin M. S. Strategic Facility Location：A Review［J］.European Journal of Opertional Research，1998，111（3）：423-447.

［14］Richard Florida, Charlotta Meuander. Rise of the Startup City［J］. California Management Review, 2016, 59（1）: 14-38.

［15］Sachs J ., A.Warner. The Curse of Natural Resources［J］. European Economic Review, 2001（45）: 827-838 .

［16］Stijns J-P. Natural Resource Abundance and Human Capital Accumulation［J］. Working Paper of University of California at Berkeley, 2005, 34（6）: 1060-1083.

［17］Vincent J. R. Resource Depletion and Economic Sustainability in Malaysia［J］. Environment and Development Economics , 1997（2）: 19-37 .

［18］阿伦·拉奥，皮埃罗·斯加鲁菲.硅谷百年史：伟大的科技创新与创业历程（1900-2013）［M］.北京：人民邮电出版社，2014.

［19］艾政宽.浅议我国城市化发展的历程与方向［J］.城市，1992（2）：30-33.

［20］白智立.日本广域行政的理论与实践：以东京"首都圈"发展为例［J］.日本研究，2017（1）：10-26.

［21］薄涛.疾病预防控制机构突发公共卫生事件应急能力理论与评价研究［D］.济南：山东大学，2009.

［22］彼得·尼茨坎普.区域和城市经济学手册（第一卷）［M］.北京：经济科学出版社，2001：46-52.

［23］曹飞.转型土地管理制度变迁绩效及其制度逻辑［J］.社会科学，2017（3）：43-54.

［24］曹嘉懿.上海须提升全球资源配置能力——访上海财经大学国际工商管理学院教授陈信康［J］.现代领导，2014（10）：20-21.

［25］常晨，陆铭.新城之殇——密度、距离与债务［J］.经济学（季刊），2017，16（4）：1621-1642.

［26］陈斌.都市圈圈层演化及其与交通发展的互动关系研究［D］.南京：南京林业大学，2018.

［27］陈航，张文尝，金凤君. 中国交通地理［M］. 北京：科学出版社，2000.

［28］陈红艳，顾强.都市圈建设是增强韧性的重要抓手［J］.中国金融，2020（12）：31-32.

［29］陈红艳，骆华松，宋金平.东京都市圈人口变迁与产业重构特征研究［J］.地理科学进展，2020，39（9）：1498-1511.

［30］陈建奇，陈聪.推动全方位对外开放的六大重点［EB/OL］.［2019-01-23］. https：//www.ccps.gov.cn/dxsy/201901/t20190123-128828.shtml.

［31］陈江生，郑智星.国家中心城市的发展瓶颈及解决思路——以东京、伦敦等国

际中心城市为例［J］.城市观察，2009（2）：14-20.

［32］陈洁，陆锋，程昌秀.可达性度量方法及应用研究进展评述［J］.地理科学进展，2007，26（5）：100-110.

［33］陈明星，陆大道，张华.中国城市化水平的综合测度及其动力因子分析［J］.地理学报，2009，64（4）：387-398.

［34］陈伟，修春亮，陈金星，等.中国城市间交通流强度的空间格局［J］.人文地理，2015，30（4）：116-122.

［35］成立，魏凌.改革土地计划管理方式的原因和影响——中央经济工作会议解读［J］.中国房地产，2020（4）：39-40.

［36］崔晶.促进京津冀都市圈协同治理［N］.中国社会科学报，2015-07-10.

［37］丁成日，宋彦.城市规划与空间结构［M］.北京：中国建筑工业出版社，2005.

［38］丁建刚.中国城市化进程的重大转折［J］.城市开发，2019（6）：24-26.

［39］丁金学，金凤君，王成金，等.中国交通枢纽空间布局的评价、优化与模拟［J］.地理学报，2011，66（4）：504-514.

［40］杜德斌，段德忠.全球科技创新中心的空间分布、发展类型及演化趋势［J］.上海城市规划，2015（1）：76-81.

［41］樊相宁，孙晶，杨新军.基于多尺度窗口分析的西安城市化空间格局及其特征［J］.地域研究与开发，2014，33（3）：73-78.

［42］方创琳，马海涛.新型城镇化背景下中国的新区建设与土地集约利用［J］.中国土地科学，2013（7）：6-11.

［43］方创琳，王德利.中国城市化发展质量的综合测度与提升路径［J］.地理研究，2011，30（11）：1931-1946.

［44］方创琳.中国城市发展方针的演变调整与城市规模新格局［J］.地理研究，2014（4）：674-686.

［45］方创琳.中国城市发展格局优化的科学基础与框架体系［J］.经济地理，2013，33（12）：1-9.

［46］冯邦彦，彭薇.香港与伦敦、纽约国际金融中心比较研究［J］.亚太经济，2012（3）：89-94.

［47］冯兴华，钟业喜，李建新，等.长江中游城市群县域城镇化水平空间格局演变及驱动因子分析［J］.长江流域资源与环境，2015，24（6）：899-908.

［48］冯艳，黄亚平.大城市都市区簇群式空间发展及结构模式［M］.北京：中国建筑工业出版社，2013：23-29.

［49］付东.区域非均衡增长理论综述及评价［J］.商场现代化，2009（5）：218.

［50］傅华，李洋，郑频频，等.第三次公共卫生革命的提出与健康城市建设［J］.环境与职业医学，2007（3）：353-356.

［51］港口圈.2019全球十大集装箱港口排名出炉！［EB/OL］.［2020-01-17］. https：//www.cnss.com.cn/html/gkdt/20200117/333873.html.

［52］高秉雄，姜流.伦敦大都市区治理体制变迁及其启示［J］.江汉论坛，2013（7）：74-78.

［53］高路.中英公共卫生应急体系比较与经验借鉴［J］.中外医学研究，2011，9（2）：93-96.

［54］高汝熹，罗明义.世界城市圈域经济发展态势分析［J］.经济问题探索，1998（10）：5-8.

［55］耿甜伟，毛雅倩，李九全，等.西安城市扩展时空特征及驱动机制［J］.经济地理，2019，39（10）：62-70.

［56］顾朝林，吴莉娅.中国城市化问题研究综述（Ⅱ）［J］.城市与区域规划研究，2008，1（3）：100-163.

［57］顾朝林，庞海峰.建国以来国家城市化空间过程研究［J］.地理科学，2009，29（1）：10-14.

［58］顾朝林，俞滨洋，薛俊菲，等.都市圈规划——理论·方法·实例［M］.北京：中国建筑工业出版社，2007：3-5.

［59］顾朝林，张勤.新时期城镇体系规划理论与方法［J］.城市规划汇刊，1997（2）：14-26.

［60］郭耀平，郝瑞.支线航空运营与干支结合的思考［J］.大飞机，2018（8）：46-50.

［61］郭志强，吕斌.国家中心城市竞争力评价［J］.城市问题，2018（11）：28-36.

［62］国家发展改革委.国家发展改革委关于培育发展现代化都市圈的指导意见［EB/OL］.［2019-02-21］.http：//www.gov.cn/xinwen/2019-02/21/content_5367465.htm.

［63］国务院发展研究中心课题组.柏林—勃兰登堡都市区治理的经验与启示［N］.中国经济时报，2016-08-23.

［64］何春阳，史培军，李景刚等.基于DMSP/OLS夜间灯光数据和统计数据的中国大陆20世纪90年代城市化空间过程重建研究［J］.科学通报，2006（7）：856-861.

［65］何芬.国外首都城市群协同发展对京津冀的启示［J］.中国国情国力，2017（6）：20-23.

［66］何龙斌.省际边缘区接受省会城市经济辐射研究［J］.经济问题探索，2013（8）：78-82.

［67］何雄浪，张泽义.边界效应、国内市场一体化与区域壁垒［J］.工业技术经济，2014（10）：58-67.

［68］胡杰，李庆云，韦颜秋.我国新型城镇化存在的问题与演进动力研究综述［J］.城市发展研究，2014（1）：56-61.

［69］胡俊凯．透视"世界三大湾区"（1）：东京湾区胜在全球化制造业布局［EB/OL］．
［2017-07-14］.http：//ihl.cankaoxiaoxi.com/2017/0714/2188189.shtml.

［70］胡颖廉．中国应急管理组织体系比较研究——以突发公共卫生事件为例［J］．
北京科技大学学报（社会科学版），2012，28（2）：137-142.

［71］花利忠，崔胜辉，黄云凤，等．海湾型城市半城市化地区空间扩展演化——以
厦门市为例［J］．生态学报，2009，29（7）：3509-3517.

［72］华夏幸福产业研究院．中国都市圈极限通勤研究［M］．北京：清华大学出版社，
2019.

［73］华夏幸福研究院．借鉴国际经验，加快推进我国都市圈协同发展［EB/OL］．
［2019-02-25］.https：//www.sohu.com/a/297575582_566017.

［74］黄金川，方创琳．城市化与生态环境交互耦合机制与规律性分析［J］．地理研
究，2003（2）：211-220.

［75］黄伟灿，吕世伟，李堂林．试论我国公共卫生应急体系的构建［J］．中华医院
管理杂志，2003（10）：5-7.

［76］姬兆亮．区域政府协同治理研究——以长三角为例［D］．上海：上海交通大学，
2012.

［77］蒋敏娟．城市群协同治理的国际经验比较——以体制机制为视角［J］．国外社
会科学，2017（6）：47-53.

［78］金凤君．我国航空客流网络发展及其地域系统研究［J］．地理研究，2001，20
（1）：31-39.

［79］经济观察报城市与政府事务研究院．世界智能制造中心发展趋势报告（2019）
［EB/OL］．［2019-03-22］.https：//www.vzkoo.com/doc/979.html.

［80］康红刚，孙希华．基于RS和GIS的城市扩展及驱动机制研究——以济南市为
例［J］．地域研究与开发，2009，28（3）：135-139.

［81］冷炳荣，杨永春，谭一洺．城市网络研究：由等级到网络［J］．国际城市规划，
2014，29（1）：1-7.

［82］李秉仁．关于我国城市发展方针的回顾与思考［J］．城市发展研究，2002（3）：
25-29.

［83］李炳超，袁永，王子丹．欧美和亚洲创新型城市发展及对我国的启示——全球
创新城市100强分析［J］．科技进步与对策，2019，36（15）：43-48.

［84］李国平，孙铁山，卢明华，等．世界城市及北京建设世界城市的战略定位与模
式研究［J］．北京规划建设，2010（4）：21-25.

［85］李建伟．加快发展支线航空，提高我国航空通达性［N］．中国经济时报，
2015-12-07（5）.

［86］李杰．全球特大城市应急体系建设的经验与借鉴［J］．党政论坛，2017（2）：

54–57.

［87］李克强 . 发展先进制造业需要开放合作［EB/OL］.［2019–10–19］.https：//www.sohu.com/a/348043955_119038.

［88］李璐 . 重庆市突发公共卫生事件应急体系研究［J］. 重庆医学，2007（18）：1903–1905.

［89］李奇霖 . 创新驱动、区域规划和纽约湾区转型［EB/OL］.［2019–12–18］.https：//baijiahao.baidu.com/s?id=1653250715187697625.

［90］李仙，刘勇 ."十四五"我国区域经济发展总体战略的基本思路——构建高质量现代化城乡区域经济新体系［J］. 重庆理工大学学报，2019，10（33）：1–7.

［91］李晓江 ."钻石结构"——试论国家空间战略演进［J］. 城市规划学刊，2012（2）：9–16.

［92］李学鑫，田广增，苗长虹 . 区域中心城市经济转型：机制与模式［J］. 城市发展研究，2010（4）：26–32.

［93］李雪梅，张小雷，杜宏茹 . 新疆塔河流域城镇化空间格局演变及驱动因素［J］. 地理研究，2011，30（2）：348–358.

［94］李勇刚 . 土地资源错配阻碍了经济高质量发展吗？——基于中国 35 个大中城市的实证研究［J］. 南京社会科学，2019（10）：35–42.

［95］李玉兰，孙思祥 . 完善公共卫生应急体系 增强突发事件的应对能力［J］. 疾病控制杂志，2004（1）：65.

［96］梁涵，姜玲，杨开忠 . 城市等级体系演化理论评述与展望［J］. 技术经济与管理研究，2012（10）：78–81.

［97］梁龙武，王振波，方创琳等 . 京津冀城市群城市化与生态环境时空分异及协同发展格局［J］. 生态学报，2019，39（4）：1212–1225.

［98］梁宇，郑新奇，宋清华等 . 中国大陆交通网络通达性演化［J］. 地理研究，2017，36（12）：2321–2331.

［99］廖红，蔡心红 . 协同学理论建立过程对人们研究自然事物的启示［J］. 贵州教育学院学报（社会科学版），2000（3）：67–70.

［100］刘秉镰，朱俊丰，周玉龙 . 中国区域经济理论演进与未来展望［J］. 管理世界，2020，36（2）：182–194+226.

［101］刘辉，段汉明，谢元礼等 . 区域城市化空间格局研究——兰州—西宁为例［J］. 经济地理，2009，29（12）：1995–2000.

［102］刘满平 . 消除优势依赖 构建创新机制——也谈美国底特律破产［J］. 宏观经济管理，2014（1）：88–89.

［103］刘明显，刘婉婷 . 美国纽约离岸金融中心成功经验借鉴［J］. 经济与社会发展研究，2014（10）：11–12.

［104］刘涛，曹广忠. 城市规模的空间聚散与中心城市影响力——基于中国637个城市空间自相关的实证［J］. 地理研究，2012，31（7）：1317-1327.

［105］刘卫忠. 公共卫生应急体系建立的探讨［J］. 中国当代医药，2010，17（1）：142-143.

［106］刘小平，黎夏，陈逸敏等. 景观扩张指数及其在城市扩展分析中的应用［J］. 地理学报，2009，64（12）：1430-1438.

［107］楼宗元. 京津冀雾霾治理的府际合作研究［D］. 武汉：华中科技大学，2015.

［108］陆大道，王铮，封志明等. 关于"胡焕庸线能否突破"的学术争鸣［J］. 地理研究，2016，35（5）：805-824.

［109］陆铭，刘雅丽. 区域平衡发展：中国道路的"空间政治经济学"思考［J］. 广西财经学院学报，2019，32（4）：1-10.

［110］陆铭. 大国大城［M］. 上海：上海人民出版社，2016.

［111］栾强，罗守贵，郭兵. 都市圈中心城市经济辐射力的分形测度及影响因素——基于北京、上海、广州的实证研究［J］. 地域研究与开发，2016，35（4）：58-62.

［112］罗芳，阚玉蝶. 上海对周边城市的经济辐射力——以第三产业为例［J］. 技术与创新管理，2019，40（2）：231-236+278.

［113］罗奎，方创琳，马海涛. 中国城市化与非农就业增长的空间格局及关系类型［J］. 地理科学进展，2014，33（4）：457-466.

［114］吕丽娜. 我国区域经济发展中的地方政府合作困境及化解研究——侧重于协同治理的视角［D］. 武汉：武汉大学，2012.

［115］吕萍，周滔，张正峰等. 土地城市化及其度量指标体系的构建与应用［J］. 中国土地科学，2008，22（8）：24-28+42.

［116］马恩朴，李同昇，卫倩茹. 中国半城市化地区乡村聚落空间格局演化机制探索——以西安市南郊大学城康杜村为例［J］. 地理科学进展，2016，35（7）：816-828.

［117］马晓冬，朱传耿，马荣华等. 苏州地区城镇扩展的空间格局及其演化分析［J］. 地理学报，2008（4）：405-416.

［118］马正江，马俊. 我国城市化发展历程、现状及存在的问题研究［J］. 重庆工业高等专科学校学报，2004（4）：61-65.

［119］迈克尔·斯托珀尔. 城市发展的逻辑［M］. 李丹莉，马春媛，译. 北京：中信出版社，2020.

［120］倪鹏飞，克拉索. 全球城市竞争力报告：城市竞争力不竭之源［M］. 北京：社会科学文献出版社，2010.

［121］倪权生. 东京国际金融中心地位的崛起和衰退及其启示［D］. 上海：上海交通大学，2009.

［122］潘竟虎，刘莹．甘肃省城镇化综合水平空间格局演变及驱动因素［J］．人口与发展，2012，18（2）：40-47.

［123］戚伟．青藏高原城镇化格局的时空分异特征及影响因素［J］．地球信息科学学报，2019，21（8）：1196-1206.

［124］任寿根．伦敦靠什么成为全球第一个国际金融中心［EB/OL］．［2019-10-22］．http：//finance.ifeng.com/c/7qyJDfdhwrq.

［125］任泽平．中国金融对外开放的成就、不足与变革［EB/OL］．［2018-09-13］．https：//baijiahao.baidu.com/s?id=1611499225815167790.

［126］桑百川．充分利用全球价值链重构的历史机遇　提升我国企业在全球价值链中的地位［N］．人民日报，2016-03-27.

［127］申卫军，邬建国，林永标，等．空间粒度变化对景观格局分析的影响［J］．生态学报，2003（12）：2506-2519.

［128］宋思曼．国家中心城市功能理论与重庆构建国家中心城市研究［D］．重庆：重庆大学，2013.

［129］苏黎馨，冯长春．京津冀区域协同治理与国外大都市区比较研究［J］．地理科学进展，2019，38（1）：15-25.

［130］孙斌栋，王旭辉，蔡寅寅．特大城市多中心空间结构的经济绩效——中国实证研究［J］．城市规划，2015（8）：39-45.

［131］孙斌栋，郑燕．我国区域战略的回顾、评价与启示［J］．人文地理，2014，29（5）：1-7.

［132］孙统达．突发公共卫生事件引起的反思及对策研究［D］．杭州：浙江大学，2004.

［133］孙莹炜．德国首都区域协同治理及对京津冀的启示［J］．经济研究参考，2015（31）：62-70.

［134］唐燕．柏林—勃兰登堡都市区跨区域规划协作的制度分析［J］．北京规划建设，2012（2）：131-135.

［135］陶宁．公共卫生突发事件应急机制研究［D］．成都：西南交通大学，2017.

［136］田美玲，方世明．国家中心城市研究综述［J］．国际城市规划，2015（2）：71-74.

［137］万鹏飞．伦敦城市群跨域协同治理制度研究［J］．公共管理评论，2016（3）：107-122.

［138］万意，陈云浩，李京．基于DMSP/OLS数据的河南省城市空间格局及动态扩张分析［J］．地理与地理信息科学，2019，35（1）：2+89-94.

［139］王成新，郝兆印，姚士谋，等．城市群时代中心城市的影响腹地界定研究——以济南市为例［J］．人文地理，2012，27（4）：78-82.

［140］王浩.淮海城市群协同发展机制与发展路径研究［D］.北京：中国矿业大学，2017.

［141］王建.美日区域经济模式的启示与中国"都市圈"发展战略的构想［J］.战略与管理，1997（2）：1-15.

［142］王佼.世界典型城市群内部协调发展机制研究及对京津冀协同发展机制建设的启示［D］.北京：对外经济贸易大学，2016.

［143］王凯，徐辉.建设国家中心城市的意义和布局思考［J］.城市规划学刊，2012（3）：16-21.

［144］王磐石，李善国，吕军等.上海市公共卫生体系建设发展现状与展望［J］.中华医院管理杂志，2011，27（7）：545-548.

［145］王旭东，张福浩，张丽萍.基于城市竞争力的资源型城市空间布局研究［J］.测绘与空间地理信息，2012（7）：28-31.

［146］王洋，王少剑，秦静.中国城市土地城市化水平与进程的空间评价［J］.地理研究，2014，33（12）：2228-2238.

［147］王一鸣.中国经济新一轮动力转换与路径选择［J］.管理世界，2017（2）：1-14.

［148］魏后凯.中国城镇化进程中两极化倾向与规模格局重构［J］.中国工业经济，2014（3）：18-30.

［149］吴昊.枢纽机场航线网络连通性与通达性区别研究［J］.科技创新与应用，2016（32）：36-37.

［150］吴丽萍.英国创意产业发展现状与经验启示［J］.发明与创新，2012（7）：25-27.

［151］吴晓隽，高汝熹.试析全球化时代都市圈中心城市极化效应的新模式及对中国的启示［J］.世界经济研究，2006（11）：28-33.

［152］吴雪菲.我国政府在城市突发公共卫生事件中的应急管理研究［D］.成都：电子科技大学，2012.

［153］吴永宝，周阳，夏琳娜.做强中心城市，促进中部崛起［J］.青岛科技大学学报（社会科学版），2007（4）：1-7.

［154］习近平.推动形成优势互补高质量发展的区域经济布局［J］.奋斗，2019（24）：4-8.

［155］席强敏，李国平.超大城市规模与空间结构效应研究评述与展望［J］.经济地理，2018（1）：61-68.

［156］肖金成，刘保奎.改革开放40年中国城镇化回顾与展望［J］.宏观经济研究，2018（12）：18-29+132.

［157］新华社.中共中央关于制定国民经济和社会发展第十四个五年规划和二〇

三五年远景目标的建议［EB/OL］.中华人民共和国中央人民政府官网，2020–11–03.

［158］徐建华，岳文泽，谈文琦.城市景观格局尺度效应的空间统计规律——以上海中心城区为例［J］.地理学报，2004（6）：1058–1067.

［159］徐志华，杨强，申玉铭.区域中心城市服务业发展综合评价及其影响因子［J］.地域研究与开发，2016（6）：40–45.

［160］薛俊菲，陈雯，曹有挥.2000年以来中国城市化的发展格局及其与经济发展的相关性——基于城市单元的分析［J］.长江流域资源与环境，2012，21（1）：1–7.

［161］荀斌，于德永，王雪，等.深圳城市扩展模式的时空演变格局及驱动力分析［J］.生态科学，2014，33（3）：545–552.

［162］阳文锐.北京城市景观格局时空变化及驱动力［J］.生态学报，2015，35（13）：4357–4366.

［163］杨家文，周一星.通达性：概念、度量及应用［J］.地理学与国土研究，1999，15（2）：61–66.

［164］杨丽霞，苑韶峰，王雪禅.人口城镇化与土地城镇化协调发展的空间差异研究——以浙江省69县市为例［J］.中国土地科学，2013，27（11）：18–22+30.

［165］杨秋各，曹雪芹.1949年以来我国城市化进程路径研究［J］.广西科技师范学院学报，2019，34（2）：102–104.

［166］杨伟，任自力，余恒璋.基层疾控机构在突发公共卫生事件中的作用［J］.中国公共卫生，2003（8）：903.

［167］杨兴权.关于我国城市发展方针的思考［J］.华中农业大学学报（社会科学版），1999（1）：75–76.

［168］姚士谋，陈爽.21世纪我国长江流域城市化发展的空间格局［J］.科技导报，2001（7）：61–63.

［169］姚士谋，张艳会，陆大道，等.我国新型城镇化的几个关键问题——对李克强总理新思路的解读［J］.城市观察，2013（5）：5–13.

［170］姚士谋.我国城市群的特征、类型与空间布局［J］.城市问题，1992（1）：10–15+66.

［171］姚士谋，王肖惠，陈振光.大城市群内新型城镇化发展的策略问题［J］.人文地理，2015（4）：1–5.

［172］叶斌，罗海明.城市规划应对特大城市公共卫生事件的几点体会——应对2020新型冠状病毒肺炎突发事件笔谈会［EB/OL］.［2020–02–13］.http://kns.cnki.net/kcms/detail/11.2378.TU.20200212.1135.004.html.

［173］叶琪，黄茂兴.全球制造业转移及其对国际竞争格局变动的影响［J］.经济研究参考，2018（51）：61–70.

［174］尹震，罗萍.我国国际航运中心的建设［J］.综合运输，2004（6）：38–41.

［175］于涛方，顾朝林，李志刚 .1995 年以来中国城市体系格局与演变——基于航空流视角［J］.地理研究，2008，27（6）：185-196.

［176］喻菁，焦利民，董婷 .结合宏观和微观视角的城市扩张方向异质性分析［J］.地理与地理信息科学，2019，35（2）：90-96.

［177］张春芳 .我国大城市发展演进历程及重构探索［J］.农村经济与科技，2017（10）：207-208+214.

［178］张德宝 .纽约——国际金融中心［J］.中国金融，1985（8）：57-58.

［179］张磊 .都市圈空间结构演变的制度逻辑与启示：以东京都市圈为例［J］.城市规划学刊，2019（1）：74-81.

［180］张明斗，王雅莉 .城市网络化发展的空间格局演变与结构体系研究［J］.城市发展研究，2018，25（2）：55-60.

［181］张山鹰 .美国疾病预防控制与公共卫生应急体系介绍［J］.海峡预防医学杂志，2007（1）：22+96-97.

［182］张伟 .都市圈的概念、特征及其规划探讨［J］.城市规划，2003（6）：47-50.

［183］张文晖 .东京湾区主题系列（三）——产业格局的重塑［EB/OL］.［2019-08-20］.http：//www.360doc.com/content/19/0822/10/32324834-856388790.shtml.

［184］张文生，张这伦，周萍 .城市突发公共卫生事件的特点及应对策略［J］.现代预防医学，2006（4）：637-638.

［185］张晓杰 .流动人口的社会保障与制度构建［J］.重庆社会科学，2014（2）：51-56.

［186］张晓兰 .东京和纽约都市圈经济发展的比较研究［D］.长春：吉林大学，2013.

［187］张新生，何建邦 .城市空间增长与格局变化的预测［J］.地理学与国土研究，1996（3）：13-16+21.

［188］赵拴豹，张让刚，张志国 .中外都市圈建设的优势、经验——其对济南都市圈发展的借鉴与启示［J］.城市发展研究，2009，16（5）：7-12+17.

［189］赵秀清，白永平 .内蒙古城市化空间格局及其演化研究［J］.干旱区资源与环境，2015，29（3）：33-38.

［190］中国产业经济信息网 .国际发展环境呈现四大特征，世界制造业格局面临重大调整［EB/OL］.［2019-10-16］.http：//www.cena.com.cn/ia/20190929/102684.html.

［191］中国贸易投资网 .2019 全球海运报告：贸易总量达历史最高，海运贸易将会迎来行业重塑！［EB/OL］.［2019-11-15］.http：//www.tradeinvest.cn/information/4566/detail.

［192］钟坚 .世界硅谷模式的制度分析［M］.北京：中国社会科学出版社，2001.

［193］周加来，周慧，周泽林 .新中国 70 年城镇化发展：回顾·反思·展望［J］.

财贸研究，2019，30（12）：1-13.

［194］周晓津 . 国家中心城市金融服务功能评估［C］. 2010 国际都市圈发展论坛会议论文集，2010.

［195］周阳 . 国家中心城市：概念、特征、功能及其评价［J］. 城市观察，2012（1）：132-142.

［196］周振华 . 全球化、全球城市网络与全球城市的逻辑关系［J］. 社会科学，2006（10）：17-26.

［197］朱传耿，孙姗姗，李志江 . 中国人口城市化的影响要素与空间格局［J］. 地理研究，2008（1）：13-22+241.

［198］朱春奎 . 以产学研协同创新为路径，推动经济高质量发展［EB/OL］.［2019-02-26］.https：//www.gmw.cn/xueshu/2019-02-26/content_32566983.htm.

［199］朱小丹 . 论建设国家中心城市——从国家战略层面全面提升广州科学发展实力的研究［J］. 城市观察，2009（2）：5-13.

［200］朱莹 . 统筹区域发展的理论依据［J］. 中国经贸导刊，2011（20）：38-40.

［201］住房和城乡建设部，中国城市规划设计研究院 . 全国城镇体系规划研究（2006-2020 年）［M］. 北京：商务印书馆，2010：45-50.

［202］邹铃，任建萍 . 国外公共卫生突发事件应急机制及其启示［J］. 杭州师范学院学报（医学版），2006（5）：358-360.

［203］左连村，贾宁 . 借鉴国际经验　推进粤港澳大都市圈发展［J］. 国际经贸探索，2011，27（7）：34-41.